OPIc 기본서

이론과 문제를 2주 만에 끝내는
영단기 OPIc

OPIc 단기 완성을 위한 비법서

영단기 연구소

커넥츠 영단기
eng.conects.com

영단기 OPIc 기본서

저자	지니강
기획 총괄	고영관 공정아
기획·편집	이민아
마케팅·영업	양광열 손지한 김정현 양윤화 김보경 김은지
표지 디자인	서바른
내지 디자인	DOTS
펴낸날	2판 1쇄 2020년 11월 15일
펴낸이	윤성혁
펴낸곳	㈜에스티유니타스
등록번호	제2015-000186호
홈페이지	eng.conects.com
고객센터	카카오톡 플러스 친구 [영단기] / 커넥츠 영단기 1:1 게시판
주소	서울시 강남구 영동대로 417 오토웨이타워 2층
ISBN	979-11-6576-341-1 (13740)

잘못 만들어진 책은 구입처에서 바꿔 드립니다.
가격은 뒤표지에 있습니다.
이 책에 실린 모든 글과 사진, 일러스트를 포함한 디자인 및 편집 형태, 배포에 대한 권리는
㈜에스티유니타스에 있으므로 무단으로 전재하거나 복제, 배포할 수 없습니다.

저자의 말

여름에 태어나서 가을에 죽는 매미에게 겨울을 나는 법을 가르칠 필요가 없다는 말이 있습니다. 누구나 가장 필요한 것을 먼저 배울 권리가 있다는 뜻이라고 생각합니다. 〈영단기 OPIc〉을 집필하면서 제가 가장 염두에 둔 말이기도 합니다. 방대한 주제를 다루면서 정작 학습해야 할 것과 하지 않을 것을 학습자 스스로 선택하게 하는 책은 제가 여러분에게 드리고 싶은 책이 아니었습니다. 가장 효과적으로, 가장 빠르게 오픽을 준비할 수 있는 교재를 만들고자 하였으며 그 결과 〈영단기 OPIc〉이 탄생하였습니다. 이 책은 시험에 꼭 나오는 주제들만 엄선하여 학습 시간을 효과적으로 줄였으며, 레벨별로 맞춤 모범 답변을 제시해서 학습자 자신의 수준과 목표에 맞춰 공부할 수 있게 하였습니다.

오픽은 전문가의 전략과 수험자의 확실한 목표만 있다면 누구나 쉽게 원하는 레벨을 받을 수 있는 시험입니다. 방대한 암기와 요령에 의지하는 다른 스피킹 시험에 비해 학습자의 상황과 수준에 맞춰 문제와 난이도를 선택할 수 있기 때문에 부담감이 훨씬 적다는 장점이 있습니다. 여기 〈영단기 OPIc〉에 담은 답변 전략과 패턴만 모두 익힌다면 누구나 IM2 이상의 레벨을 받을 수 있을 것입니다.

저는 강의를 할 때 이 한 번의 강의가 누군가의 인생을 바꾸어 놓을 수도 있다는 생각으로 언제나 최선을 다하고 있습니다. 이 책을 집필할 때에도 같은 마음으로 읽고 또 읽고, 다시 수정하였습니다. 토익은 500점이었지만 좋은 오픽 성적으로 삼성에 입사한 C군, 처음엔 'My name is ~.'하고 나서 말을 잇지 못했지만 결국 원하던 오픽 레벨을 받아 이직에 성공한 K군, 영어가 세상에서 제일 어렵다고 했지만 해외 파견에 성공한 P님. 한 명 한 명의 드라마틱한 스토리가 생각납니다. 오픽 성적이 그저 단순한 영어 시험 성적이 아니라 여러분 인생의 새로운 출발일 수 있음을 알기에, 여러분의 오픽 도전을 무한히 응원합니다.

Dream it, Wish it, Do it!

Special Thanks To

에스티유니타스 윤성혁 대표님, 이정진 대표님, 조세원 부대표님
에스티앤북스 장혜정 부장님, 이현지 님
영단기 김현화 실장님, 신양기 팀장님, 김예슬 님, 유주영 님, 김광중 님

항상 힘이 되어 주시는 제이 정 선생님, 최종훈 선생님, April 김 선생님, Susan 김 선생님, 김다솔 님, Sammy 님 그리고 사랑하는 학생들께 감사드립니다.
마지막으로 항상 버팀목이 되어 주시는 사랑하는 어머니께 이 책을 바칩니다.

영단기 오픽 대표 강사
지니 강 드림

목차

PART 1
설문 조사 - 서술

UNIT 1	자기소개	024
UNIT 2	인물 묘사	030
UNIT 3	장소 묘사	038
UNIT 4	사물 묘사	044
UNIT 5	일상생활 말하기	052
UNIT 6	경험 이야기하기	058
UNIT 7	절차 설명하기	066
UNIT 8	비교하기	072

PART 2
롤 플레이

UNIT 1	Eva에게 질문하기	082
UNIT 2	직접 질문하기	088
UNIT 3	전화로 질문하기	096
UNIT 4	대안 제시하기	102
UNIT 5	불만 제기하기	110

PART 3
설문 조사 - 주제

UNIT 1	음악 듣기	120
UNIT 2	영화 보기	126
UNIT 3	콘서트/공연 보기	132
UNIT 4	공원/해변에 가기	138
UNIT 5	수영/조깅/걷기/요가	144
UNIT 6	요리하기	150
UNIT 7	자전거 타기	156
UNIT 8	주거 개선 프로젝트	162
UNIT 9	쇼핑하기	168
UNIT 10	해외 여행	174

PART 4 돌발

UNIT 1	집안일 하기	182
UNIT 2	건강	188
UNIT 3	패션	194
UNIT 4	재활용하기	200
UNIT 5	기술	206
UNIT 6	지형	212

부록

| I | 돌발 지진으로부터 그대를 구해줄 표현들 | 218 |
| II | 주제별 답변 필수 패턴 | 220 |

모의고사

SET 1	모의고사 1회	238
SET 2	모의고사 2회	242
SET 3	모의고사 3회	246
SET 4	모의고사 4회	250
SET 5	모의고사 5회	254

모의고사 모범 답변 및 해석

SET 1	모의고사 1회	260
SET 2	모의고사 2회	267
SET 3	모의고사 3회	274
SET 4	모의고사 4회	282
SET 5	모의고사 5회	289

이 책의 특장점

1

단기간에 OPIc 완벽 대비!

불필요한 기본 학습은 최대한 줄이고, 꼭 필요한 학습만 해 단기간에 IM2~AL 레벨을 받을 수 있도록 설계하였습니다. 또한, 개인 맞춤형 문제가 출제되는 OPIc 시험의 특성을 파악해 활용도가 높은 답변을 준비해 갈 수 있도록 하였으며, 돌발로 가장 자주 출제되는 주제만을 엄선해 수록하였습니다.

2

OPIc 최신 빈출 주제 완벽 반영!

최신 OPIc 시험에 자주 나오는 주제만 모아 꼭 필요한 문제 위주로 학습할 수 있도록 구성하였습니다. 더불어 비슷한 유형의 주제는 묶어서 학습하고, 문제별 일대일 답변이 아니라 여러 비슷한 주제에 적용할 수 있는 답변 storyline을 제공하였습니다.

3

주제별 필수 패턴 위주 학습

한 가지 문제에만 최적화된 템플릿은 어떤 문제가 나올지 모르는 OPIc 시험에서는 무용지물입니다. 하지만, 패턴 중심으로 학습한다면 다양한 문제에서 활용해 답변할 수 있어 매우 효과적입니다. 주제별 필수 패턴은 책의 본 학습에서 한 번, 그리고 책의 후반 부록 II에서 다시 한 번 모아서 반복 학습할 수 있도록 하였습니다.

4

<영단기 OPIc> 한 권으로 IM2~AL까지 목표 레벨 달성!

이 책에 수록된 모든 문제에 대한 모범 답변은 난이도 3부터 6까지 다양하게 구성되어 있습니다. IH나 AL의 고득점을 목표로 하는 수험자를 위한 플러스 표현을 추가로 답변에 표시하여 선택 학습할 수 있도록 하였습니다. 좀 더 낮은 레벨을 목표로 한다면 플러스 표현을 제외하고 학습하면 좋습니다. 어떤 레벨을 목표로 하든 <영단기 OPIc> 한 권으로 충분히 대비할 수 있습니다.

5

무료 OPIc 최신 발음강좌 제공

영단기 지니 강 선생님의 최신 발음강좌를 무료로 제공합니다. OPIc 시험에 대비해 발음을 점검하고 부족한 부분을 강화함으로써 감점 요인을 없앨 수 있습니다. 발음강좌를 이용하는 방법은 이 책에 수록된 쿠폰을 참고하세요.

6

음성 첨삭 서비스 제공

영단기 오픽 대표 강사인 지니 강 선생님의 음성 첨삭 서비스를 이용할 수 있습니다. 자신이 녹음한 음성을 영단기 홈페이지 eng.conects.com 〉 영단기 인강 〉 영단기 선생님 〉 오픽 탭의 지니 강을 선택한 후 '레벨 테스트' 게시판에 올리면 선생님의 피드백을 받아볼 수 있습니다.

7

시험장 응급 대처 표현

실전에서 발생하는 여러 가지 응급 상황에 대처할 수 있는 표현을 부록 I에 제시하였습니다. 이 표현들을 알면 자연스럽게 시간을 끌거나, 다음 문제로 넘기거나 해서 어려운 문제가 출제되어도 능숙하고 유연하게 대처할 수 있습니다.

영단기 OPIc 미리보기

유형/주제 소개

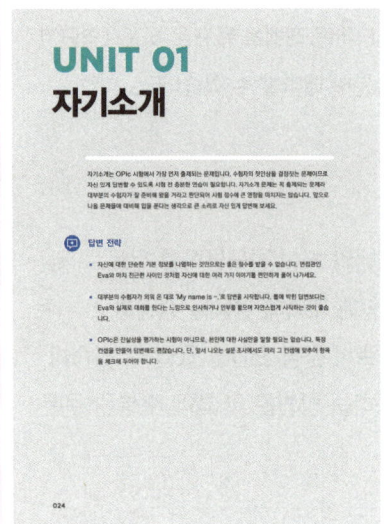

빈출 문제 & 답변 전략
빈출 문제와 각 유형/주제별 답변 전략을 파악할 수 있습니다.

Storyline 말하기 & 필수 패턴
유형/주제별로 활용도 높은 storyline을 제시하고, 답변 전체를 외우는 템플릿이 아닌, 필수 패턴 위주로 학습해 여러 주제에도 활용 가능합니다.

Sample Question

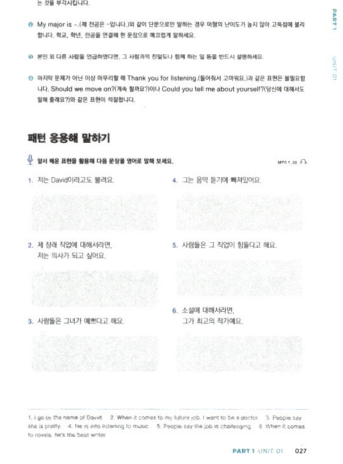

Storyline 적용해 말하기
앞서 배운 storyline을 문제에 적용해보는 연습을 통해 storyline의 구조와 패턴에 익숙해지도록 합니다.

패턴 응용해 말하기
모범 답변에서 쓰인 활용도 높은 패턴을 사용해 여러 문장을 만들어 말해 보는 연습을 합니다.

Practice Questions

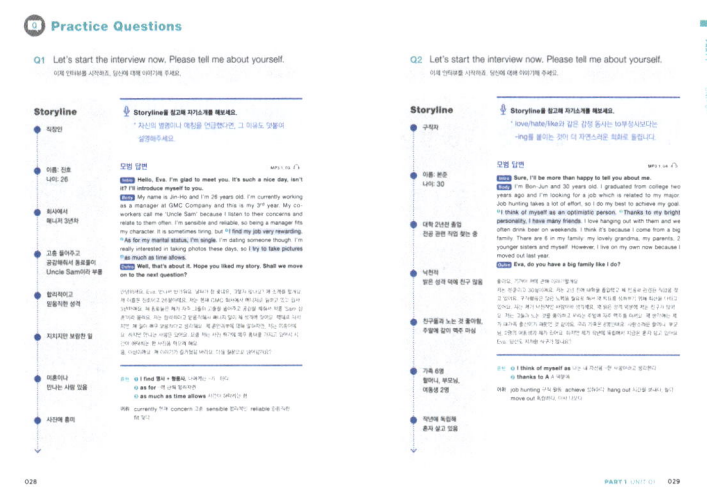

최신 빈출 문제를 풀어 봅니다. 콤보 문제로 자주 출제되는 주제는 연계된 3문제로 구성하였습니다.

필수 표현 & 패턴 Review

주제별 표현을 2개 unit씩 묶어 학습할 수 있어 더 효과적입니다. 주제에 맞는 어휘를 사용했는지 여부가 평가 항목 중 Context 부분에 해당되므로 표현 학습도 필수입니다! PART 2 롤 플레이의 경우는 표현보다는 패턴을 숙지해 두는 것이 고득점에 훨씬 도움이 되므로, '패턴 Review'를 통해 패턴을 다양하게 응용해 말해 보는 연습을 할 수 있도록 구성하였습니다.

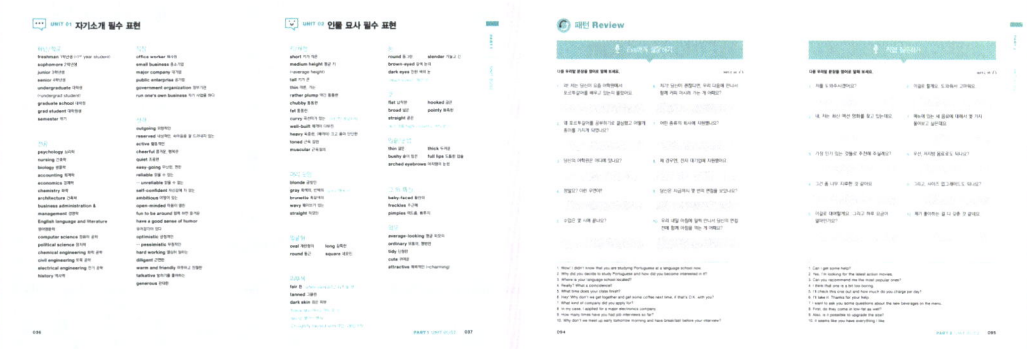

OPIc 시험 소개

OPIc(Oral Proficiency Interview-computer)은 iBT 기반의 수험자 친화형 외국어 말하기 평가로서, 수험자가 실제 생활에서 얼마나 효과적이고 적절하게 언어를 사용할 수 있는가를 측정합니다.

OPIc 시험의 특징

수험자 친화적인 개인 맞춤형 시험
시험 전 설문 조사와 난이도 조절을 통해 개개인 수험자에게 맞춤형 문제를 출제합니다.

4개 영역에 따른 총체적 평가 방식으로 실질적인 언어 구사 능력 측정
Global Task/Functions, Context/Content, Accuracy/Comprehensibility, Text Type의 4개 영역을 기준으로 수험자의 본질적인 언어 활용 능력을 평가합니다.

신뢰할 수 있는 공인 평가자에 의한 평가 시스템
OPIc 시험 평가자는 미국 내 교육 전문가로 구성되어 있으며, 평가는 3단계에 걸쳐 이루어집니다. 40년 전통의 국제공인기관인 ACTFL의 공인 평가자 관리 시스템으로 지속적인 평가자 재훈련과정을 통해 타당성과 신뢰성을 유지합니다.

OPIc 시험 진행 절차 (약 60분)

오리엔테이션 (20분)	1. Background Survey 2. 1st Self-Assessment 3. Overview of OPIc 4. Sample Question	사전 설문 조사 시험 난이도 결정 시험 방법 안내 실제 답변 방법 연습
본 시험 (40분)	1. 1st Session 2. 2nd Self-Assessment 3. 2nd Session	개인 맞춤형 문항 출제 (약 7문항) * 각 질문은 2회 청취 가능하며 문항별 답변 제한 시간 없음 난이도 재조정 1st Session과 동일
평가	1. 답변 전송 2. 평가	실시간 답변 전송 ACTFL 공인 평가자에 의한 평가

OPIc 시험 응시 안내

STEP 1 시험 전 – 시험 접수

접수 방법	OPIc 홈페이지(www.opic.or.kr)에서 온라인으로만 접수 가능
시험 응시료	78,100원 (정기 시험 기준)
시험 장소	지정된 ACTFL OPIc 공인 센터 중 선택 가능

STEP 2 시험 당일 – 시험 응시

준비물	신분증 (주민등록증, 운전면허증, 기간 만료 전 여권) *수험표와 필기도구 필요 없음
입실	시험 시작 10분 전까지 입실, 지각 시 시험 응시 불가능 시험장 입구의 자리 배치도에 따라 배정된 자리에 착석

STEP 3 시험 이후 – 시험 결과 확인

성적 확인	시험 응시일로부터 근무일 기준 7일 이후 오후 1시부터 온라인으로 확인 가능(www.opic.or.kr) *응시일 기준 2년 이내 성적 조회 가능

+ UR(Unable to Rate): 평가 불가능이란?

UR은 녹음 불량이나 녹음 음량이 너무 작은 경우, 혹은 수험자가 답변을 하지 않은 경우에 발생합니다. 수험자의 과실이 있는 경우에는 재시험의 기회 없이 응시료가 청구되지만, 시스템 오류로 인한 UR일 경우에는 1회의 재시험 기회가 주어집니다.

+ ACTFL의 25일 규정이란?

최근 응시일로부터 25일 경과 후에 시험에 응시해야 한다는 응시 제한 규정이 있습니다. 단, waiver를 통해 25일 이내에 시험에 재응시할 수 있는 기회가 있는데, waiver는 150일마다 1회 사용 가능하며, 사용 가능한 횟수에는 제한이 없습니다. 응시 제한 규정일 내에 시험 신청 시 별도의 신청 없이 waiver가 자동으로 적용되며, 신청한 시험에 결시할 경우에는 적용되지 않습니다.

OPIc 평가 등급 체계

OPIc에는 총 9개의 평가 등급(레벨)이 있으며, Intermediate Mid 등급을 IM1 〈 IM2 〈 IM3으로 세분화하여 제공합니다. 대부분의 한국 기업에서 요구하는 등급은 IL, IM이나 최근에는 IH, AL 등급을 선호하는 기업이 늘어나는 추세입니다.

레벨		레벨별 요약 설명
Advanced	**Advanced Low**	• 사건을 서술할 때 일관적으로 동사 시제를 말하고, 인물과 사물을 묘사할 때 다양한 형용사를 사용한다. • 적절한 위치에서 접속사를 사용하기 때문에 문장간의 결속력이 높고 문단의 구조를 능숙하게 구성할 수 있다. • 익숙하지 않은 복잡한 상황에서도 문제를 설명하고 해결할 수 있는 수준의 능숙도이다.
Intermediate	**Intermediate High**	• 개인에게 익숙하지 않거나 예측하지 못한 복잡한 상황을 만날 때, 대부분의 상황에서 사건을 설명하고 문제를 효과적으로 해결하곤 한다. • 발화량이 많고 다양한 어휘를 사용한다.
	Intermediate Mid IM1 < IM2 < IM3	• 일상적인 소재 뿐 아니라 개인적으로 익숙한 상황에서는 문장을 나열하며 자연스럽게 말할 수 있다. • 다양한 문장 형식이나 어휘를 실험적으로 사용하려고 하며, 상대방이 조금만 배려해 주면 오랜 시간 대화가 가능하다.
	Intermediate Low	• 일상적인 소재에서는 문장으로 말할 수 있다. • 대화에 참여하려 하고 선호하는 소재에서는 자신감을 가지고 말할 수 있다.
Novice	**Novice High**	• 대부분의 일상적인 소재에 대해 문장으로 말할 수 있다. • 개인정보에 대한 질문을 하고 응답을 할 수 있다.
	Novice Mid	• 이미 암기한 단어나 문장으로 말할 수 있다.
	Novice Low	• 제한적인 수준이지만 영어 단어를 나열하며 말할 수 있다.

OPIc 평가 영역

OPIc은 수험자가 실생활의 목적과 연관하여 외국어를 어떻게 활용할 수 있는지를 평가하는 시험입니다. 따라서 응시자가 어디에서 얼마나 오랫동안 외국어를 학습했는지보다는 응시자의 본질적인 언어 활용 능력을 평가합니다. OPIc은 아래 4개의 영역에 걸쳐 언어 능력을 측정하며 문법, 어휘, 발음 등의 요소는 4개 중 한 영역에 포함된 요소에 불과합니다.

Global Tasks/ Functions 언어로 어떤 과제를 수행할 수 있는지 판단	**Context/ Content** 응시자가 과제를 수행하기 위해 사용하는 사회적인 문맥 및 내용의 범위를 판단
Accuracy/ Comprehensibility 답변의 보편적 이해도, 정확성, 그리고 수용성을 판단	**Text Type** 화자의 발화량 및 문장 구조를 판단

OPIc 평가 방식

OPIc은 절대 평가 방식으로 측정됩니다. 응시자의 녹음 내용은 ACTFL 공인 평가자에게 전달되며 이는 'ACTFL Proficiency Guidelines Speaking (Revised 2012)' 말하기 기준에 따라 절대 평가되어 Novice Low에서 Advanced Low까지의 등급을 부여받게 됩니다.

OPIc 문제 유형 알아보기

OPIc 시험은 총 15문제로 구성됩니다.

**자기소개
(1문항)**

시험에서 가장 처음 출제되는 문항으로, 자기소개를 하는 문제 유형입니다. 답변을 할 때에는 앞서 선택한 설문 조사 항목과 일관되게 말하면 좋습니다. 전반적으로 storyline을 준비해 차근차근 말한다면 비교적 어렵지 않은 유형입니다.

문항 예시

Q Let's start the interview now. Please tell me about yourself.

이제 인터뷰를 시작하죠. 당신에 대해 말해 주세요.

**롤 플레이
- 상황극
(약 2~3문항)**

롤 플레이는 어떠한 상황을 주고 수험자가 그 상황에 맞게 대처하는 것을 요구합니다. 따라서 감정을 표현하는 것과 상황에 맞게 말하는 능력을 함께 요하므로, 유일하게 가산점이 있는 문제 유형이기도 합니다. 문항수는 시험 당 2~3문항으로 많지 않으나, 문제에서 요구하는 과제를 정확하게 파악 후 수행해야 좋은 점수를 받을 수 있습니다.

문항 예시

Q I'm going to have a job interview tomorrow morning. Ask me 3 or 4 questions.

저는 내일 아침에 면접을 보러 갑니다. 저에게 서너 가지 질문을 해주세요.

설문
(약 6~9문항)

수험자가 설문 조사에서 선택한 항목에 대한 문제가 출제됩니다. 돌발 문제와 마찬가지로 3콤보 형태의 문제로 출제됩니다(Q14, 15번 문제로 나올 경우에는 2콤보 형태로 출제됨). 여러 가지 주제에 두루 활용할 수 있는 storyline을 준비해 가는 것이 큰 도움이 되며, 시험 전 그에 맞는 항목을 선택하면 비교적 수월하게 시험을 볼 수 있습니다.

3콤보 문항 예시 - 음악 듣기

Q1 좋아하는 음악 장르 → **Q2** 음악 취향의 변화 → **Q3** 라이브로 음악을 들었던 경험

돌발
(약 3~5문항)

돌발 문제는 시험 전 행한 설문 조사에서 수험자가 선택하지 않은 항목에서 랜덤으로 출제됩니다. 따라서 수험자가 준비해 간 혹은 관심이 많지 않은 주제에 대한 문제가 출제될 수 있어 난이도가 높게 느껴질 수 있습니다. IM2 정도를 목표로 하는 수험자의 경우, 빈출 돌발 주제의 관련 어휘 정도를 익혀두고 간단한 대답으로 답변을 마무리해도 좋습니다.

3콤보 문항 예시 - 기술

Q1 학교/회사에서 자주 사용하는 기술 → **Q2** 기술의 장단점 → **Q3** 요즘 가장 이슈가 되고 있는 기술

콤보 문제란?

한 주제에 대해 연계된 2~3문항이 연달아서 출제되는 것을 말합니다. 콤보 문제는 주로 아래와 같은 방식으로 구성됩니다.

쉬운 유형	**Q1** 단순 묘사 / 평소의 습관 / 좋아하는 장르 (현재시제 요구) **Q2** 절차 / 평소 습관의 심화 질문 (현재시제 요구) **Q3** 과거 경험 / 과거와 현재 비교 (과거시제 요구)
어려운 유형	**Q1** 단순 묘사 / 평소의 습관 / 좋아하는 장르 (현재시제 요구) **Q2** 과거 경험 / 최근 경험 (과거시제 요구) **Q3** 계기 / 과거와 현재 비교 (과거시제 요구)
롤플레이 유형	**Q1** 단순 질문 (현재시제 요구) **Q2** 상황 설명+대안 제시 / 상황 설명+불만 제기 (과거시제 요구) **Q3** Q2와 유사한 경험에 대해 설명 (과거시제 요구)

설문 조사 응시 방법

설문 조사에서 선택할 항목을 미리 정해두면 그에 맞춰 답변 준비를 할 수 있어 효과적입니다.
또한, 영어로 말하기 쉬운 항목을 선택하고, 비슷한 종류의 항목들을 선택하면 한 가지 storyline을 활용해 답변할 수 있습니다.   Ex) 수영/걷기/조깅/요가, 해변가기/해외 여행/국내 여행

¹ 설문지 선택

Background Survey

1 현재 귀하는 어느 분야에 종사하고 계십니까? 1개를 선택하세요.
  □ 사업/회사   □ 재택근무/재택사업
  □ 교사/교육자   □ 군복무
  □ 일 경험 없음

[사업/회사]를 선택할 경우
1-1 현재 귀하는 직업이 있으십니까?
  □ 네   □ 아니오

[네]를 선택할 경우
1-2 귀하의 근무 기간은 얼마나 되십니까?
  □ 첫 직장-2개월 미만   □ 첫 직장-2개월 이상
  □ 첫 직장 아님-경험 많음

[2개월 이상, 경험 많음]을 선택할 경우
1-3 귀하의 부하직원을 관리하는 관리직을 맡고 있습니까?
  □ 네   □ 아니오

* 1번은 선택한 항목에 따라 연계 질문이 잇따라 나옵니다.

Background Survey

2 현재 귀하는 학생이십니까?
  □ 네   □ 아니오

[네]를 선택할 경우
2-1 현재 귀하가 강의를 듣는 목적은 무엇입니까?
  □ 학위 취득   □ 어학 수업
  □ 전문 기술을 향상시키기 위한 평생 학습

[아니오]를 선택할 경우
2-2 예전에 들었던 강의의 목적은 무엇이었습니까?
  □ 학위 취득   □ 전문 기술을 향상시키기 위한 평생 학습
  □ 어학 수업   □ 수업 등록 후 5년 이상 지남

3 현재 귀하는 어디에 살고 계십니까?
  □ 개인주택이나 아파트에 홀로 거주   □ 친구나 룸메이트와 함께 주택이나 아파트에 거주
  □ 가족과 함께 주택이나 아파트에 거주   □ 학교 기숙사
  □ 군대 막사

4~7번 문항에서 12개 이상을 선택하세요.

4 귀하는 여가 활동으로 주로 무엇을 하십니까? (2개 이상 선택)
  □ 영화 보기   □ 체스하기
  □ 클럽/나이트클럽 가기   □ SNS에 글 올리기
  □ 공연 보기   □ 친구들과 문자대화하기
  □ 콘서트 보기   □ 시험 대비 과정 수강하기
  □ 박물관 가기   □ 뉴스를 보거나 듣기
  □ 공원 가기   □ 요리 관련 프로그램 시청하기
  □ 캠핑하기   □ 차로 드라이브하기
  □ 해변 가기   □ 스파/마사지샵 가기
  □ 스포츠 관람   □ 구직 활동하기
  □ 주거 개선 프로젝트   □ 자원봉사하기
  □ 술집/바에 가기   □ 쇼핑하기
  □ 카페/커피전문점에 가기   □ TV 시청하기
  □ 게임하기(비디오, 카드, 보드, 휴대폰 등) □ 리얼리티 쇼 시청하기
  □ 당구치기

* 파란색으로 표시된 항목은 최근에 (16년 2월 기준) 새로 추가된 항목입니다. 이와 같이 설문 조사 항목은 수시로 추가되거나 교체되는데, 한 번에 많은 항목이 동시에 교체되는 경우는 없습니다.

Background Survey

5 귀하의 취미나 관심사는 무엇입니까? (1개 이상 선택)
□ 아이에게 책 읽어 주기 □ 요리하기
□ 음악 감상하기 □ 애완동물 기르기
□ 악기 연주하기 □ 주식투자하기
□ 혼자 노래부르거나 합창하기 □ 신문 읽기
□ 춤추기 □ 여행 관련 잡지나 블로그 읽기
□ 글쓰기(편지, 단문, 시 등) □ 사진 촬영하기
□ 그림 그리기

6 귀하는 주로 어떤 운동을 즐기십니까? (1개 이상 선택)
□ 농구 □ 자전거
□ 야구/소프트볼 □ 스키/스노우보드
□ 축구 □ 아이스 스케이트
□ 미식축구 □ 조깅
□ 하키 □ 걷기
□ 크리켓 □ 요가
□ 골프 □ 하이킹/트레킹
□ 배구 □ 낚시
□ 테니스 □ 헬스
□ 배드민턴 □ 태권도
□ 탁구 □ 운동 수업 수강하기
□ 수영 □ 운동을 전혀 하지 않음

7 귀하는 어떤 휴가나 출장을 다녀온 경험이 있습니까? (1개 이상 선택)
□ 국내 출장 □ 국내 여행
□ 해외 출장 □ 해외 여행
□ 집에서 보내는 휴가

² 난이도 선택

Self-Assessment

본 **Self-Assessment**에 대한 응답을 기초로 개인 맞춤형 문항이 출제됩니다.
아래 여섯 단계의 샘플 답변을 들어보시고 본인과 비슷한 실력과 비슷한 수준을 선택하세요.

☐ 난이도 1   샘플 답변 듣기
- 나는 10개 이하의 단어로 말할 수 있습니다.

☐ 난이도 2   샘플 답변 듣기
- 나는 기본적인 물건, 색깔, 요일, 음식, 의류, 숫자 등을 말할 수 있습니다.
- 나는 항상 완벽한 문장을 구사하지 못하고 간단한 질문도 하기 어렵습니다.

☐ 난이도 3   샘플 답변 듣기
- 나는 나 자신, 직장, 친한 사람, 장소와 일상에 대한 기본적인 정보를 간단한 문장으로 전달할 수 있습니다.
- 간단한 질문을 할 수 있습니다.

☐ 난이도 4   샘플 답변 듣기
- 나는 나 자신, 일상, 일/학교와 취미에 대해 간단한 대화를 할 수 있습니다.
- 나는 친근한 주제와 일상에 대해 간단한 문장을 만들 수 있습니다.

☐ 난이도 5   샘플 답변 듣기
- 나는 친근한 주제와 가정, 일/학교, 개인과 사회적 관심사에 대해 자신 있게 대화할 수 있습니다.
- 나는 일어난 일과 일어나고 있는 일, 일어날 일에 대해 합리적으로 자신 있게 말할 수 있습니다. 필요한 경우 설명도 할 수 있습니다. 일상생활에서 예기치 못한 상황이 발생하더라도 임기응변으로 대처할 수 있습니다.

☐ 난이도 6   샘플 답변 듣기
- 나는 개인적, 사회적 또는 전문적 주제에 대한 나의 의견을 제시하여 토론할 수 있습니다.
- 나는 다양하고 어려운 주제에 대해 정확하고 다양한 어휘를 사용하여 자세히 설명할 수 있습니다.

OPIc 시험 화면 구성

시험 시작 전

음량과 녹음 상태를 확인합니다. 화면의 안내를 따라 필요시 헤드셋과 마이크의 위치, 음량을 조절하세요.

설문 조사

Background Survey에서 자신이 원하는 주제을 선택합니다. 여기서 고른 항목 중에서 문제가 출제됩니다.

난이도 선택

Self-Assessment에서는 자신이 원하는 난이도를 선택합니다. 문제의 난이도는 여기서 한 번, 추후 시험 도중 한 번 더 조절할 수 있습니다.

IM2 목표: 난이도 3/4 선택
IH 목표: 난이도 4/5 선택
AL 목표: 난이도 5/6 선택

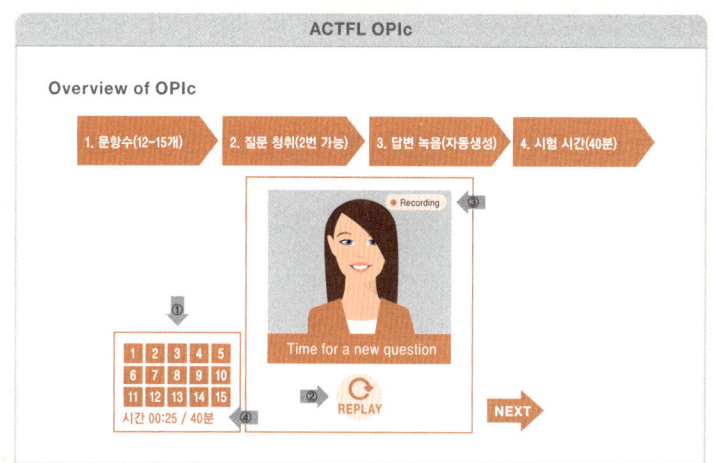

오리엔테이션

Overview에서는 문항수, 질문 청취, 답변 녹음, 시험 시간 등 시험에 관한 기본적인 정보를 확인할 수 있습니다. 여기까지가 시험의 오리엔테이션에 해당하는 부분입니다. 오리엔테이션은 20분 정도가 소요됩니다.

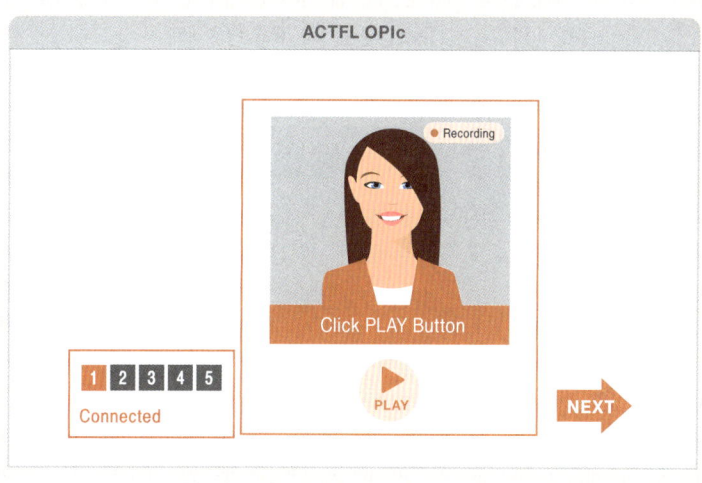

시험 시작

본 시험 시간은 40분으로, 문제를 듣고 그에 대한 답변을 하는 방식으로 진행됩니다. 약 7문제 정도로 구성되는 첫 번째 세션이 이어집니다. 문제는 2회 청취 가능하나 시간이 부족할 수 있으니 주의하세요.

난이도 선택

첫 번째 세션 이후에 다시 한 번 난이도를 조절할 수 있는 화면이 나옵니다. 출제된 문제 난이도를 기준으로 쉬운 질문/비슷한 질문/어려운 질문 중 하나를 택합니다. 두 번째 세션은 그에 상응하는 난이도의 문제가 출제됩니다.

학습 계획표

2주 완성

OPIc 시험을 본 경험이 있고, 어느 정도 영어 말하기의 기본이 있는 학습자라면 '2주 완성' 계획표에 따라 단시간 집중 학습을 해보세요. 함께 다루면 좋은 주제끼리 묶어서 학습해 학습 효과를 극대화합니다. 만약 시험까지 시간이 얼마 남지 않았다면, 원하는 '설문 조사' 주제나 자신이 취약한 부분만을 선택해 학습하는 것도 좋은 방법입니다. 학습 마지막 날에는 꼭 온라인 모의 테스트를 응시해 보고, 부록 II의 패턴을 다시 한 번 복습하는 시간을 가지세요.

DAY 1	DAY 2	DAY 3	DAY 4	DAY 5	DAY 6	DAY 7
P1 U1~2	P1 U3~5	P1 U6~7	P1 U8 P2 U1 P4 U1	P2 U2~3 P4 U2	P2 U4~5 P4 U3	P3 U1&3

DAY 8	DAY 9	DAY 10	DAY 11	DAY 12	DAY 13	DAY 14
P3 U2&6	P3 U4~5 P4 U4	P3 U7~8	P3 U9~10 P4 U5	P4 U6 모의고사 1~2	모의고사 3~5	온라인 모의테스트 부록 I&II

4주 완성

OPIc 시험을 본 경험이 없거나, 기본기가 약하고 말하기 시험에 익숙하지 않은 학습자라면 '4주 완성' 계획표에 따라 차근차근 준비해 보세요. 순차적으로 학습하고 중간 중간 복습을 통해 배운 내용을 최대한 흡수하는 데 중점을 둔 계획입니다. 학습 마지막 날에는 꼭 온라인 모의테스트를 응시해 보고, 부록 II의 패턴을 다시 한 번 복습하는 시간을 가지세요.

DAY 1	DAY 2	DAY 3	DAY 4	DAY 5	DAY 6	DAY 7
P1 U1~2	P1 U3~4	P1 U5~6	P1 U7~8	P2 U1~2	P2 U3~4	P2 U5

DAY 8	DAY 9	DAY 10	DAY 11	DAY 12	DAY 13	DAY 14
P1~2 복습	P3 U1	P3 U2	P3 U3	P3 U4	P3 U5	P3 U6

DAY 15	DAY 16	DAY 17	DAY 18	DAY 19	DAY 20	DAY 21
P3 U7	P3 U8	P3 U9	P3 U10	P4 U1	P4 U2	P4 U3

DAY 22	DAY 23	DAY 24	DAY 25	DAY 26	DAY 27	DAY 28
P4 U4	P4 U5	P4 U6	모의고사 1~2	모의고사 3~4	모의고사 5 부록 I	온라인 모의테스트 부록 II

*오픽 대표 강사 온라인 강의(유료)는 영단기 Web site에서!

www.engdangi.com

OPIc
PART 1
설문 조사 - 서술

UNIT 01	자기소개
UNIT 02	인물 묘사
UNIT 03	장소 묘사
UNIT 04	사물 묘사
UNIT 05	일상생활 말하기
UNIT 06	경험 이야기하기
UNIT 07	절차 설명하기
UNIT 08	비교하기

UNIT 01
자기소개

자기소개는 OPIc 시험에서 가장 먼저 출제되는 문제입니다. 수험자의 첫인상을 결정짓는 문제이므로 자신 있게 답변할 수 있도록 시험 전 충분한 연습이 필요합니다. 자기소개 문제는 꼭 출제되는 문제라 대부분의 수험자가 잘 준비해 왔을 거라고 판단되어 시험 점수에 큰 영향을 미치지는 않습니다. 앞으로 나올 문제들에 대비해 입을 푼다는 생각으로 큰 소리로 자신 있게 답변해 보세요.

 답변 전략

- 자신에 대한 단순한 기본 정보를 나열하는 것만으로는 좋은 점수를 받을 수 없습니다. 면접관인 Eva와 마치 친근한 사이인 것처럼 자신에 대한 여러 가지 이야기를 편안하게 풀어 나가세요.

- 대부분의 수험자가 외워 온 대로 'My name is ~.'로 답변을 시작합니다. 틀에 박힌 답변보다는 Eva와 실제로 대화를 한다는 느낌으로 인사하거나 안부를 물으며 자연스럽게 시작하는 것이 좋습니다.

- OPIc은 진실성을 평가하는 시험이 아니므로, 본인에 대한 사실만을 말할 필요는 없습니다. 특정 컨셉을 만들어 답변해도 괜찮습니다. 단, 앞서 나오는 설문 조사에서도 미리 그 컨셉에 맞추어 항목을 체크해 두어야 합니다.

Storyline 말하기

이름, 나이	제 이름은 ~이고 ~(나이)대입니다. 저는 ~라는 이름으로도 불려요. **My name is** 이름 **and I'm in my** 나이대**s. I go by the name of** 영어 이름**.**
학교, 전공	저는 ~대학에서 ~를 전공하는 ~(학년생)이에요. **I'm a** 몇 학년생 **at** 대학교 이름 **University majoring in** 전공명**.**
출생지, 동거인	저는 ~시에서 태어났고 지금은 ~(누구)와 ~(장소)에서 살고 있어요. ~는 공통점이 많아서 상당히 잘 지내고 있어요. **I was born in** 도시명 **city and now I live in** 장소 **with** 누구**.** **~ get along pretty well because we have a lot in common.**
성격	~에 대해서라면, 저는 ~해요. 사람들은 ~하다고 해요. **When it comes to ~, I'm ~. People say ~.**
취미, 관심사	저는 ~에 빠져있어요. **I'm into ~.**

자기소개 필수 패턴

- **go by the name of A** A라고도 불리다
  I go by the name of Jane. 저는 Jane이라고도 불려요.

- **when it comes to A,** A에 대해서(관해서)라면,
  When it comes to my future, I want to be a researcher.
  제 미래에 대해서라면, 저는 연구원이 되고 싶어요.

- **People say ~.** 사람들은 ~하다고 한다.
  People say I look like my father. 사람들은 제가 아버지와 닮았다고 해요.

- **I'm into A.** 저는 A에 빠져있다.
  I'm into taking pictures. 저는 사진 찍기에 빠져있어요.

Q Sample Question

문제 파악하기

> **Q** Let's start the interview now. Please tell me about yourself.
> 이제 인터뷰를 시작하죠. 당신(수험자)에 대해 이야기해 주세요.

Storyline 적용해 말하기

모범 답변 MP3 1_01

Intro	Hi, Eva. Nice meeting you. You know, I'm a bit nervous now, but I'll do my best. ❶**Cross your fingers for me, please.**
Body 이름, 나이	**My name is** Sumi **and I'm in my** mid-20s. **I** also **go by the name of** Susan.
학교, 전공	❷**I'm a** senior **at** Han **University majoring in** English language and literature. ➕I only have one more semester left. I want to get a decent job after I graduate.
출생지, 동거인	**I was born in** Seoul **city and now I live in** an apartment **with** ❸**my** younger sister. **She and I get along pretty well because we have a lot in common.**
성격	**When it comes to** my personality, **I'm** very outgoing and diligent. **People say** I'm fun to be around, too!
취미, 관심사	Also, **I'm into** musicals nowadays, so I go to musicals once or twice a month. They are really exciting!
Outro	❹**Now, could you tell me about yourself, too?**

안녕하세요, Eva. 만나서 반가워요. 실은 지금 조금 긴장되지만 최선을 다할게요. 저에게 행운을 빌어 주세요.
제 이름은 수미이고 20대 중반이에요. 저는 Susan이라고도 불려요.
저는 한대학교에서 영어영문학을 전공하는 4학년생이에요. ➕한 학기만을 남겨두고 있어요. 졸업 후에는 괜찮은 직업을 갖고 싶어요.
저는 서울시에서 태어났고 지금은 제 여동생과 아파트에서 살고 있어요. 저희는 공통점이 많아서 상당히 잘 지내요.
제 성격에 대해서라면, 저는 굉장히 외향적이고 근면해요. 사람들은 저와 함께 있으면 즐겁다고도 해요!
또, 저는 요즘 뮤지컬에 빠져서 한 달에 한두 번씩 보러 가요. 뮤지컬은 정말 흥분돼요!
이제 당신에 대해서도 말해 줄래요?

어휘 nervous 긴장된 semester 학기 decent 제대로 된 get along 지내다 common 공통점 personality 성격 outgoing 외향적인 diligent 근면한 fun to be around 함께하면 즐거운 into ~에 빠지다 exciting 흥분되는

➕표현은 IH 이상 레벨을 원한다면 포함해서 외워 두세요. ➕표현을 빼고 말해도 무관합니다.

❶ Cross your fingers for me.(행운을 빌어 주세요.)와 같은 회화 표현을 써서 나는 편하게 영어로 말할 수 있다는 것을 부각시킵니다.

❷ My major is ~.(제 전공은 ~입니다.)와 같이 단문으로만 말하는 경우 어형의 난이도가 높지 않아 고득점에 불리합니다. 학교, 학년, 전공을 연결해 한 문장으로 매끄럽게 말하세요.

❸ 본인 외 다른 사람을 언급하였다면, 그 사람과의 친밀도나 함께 하는 일 등을 반드시 설명하세요.

❹ 마지막 문제가 아닌 이상 마무리할 때 Thank you for listening.(들어줘서 고마워요.)과 같은 표현은 불필요합니다. Should we move on?(계속 할까요?)이나 Could you tell me about yourself?(당신에 대해서도 말해 줄래요?)와 같은 표현이 적절합니다.

패턴 응용해 말하기

앞서 배운 표현을 활용해 다음 문장을 영어로 말해 보세요.

MP3 1_02

1. 저는 David이라고도 불려요.

2. 제 장래 직업에 대해서라면, 저는 의사가 되고 싶어요.

3. 사람들은 그녀가 예쁘다고 해요.

4. 그는 음악 듣기에 빠져있어요.

5. 사람들은 그 직업이 힘들다고 해요.

6. 소설에 대해서라면, 그가 최고의 작가예요.

---

1. I go by the name of David.   2. When it comes to my future job, I want to be a doctor.   3. People say she is pretty.   4. He is into listening to music.   5. People say the job is challenging.   6. When it comes to novels, he's the best writer.

Q Practice Questions

Q1 Let's start the interview now. Please tell me about yourself.
이제 인터뷰를 시작하죠. 당신에 대해 이야기해 주세요.

Storyline

- 직장인
- 이름: 진호
  나이: 26
- 회사에서
  매니저 3년차
- 고충 들어주고
  공감해줘서 동료들이
  Uncle Sam이라 부름
- 합리적이고
  믿음직한 성격
- 지치지만 보람찬 일
- 미혼이나
  만나는 사람 있음
- 사진에 흥미

Storyline을 참고해 자기소개를 해보세요.

* 자신의 별명이나 애칭을 언급했다면, 그 이유도 덧붙여 설명해주세요.

모범 답변   MP3 1_03

Intro Hello, Eva. I'm glad to meet you. It's such a nice day, isn't it? I'll introduce myself to you.
Body My name is Jin-Ho and I'm 26 years old. I'm currently working as a manager at GMC Company and this is my 3rd year. My co-workers call me 'Uncle Sam' because I listen to their concerns and relate to them often. I'm sensible and reliable, so being a manager fits my character. It is sometimes tiring, but ❶I find my job very rewarding. ❷As for my marital status, I'm single. I'm dating someone though. I'm really interested in taking photos these days, so I try to take pictures ❸as much as time allows.
Outro Well, that's about it. Hope you liked my story. Shall we move on to the next question?

안녕하세요, Eva. 만나서 반가워요. 날씨가 참 좋네요, 그렇지 않나요? 제 소개를 할게요. 제 이름은 진호이고 26살이에요. 저는 현재 GMC 회사에서 매니저로 일하고 있고 입사 3년차예요. 제 동료들은 제가 자주 그들의 고충을 들어주고 공감을 해줘서 저를 'Sam 삼촌'이라 불러요. 저는 합리적이고 믿음직해서 매니저 일이 제 성격에 맞아요. 때때로 지치지만, 제 일이 매우 보람차다고 생각해요. 제 혼인여부에 대해 말하자면, 저는 미혼이에요. 하지만 만나는 사람은 있어요. 요즘 저는 사진 찍기에 매우 흥미를 가지고 있어서 시간이 허락하는 한 사진을 찍으려 해요.
음, 이상이에요. 제 이야기가 즐거웠길 바라요. 다음 질문으로 넘어갈까요?

표현
❶ **I find 명사 + 형용사.** 나에게는 ~가 ~하다.
❷ **as for** ~에 관해 말하자면
❸ **as much as time allows** 시간이 허락하는 한

어휘 currently 현재 concern 고충 sensible 합리적인 reliable 믿음직한
fit 맞다

Q2 Let's start the interview now. Please tell me about yourself.
이제 인터뷰를 시작하죠. 당신에 대해 이야기해 주세요.

Storyline

- 구직자
- 이름: 본준
  나이: 30
- 대학 2년전 졸업
  전공 관련 직업 찾는 중
- 낙천적
  밝은 성격 덕에 친구 많음
- 친구들과 노는 것 좋아함, 주말에 같이 맥주 마심
- 가족 6명
  할머니, 부모님, 여동생 2명
- 작년에 독립해 혼자 살고 있음

Storyline을 참고해 자기소개를 해보세요.

* love/hate/like와 같은 감정 동사는 to부정사보다는 -ing를 붙이는 것이 더 자연스러운 회화로 들립니다.

모범 답변
MP3 1_04

Intro Sure, I'll be more than happy to tell you about me.
Body I'm Bon-Jun and 30 years old. I graduated from college two years ago and I'm looking for a job which is related to my major. Job hunting takes a lot of effort, so I do my best to achieve my goal. ❶I think of myself as an optimistic person. ❷Thanks to my bright personality, I have many friends. I love hanging out with them and we often drink beer on weekends. I think it's because I come from a big family. There are 6 in my family: my lovely grandma, my parents, 2 younger sisters and myself. However, I live on my own now because I moved out last year.
Outro Eva, do you have a big family like I do?

좋아요, 기꺼이 저에 관해 이야기할게요.
저는 본준이고 30살이에요. 저는 2년 전에 대학을 졸업했고 제 전공과 관련된 직업을 찾고 있어요. 구직활동은 많은 노력을 필요로 해서 제 목표를 성취하기 위해 최선을 다하고 있어요. 저는 제가 낙천적인 사람이라 생각해요. 제 밝은 성격 덕분에 저는 친구가 많아요. 저는 그들과 노는 것을 좋아하고 우리는 주말에 자주 맥주를 마셔요. 제 생각에는 제가 대가족 출신이기 때문인 것 같아요. 우리 가족은 6명인데요: 사랑스러운 할머니, 부모님, 2명의 여동생과 제가 있어요. 하지만 제가 작년에 독립해서 지금은 혼자 살고 있어요. Eva, 당신도 저처럼 식구가 많나요?

표현 ❶ **I think of myself as** 나는 내 자신을 ~한 사람이라고 생각한다
❷ **thanks to A** A 덕분에

어휘 **job hunting** 구직 활동 **achieve** 성취하다 **hang out** 시간을 보내다, 놀다 **move out** 독립하다, 이사 나오다

UNIT 02
인물 묘사

인물 묘사 문제에서는 주로 가족이나 룸메이트, 친구, 동료나 상사 등 주변 사람에 대한 소개를 요구합니다. Storyline을 잘 잡아놓은 후, 대상에 따라 어휘를 바꾸어 넣어가며 다양한 연습을 해 두는 것이 좋습니다. 또, 'Unit 01 자기소개'에서 배운 패턴의 주어를 he/she로 바꾸어 말할 수도 있습니다. 이때, 동사에는 반드시 '-s'를 붙여 말하세요.

빈출 문제

Tell me about 인물. '인물'에 대해 말해 주세요.

Describe 인물 **in detail.** '인물'을 자세히 묘사해 주세요.

What is 인물 **like?** '인물'은 어떤 사람인가요?

답변 전략

- 인물 묘사는 큰 범위에서 세부적인 범위 순으로 설명하는 것이 자연스럽게 들립니다.
  기본 정보 ➔ 키/체형 ➔ 머리 모양 ➔ 얼굴(생김새) ➔ 그 외 특징들

- 묘사하는 인물이 즐겨 입는 옷이나 장신구 등 세부적인 정보를 언급해 채점자가 보다 구체적인 이미지를 떠올릴 수 있게 합니다.

- OPIc 시험에는 다양한 장소가 문제의 배경으로 출제되며, 장소 묘사 문제에 인물 묘사가 연계되는 경우가 있습니다. 이에 대비하여 장소와 직업 관련 용어를 정확히 알아두세요.
  Ex) dental clinic ➔ dentist   library ➔ librarian   hotel ➔ receptionist
      치과   치과의사   도서관   사서   호텔   접수 담당자

Storyline 말하기

이름, 나이	그/그녀의 이름은 ~이에요. 그/그녀는 ~(나이)대예요. **His/Her name is 이름. He/She is in his/her 나이대s.**
알아온 시간	그/그녀를 안지는 ~(기간)이 되었어요. **I've known him/her for 기간.**
키, 체형, 머리 모양, 얼굴	그/그녀는 (키/체형이) ~해요. **He/She is ~.** 그/그녀의 머리 모양은 ~이에요. **He/She has ~ hair.** 그/그녀는 ~한 눈을 가졌고 늘 ~를 착용해요. **He/She has ~ eyes and always wears ~.**
첫인상	처음 그/그녀를 만났을 때, 그/그녀는 ~해 보였어요. **When I first met him/her, he/she seemed ~.**
반전	하지만 시간이 지나고 보니, 그/그녀는 ~한 사람이었어요. **However, as time went by, he/she turned out to be ~.**
감정	그리고 그/그녀의 그런 점을 저는 ~해요. **And that's what I ~ about him/her.**

인물 묘사 필수 패턴

- **One's name is ~.** ~의 이름은 ~이다.
  His name is June. 그의 이름은 June이에요.

- **I've known A for 기간.** A를 안지는 ~이 되다.
  I've known my best friend for 10 years. 제 가장 친한 친구를 안지는 10년이 되었어요.

- **as time goes by, (=as time passes by,)** 시간이 지날수록,
  As time went by, my English teacher became stricter.
  시간이 지나고 보니, 제 영어 선생님은 더 엄격해지셨어요.

- **turn out to be ~** ~로 판명이 나다, ~로 밝혀지다
  He turned out to be married. 그는 기혼자로 밝혀졌어요.

- **That's what I 동사 about A.** A의 그런 점을 나는 ~한다.
  That's what I hate about her. 그녀의 그런 점을 나는 싫어해요.

Q Sample Question

문제 파악하기

Q What is your boss like? What was the first impression when you first met him or her? How has the impression changed? 당신의 상사는 어떤 사람입니까? 처음 만났을 때 그/그녀의 첫인상은 어땠나요? 인상이 어떻게 바뀌었나요?

Storyline 적용해 말하기

모범 답변

MP3 1_05

Intro	Sure, let me tell you about my boss.
Body 이름, 나이, 알아온 시간	His name is Jason Chang. **He is in his** mid-50s and **I've known him for** almost 4 years.
키, 체형, 머리 모양, 얼굴	❶**He is** tall and average weight. ❹**He is just ordinary.** He has ❷short, curly, brown **hair** and a mustache. **He has** slender ❸**eyes** and **always wears** glasses which make him look pretty smart as well.
첫인상	**When I first met him, he seemed** very uptight and unapproachable. He also looked very stern, too.
반전	**However, as time went by, he turned out to be** very kind and generous. He always pays attention to employees' concerns.
감정	**And that's what I** respect **about him.** I'm so lucky to have him as my boss.
Outro	Eva, do you have a wonderful boss, too?

물론이죠. 제 상사에 관해 이야기할게요.
그의 이름은 Jason Chang이에요. 그는 50대 중반이고 그를 안지는 거의 4년이 되었어요.
그는 키가 크고 보통 체형이에요. 그는 그저 평범해요.
그는 짧은 갈색 곱슬머리이고 수염이 있어요.
그의 눈은 (옆으로) 길고, 늘 안경을 착용 하는데 그를 꽤 똑똑해 보이게 해요.
처음 그를 만났을 때, 그는 굉장히 자의식이 강하고 다가가기 어려워 보였어요. 그는 또한 아주 엄격해 보이기도 했어요.
하지만 시간이 지나고 보니, 그는 아주 친절하고 관대한 사람이었어요. 그는 항상 직원들의 고충에 귀를 기울이죠.
그리고 저는 그의 그런 점을 존경해요. 그를 상사로 모시게 되어 참 운이 좋다고 생각해요.
Eva, 당신에게도 멋진 상사가 있나요?

어휘 average weight 보통 체형(체중) a mustache 콧수염 slender eyes 옆으로 긴 (주로 쌍꺼풀이 없는) 눈 uptight 자의식이 강한 unapproachable 다가가기 어려운 strict 엄격한 pay attention to A A에 주의를 기울이다 concerns 고충들

❶ 키/체형/성격을 묘사할 때는 be 동사를, 머리 모양/눈, 코, 입 등 생김새를 묘사할 때는 have를 사용합니다. 이때, have got (=have)을 사용해도 좋습니다. Ex) He's got wide shoulders. 그는 넓은 어깨를 가졌다.

❷ 머리 모양을 묘사할 때는 형용사의 순서에 주의합니다.
길이 ➡ 모양 ➡ 색
Ex) Michael has **short curly black** hair. Michael은 짧은 검은색 곱슬머리이다.

❸ 신체를 가리키는 명사는 단수와 복수를 구별해 말합니다.
복수로 말해야 하는 명사: eyes 눈, ears 귀, shoulders 어깨, legs 다리, arms 팔, eyebrows 눈썹
* 우리말로는 '눈들, 어깨들'이라고 하지 않으나, 영어는 복수 형태로 말합니다.

❹ 인물에 대해 부정적인 묘사를 해야 한다면, 직접적인 표현을 피하고 순화된 표현을 사용하는 것이 좋습니다.
Ex) She is fat. 그녀는 뚱뚱하다. ➡ She is **kind of heavyset**. 그녀는 다소 건장한 편이다.
He is short. 그는 키가 작다. ➡ He is **on the short side**. 그는 조금 작은 편이다.
She is so short. 그녀는 키가 아주 작다. ➡ She is **quite petite**. 그녀는 꽤 자그마한 편이다.
He is ugly. 그는 못생겼다. ➡ He is **ordinary**. 그는 평범하다.

패턴 응용해 말하기

🎤 앞서 배운 표현을 활용해 다음 문장을 영어로 말해 보세요.   MP3 1_06 🎧

1. 우리 형의 이름은 Ken이에요.

2. 그를 안지는 5년이 조금 넘었어요.

3. 시간이 지날수록, 그녀는 예뻐졌어요.

4. 그는 학생인 것으로 밝혀졌어요.

5. 저는 제 친구의 그런 점을 신뢰해요.

---

1. My brother's name is Ken.   2. I've known him for more than 5 years.   3. As time went by, she became prettier.   4. It turned out, he was a student.   5. That's what I trust about my friend.

Q Practice Questions

Q1 Tell me about your language school instructor. What does he/she look like? What kind of personality does he/she have? Describe that person in detail. 당신의 어학원 선생님에 대해서 말해 주세요. 그/그녀는 어떻게 생겼나요? 그/그녀는 어떤 성격을 가지고 있나요? 그 사람을 자세히 묘사해 주세요.

Storyline

- 어학원 선생님
- 이름: Jeanie
  나이: 30대
- 안지 3개월
- 보통 키, 꽤 날씬한 체격
  긴 생머리, 보조개
  계란형 얼굴, 크고 둥근 눈
  두꺼운 눈썹, 동안임
- 첫인상은 차가워 보임
- 알고 보니 따뜻하고 유머러스 함
- 열정적으로 가르쳐서 그녀를 좋아함

🎤 Storyline을 참고해 답변해 보세요.
* 현재완료를 적절히 사용하면 답변의 완성도가 높아집니다.
첫인상이나 감정도 답변에 포함시켜 주세요.

모범 답변 MP3 1_07

Intro Alright. Do you want to know about my language school teacher?
Body I have a great English teacher named Jeanie. ❶I'm not sure of her age, but I assume she's in her 30s. I've known her for about 3 months. She's medium height and rather slim. She has long, straight, brunette hair and a cute dimple on her left cheek. ❷She's got an oval face and big round eyes. She's also baby-faced and has thick eyebrows. When I met her in the classroom on the first day, she looked a bit cold at first, but I was so wrong. As time passed by, she turned out to be warm and humorous. What's more, she teaches students very passionately. Thanks to her effort, I've never become bored in her class. That's why I like her a lot.
Outro Eva, would you like to meet her? I bet you'll like her, too.

좋아요. 제 어학원 선생님에 관해 알고 싶나요?
제게는 Jeanie라고 불리는 멋진 영어 선생님이 있어요. 그녀의 나이를 확실히 알지는 못하지만, 30대로 추정해요. 그녀를 안지는 약 3달이 되었어요. 그녀는 평균 키에 꽤 날씬한 편이에요. 긴 흑갈색의 생머리이고 왼쪽 뺨에 귀여운 보조개가 있어요. 계란형 얼굴에 크고 둥근 눈을 가지고 있어요. 또한 동안이고 두꺼운 눈썹을 가지고 있어요. 첫날 교실에서 그녀를 만났을 때는 약간 차가워 보였지만, 제가 완전히 잘못 안 거였어요. 시간이 지나고 보니, 따뜻하고 유머러스한 사람이었어요. 더군다나 그녀는 학생들을 매우 열정적으로 가르쳐요. 그녀의 노력 덕분에 저는 한 번도 수업이 지루했던 적이 없어요. 그래서 저는 그녀를 매우 좋아해요.
Eva, 그녀를 만나 볼래요? 내가 장담하건대 당신도 그녀를 좋아하게 될 거예요.

표현 ❶ **I'm not sure of A.** A를 확실히 알지 못하다.
❷ **have got** ~를 가지고 있다

어휘 assume 추정하다 rather 오히려, 꽤 effort 노력 become bored 지루해지다 I bet 내가 장담하건대

Q2 Please tell me about your favorite singer. What does he/she look like? Why do you like him/her? Describe that person in detail. 당신이 제일 좋아하는 가수에 대해 말해 주세요. 그/그녀는 어떻게 생겼나요? 왜 그/그녀를 좋아하나요? 그 사람을 자세히 묘사해 주세요.

Storyline

- 제일 좋아하는 가수
- 이름: Jason Kim
  나이: 20대 후반
- 3년 이상 된 그의 팬
- 평균 키, 좋은 체격
  웨이브 있는 갈색 머리,
  아름다운 눈, 햇볕에 탄
  피부, 살인미소
- 항상 검은 모자를 씀
- 매력적이고 재능 있음
  노래도 직접 작곡함
- 'Because of you'가
  내가 가장 좋아하는 노래임

Storyline을 참고해 답변해 보세요.

* 직접적으로 아는 사이가 아닌 경우에는 I've been a huge fan of him/her.과 같은 표현으로 바꾸어 말합니다. 실존 인물에 대해 답해도 좋지만, 그에 대한 배경지식이 부족하다면 가상의 인물로 답변을 준비하세요.

모범 답변

Intro Oh my god!!! I'm so excited to tell you about my favorite singer.
Body His name is Jason Kim and he is in his late 20s. I've been a huge fan of him for more than 3 years. He is medium height and well-built. He has wavy brown hair and beautiful eyes. He's lightly tanned and has a killer smile, too. Also, he wears a black hat all the time and I think it's really cute. He is ❶not only attractive, but also talented. He writes his own songs and they're amazing. Among his songs, 'Because of you' is my favorite.
Outro Have you listened to any of his songs yet? If you haven't, I'll lend you his recent album. I'm sure you'll enjoy it ❷as much as I do.

세상에!!! 제가 가장 좋아하는 가수에 대해서 말하려니 굉장히 흥분되네요.
그의 이름은 Jason Kim이고 20대 후반이에요. 저는 3년 이상 된 그의 엄청난 팬이에요. 그는 평균 키에 체격이 좋아요. 웨이브가 있는 갈색 머리에 아름다운 눈을 가지고 있죠. 가볍게 햇볕에 탄 피부와 살인미소도 가지고 있어요. 또한, 그는 항상 검은 모자를 쓰는데 저는 그게 정말 귀여운 것 같아요. 그는 매력적일 뿐 아니라 재능도 있어요. 그는 그의 노래를 직접 작곡하는 데 정말 놀라워요. 그의 곡 중에서 'Because of you'가 제가 가장 좋아하는 노래예요.
그의 노래를 아직 전혀 들어본 적이 없나요? 그렇다면 제가 그의 최신 앨범을 빌려줄게요. 분명 당신도 저만큼 즐길 거예요.

표현 ❶ **Not only A, but also B.** A할 뿐 아니라 B하기도 하다.
❷ **as much as 주어+동사** '주어'가 ~하는 만큼

어휘 excited 흥분되는 killer smile 살인미소 attractive 매력적인
talented 재능 있는

UNIT 01 자기소개 필수 표현

학년/학교
freshman 1학년생 (=1st year student)
sophomore 2학년생
junior 3학년생
senior 4학년생
undergraduate 대학생
(=undergrad student)
graduate school 대학원
grad student 대학원생
semester 학기

전공
psychology 심리학
nursing 간호학
biology 생물학
accounting 회계학
economics 경제학
chemistry 화학
architecture 건축학
business administration & management 경영학
English language and literature 영어영문학
computer science 컴퓨터 공학
political science 정치학
chemical engineering 화학 공학
civil engineering 토목 공학
electrical engineering 전기 공학
history 역사학

직장
office worker 회사원
small business 중소기업
major company 대기업
public enterprise 공기업
government organization 정부기관
run one's own business 자기 사업을 하다

성격
outgoing 외향적인
reserved 내성적인, 속마음을 잘 드러내지 않는
active 활동적인
cheerful 즐거운, 행복한
quiet 조용한
easy-going 무난한, 편한
reliable 믿을 수 있는
↔ **unreliable** 믿을 수 없는
self-confident 자신감에 차 있는
ambitious 야망이 있는
open-minded 마음이 열린
fun to be around 함께 하면 즐거운
have a good sense of humor 유머감각이 있다
optimistic 긍정적인
↔ **pessimistic** 부정적인
hard working 열심히 일하는
diligent 근면한
warm and friendly 따뜻하고 친절한
talkative 말하기를 좋아하는
generous 관대한

UNIT 02 인물 묘사 필수 표현

키/체형
short 키가 작은
medium height 평균 키
(=average height)
tall 키가 큰
thin 마른, 가는
rather plump 약간 통통한
chubby 통통한
fat 뚱뚱한
curvy 곡선미가 있는 *S라인은 콩글리쉬!
well-built 체격이 다부진
heavy 육중한, (체격이) 크고 몸이 단단한
toned 근육 잡힌
muscular 근육질의

머리 모양
blonde 금발인
gray 회색의, 반백의 *grey (영국식)
brunette 흑갈색의
wavy 웨이브가 있는
straight 직모인

얼굴형
oval 계란형의   **long** 길쭉한
round 둥근   **square** 네모진

피부색
fair 흰 *white skin이라고 하지 말 것!
tanned 그을린
dark skin 검은 피부
*black skin이라고 하지 말 것!
*skin은 불가산 명사
 Ex) lightly tanned skin 약간 그을린 피부

눈
round 동그란   **slender** 가늘고 긴
brown-eyed 갈색 눈의
dark eyes 진한 색의 눈
*black eyes는 '멍든 눈'

코
flat 납작한   **hooked** 굽은
broad 넓은   **pointy** 뾰족한
straight 곧은
*높은 코를 high nose라고 하지 말 것!

입술/눈썹
thin 얇은   **thick** 두꺼운
bushy 숱이 많은   **full lips** 도톰한 입술
arched eyebrows 아치형의 눈썹

그 외 특징
baby-faced 동안의
freckles 주근깨
pimples 여드름, 뾰루지

외모
average-looking 평균 외모의
ordinary 보통의, 평범한
tidy 단정한
cute 귀여운
attractive 매력적인 (=charming)

UNIT 03
장소 묘사

장소 묘사 문제에서는 학교, 회사, 자주 가는 영화관, 치과 등 여러 주변 장소에 대해 물어봅니다. 따라서 인물 묘사와 마찬가지로 기본적인 storyline을 잘 잡아놓고, 장소에 따라 어휘를 바꿔 넣어가면서 다양한 연습을 해 두어야 합니다. 여러 가지 패턴을 쓰기보다는 되도록 기본 storyline에 어휘만 바꾸어 순발력 있게 말하는 연습을 하는 것이 더 효과적입니다.

빈출 문제

Tell me about 장소 **you often visit.**
당신이 자주 가는 '장소'에 대해서 말해 주세요.

Describe 장소 **in detail.** '장소'를 자세히 묘사해 주세요.

What is 장소 **like?** '장소'는 어떤 곳인가요?

답변 전략

- 자신에게 가장 친숙한 장소 위주로 먼저 연습하세요.
  거주하고 있는 동네 → 집/방 → 학교/회사 → 자주 가는 장소 → 돌발 장소

- 두서없이 말하지 말고 큰 범위에서 세부 범위 순으로 묘사해야 좋은 점수를 받을 수 있습니다.

- 기본 storyline에 충실하게 연습하되 다소 빠른 속도로 말하는 연습을 해두세요.

- 묘사하는 장소를 반드시 사실대로 묘사할 필요는 없습니다. 상황에 따라 타당한 선에서 어느 정도 꾸며 답변해도 괜찮습니다.

- 장소 묘사에서 'There is/are ~'만 사용해 말할 경우 어휘력에서 감점이 있을 수 있습니다.

Storyline 말하기

장소의 위치	당신에게 '장소'를 묘사해 볼게요. **I'll describe** 장소 **to you.** ~에 위치한 ~입니다. **It's ~ located in a ~.**
장소 세부 묘사	~(기수)층 건물의 ~(서수)층에 **on the ~th floor of a ~-story building** ~들이 있어요. **There are ~.** ~에 들어서면 ~이 보여요. **When you walk into ~, you'll see ~.** 중앙에는 ~이 있는데, 이곳은 ~하는 곳이에요. **In the center, there is a ~ and this is where ~.**
장소에 있는 사물 묘사	~에는 ~와 같은 다양한 물건들이 있어요. **There are various items in the ~ such as ~.** ~의 양쪽에는 ~가 있어요. **~ placed on both sides of ~.** 구석에는, ~가 서 있어요. **At the corner, ~ is standing.** 이곳은 최근에 개조되었어요. **It has been recently renovated.**

 장소 묘사 필수 패턴

- **It's located in a ~ area/district/neighborhood/town.**
  그곳은 ~한 지역/구역/동네/도시에 위치해 있다.
  It's located in a business district. 그곳은 상업 구역에 위치해 있어요.

- **on the ~(서수) floor of a ~(기수)-story building** ~층 건물의 ~층에
  I take a class on the 3rd floor of a 10-story building.
  저는 10층 건물의 3층에서 수업을 들어요.

- **When you walk into ~, you'll see ~.** ~에 들어서면, ~이 보인다.
  When you walk into the park, you'll see a beautiful lake.
  그 공원에 들어서면, 아름다운 호수가 보여요.

- **This is where 주어+동사.** 이곳은 '주어'가 ~하는 곳이다.
  This is where you can take a rest. 이곳은 당신이 쉴 수 있는 곳이에요.

- **on both sides of ~** ~의 양쪽에
  There are lamps on both sides of the couch. 소파의 양쪽에 램프들이 있어요.

Q Sample Question

문제 파악하기

> **Q** Please tell me about your house. What does it look like? What kind of rooms does it have? 당신의 집에 대해서 말해 주세요. 어떻게 생겼나요? 어떤 종류의 방들이 있나요?

Storyline 적용해 말하기

모범 답변

MP3 1_09

Intro	Well… Let me think. O.K. I'll describe my house to you.
Body 장소의 위치	It's an old apartment **located in a** quiet residential area. I live **on the 5th floor** ⊕ **of a 20-story building.**
장소 세부 묘사	⊕**There are** 3 bedrooms, 2 bathrooms, a living room and a balcony. **When you walk into** my house, **you'll see** my room on the left. **In the center,** ⊕**there is a** living room **and this is where** I spend time with my family.
장소에 있는 사물 묘사	**There are various items in the** living room **such as** ❷ a TV, a round table and a leather couch. Also, 2 speakers are **placed on both sides of** the TV. **At the corner,** a big plant **is standing.** The dining room is between the living room and the kitchen. My mom loves this kitchen because **it has been recently renovated.**
Outro	Eva, what does your place look like?

음… 생각해볼게요. 좋아요. 당신에게 우리 집을 묘사해 볼게요.
우리 집은 조용한 주택가에 위치한 오래된 아파트예요. 저는 20층 건물의 5층에 살아요.
3개의 침실과, 2개의 화장실, 거실과 베란다가 있어요. 집에 들어서면 왼쪽에 제 방이 보여요. 중앙에는 거실이 있는데, 이곳이 제가 가족과 함께 시간을 보내는 곳이에요.
거실에는 TV, 둥근 탁자와 가죽 소파 같은 다양한 물건들이 있어요. 그리고 TV 양쪽에는 2개의 스피커가 있어요.
구석에는, 큰 화분 하나가 서 있어요. 식당은 거실과 부엌 사이에 있어요. 최근에 개조되었기 때문에 저희 엄마는 이 부엌을 무척 좋아하세요.
Eva, 당신의 집은 어떻게 생겼나요?

어휘 residential area 주택가 story 층 such as 예를 들어 recently 최근에 renovated 개조(보수)된

⊕ 표현은 IH 이상 레벨을 원한다면 포함해서 외워두세요. ⊕ 표현을 빼고 말해도 무관합니다.

❶ There is a/There are -s 사용에 주의합니다. 여기서 there는 '거기'라는 뜻이 아닌, '~가 있다'는 의미입니다.

There is a 단수 명사. 관사 'a'를 꼭 넣어서 말하세요.
There are 복수 명사. 복수 명사에 '-s'를 꼭 붙여서 말하세요.

❷ 여러 가지 사물을 나열할 때에는 단수/복수 명사 법칙을 지켜 말합니다. 그리고 and는 맨 마지막 명사 앞에 한 번만 사용합니다.

- 단수 명사만 나열할 때는 앞에 관사 'a'를 전부 붙여 말합니다.
  Ex) There **is a** TV, **a** table and **a** couch. TV, 탁자 그리고 소파가 있다.

- 복수 명사만 나열할 때는 각 명사에 '-s'를 붙여서 말합니다.
  Ex) There **are** bench**es**, tree**s** and trail**s** in the park. 공원에는 벤치들, 나무들 그리고 오솔길들이 있다.

- 복수와 단수 명사가 섞여 있을 때는 동사를 맨 처음 명사와 수 일치시켜 말합니다.
  Ex) There **is a** bookcase, a table and chairs in the office.
  사무실에는 책장, 테이블 그리고 의자들이 있다.

패턴 응용해 말하기

🎤 앞서 배운 표현을 활용해 다음 문장을 영어로 말해 보세요.   MP3 1_10 🎧

1. 그것은 번화한 동네에 위치해 있어요.

2. 도서관은 5층 건물의 2층에 있어요.

3. 그 공원에 들어서면 아름다운 호수가 보여요.

4. 이곳은 그들이 표를 판매하는 곳이에요.

5. 침대의 양쪽에는 침실용 탁자들이 있어요.

---

1. It's located in a bustling neighborhood.   2. The library is on the 2nd floor of a 5-story building.
3. When you walk into the park, you'll see a beautiful lake.   4. This is where they sell tickets.
5. There are nightstands on both sides of the bed.

Practice Questions

Q1 Please describe your office. What kind of things can you find in your office? 당신의 사무실을 묘사해 주세요. 당신의 사무실에서 어떤 것들을 찾을 수 있나요?

Storyline

- 사무실
- 금융가 25층 건물의 7층에 위치함
  서울의 중심부, 북적이고 활동적인 분위기
- 지하철역에서 10분 거리, 출퇴근 편리함
- 사무실에 들어가면 정수기가 일렬로 있음
- 사무실은 5명의 다른 동료와 함께 사용함
- 책상 위에 컴퓨터, 전화기, 문서 더미
- 사무실 구석 조리대에 커피메이커 있음
  커피 마신 후 휴식
- 사무실 맨 뒤 공간 주간 회의 하는 곳

Storyline을 참고해 답변해 보세요.

* 회화 표현을 많이 쓰면 자연스럽게 들립니다. 단, 너무 잦은 속어나 은어 사용은 피하세요! 장소 묘사 문제가 2개 출제될 수 있으니, Q1과 Q2 둘 다 연습해 두세요.

모범 답변   MP3 1_11

Intro You wanna know about my office? Sure thing!
Body My office is located on the 7th floor of a 25-story building in the financial district. It's in the heart of Seoul and I love the busy, active atmosphere of the area. ❶ It takes 10 minutes from a subway station, so it's very convenient to commute. ❷ When you step into my office, the first thing you can see is a row of water coolers. I share this room with 5 other co-workers. It's not a big office so we try to keep it as simple as possible. There are various things on the desks such as computers, phones and stacks of documents. At the corner of the office, there is a coffee maker on the small counter. This is where we take coffee breaks and relax. At the very back of the office, there is a room where we have our weekly meetings.
Outro Eva, do you have meetings as often as I do?

제 사무실에 대해 알고 싶나요? 물론 알려 줄게요!
제 사무실은 금융가에 있는 25층 건물의 7층에 위치해 있어요. 서울의 중심부에 있는데, 저는 이 지역의 북적이고 활동적인 분위기를 좋아해요. 지하철역에서 10분 걸려서 출퇴근하기에 매우 편리해요. 제 사무실에 들어서면, 가장 먼저 보이는 것은 일렬의 정수기예요. 저는 이 공간을 5명의 다른 동료들과 함께 사용해요. 큰 사무실이 아니어서 우리는 되도록 간소하게 유지하려 하고 있어요. 책상 위에는 컴퓨터, 전화 그리고 문서 더미와 같은 다양한 것들이 있어요. 사무실 구석에는, 작은 조리대 위에 커피메이커가 있어요. 이곳은 우리가 커피를 마시고 휴식을 취하는 곳이에요. 사무실 맨 뒤쪽에는 방이 있는데, 이곳은 우리가 주간 회의를 하는 곳이에요.
Eva, 당신도 저처럼 자주 회의를 하나요?

표현 ❶ **It takes 시간.** '시간'이 걸린다.
❷ **When you step into 장소, the first thing you can see is a A.**
'장소'에 들어서면, 가장 먼저 보이는 것은 A이다.

어휘 financial district 금융가   in the heart of A A의 중심부에
atmosphere 분위기   a row of 일렬의   stack 무더기

Q2 Do you have a dental clinic you often visit? If so, describe the clinic in detail. How is the clinic different from other dental clinics? 당신이 자주 방문하는 치과가 있나요? 그렇다면, 그 병원을 자세히 묘사해 주세요. 그 병원은 다른 치과와 어떻게 다른가요?

Storyline

- 자주 가는 치과
- 회사에서 걸어서 5분 거리
- 건물에 큰 오렌지 색 간판, 찾기 쉬움
- 입구에서 몇 걸음 걸으면 대기실이 있음 편안한 의자, 다과 있음
- 치과의사 진료실은 오른쪽에 위치, 최신 장비 있음
- 다른 곳보다 덜 붐벼서 좋아함 치과의사가 친절하고 전문적임
- 정기 검진/스케일링 위해 6개월마다 방문

🎤 **Storyline을 참고해 답변해 보세요.**

* 묘사하는 장소를 좋아하는 이유나 자주 방문하는 이유를 덧붙여 말하세요. **have my teeth cleaned** (스케일링 하다)와 같은 표현은 사역동사 〈have/get+목적어+p.p.〉를 사용해 말해 보세요.

모범 답변   MP3 1_12 🎧

Intro O.K. I'll describe the dental clinic I usually visit.
Body ❶ It's only a 5-minute walk from my work place. This building is very easy to find because it has a big orange sign. ❷ After walking just a few steps from the entrance, you can see a waiting room. There are many comfortable chairs and some refreshments for the patients. The dentist's office is located on the right side and it is equipped with up-to-date dental instruments. Although there are other dental clinics in that area, this one is my favorite because it's less crowded than other places. In addition, the dentist is really friendly and professional. I usually go there every 6 months to get a regular checkup or have my teeth cleaned.
Outro Eva, how often do you see your dentist?

좋아요. 제가 주로 방문하는 치과를 묘사해 볼게요.
이곳은 회사에서 걸어서 겨우 5분 거리에 있어요. 이 건물은 큰 오렌지 색 간판이 있어서 찾기가 매우 쉬워요. 입구에서 몇 걸음만 가면, 대기실이 보여요. 그곳에는 편안한 의자가 많고 환자들을 위한 다과가 조금 있어요. 치과의사의 진료실은 오른쪽에 위치해 있고 최신 치과 기구를 갖추고 있어요. 비록 이 지역에 다른 치과들이 있지만, 이곳은 다른 곳보다 덜 붐벼서 제가 가장 좋아해요. 게다가, 치과의사가 정말 친절하고 전문적이에요. 저는 그곳에 정기 검진을 받거나 스케일링을 받기 위해 보통 6개월마다 가요.
Eva, 당신은 치과에 얼마나 자주 가나요?

표현 ❶ **It's a 5-minute walk/ride.** 걸어서/차 타고 5분 거리이다.
❷ **after walking just a few steps from A,** A에서 몇 걸음만 가면,

어휘 entrance 입구 refreshments 다과 patient 환자 up-to-date 최신의 instrument 기구 less 덜한, 더 적은

UNIT 04
사물 묘사

사물 묘사 문제 유형은 비교적 출제 빈도가 낮지만, 처음 접하는 수험자에게는 어렵게 느껴질 수 있습니다. 주로 소유하고 있는 물건에 대한 묘사를 요구하는 문제가 출제되니, 다양한 형용사 표현을 이용해 사물을 자세히 설명하세요.

빈출 문제

> **Tell me about** 사물. '사물'에 관해 말해 주세요.
>
> **Describe** 사물 **in detail.** '사물'을 자세히 묘사해 주세요.
>
> **What does** 사물 **look like?** '사물'은 어떻게 생겼나요?

답변 전략

- 자주 출제되는 주제가 제한적이므로 기본 storyline을 잘 숙지한 후, 눈 앞에 있는 사물을 보면서 설명하듯이 말하는 연습을 하세요.
  빈출 주제: 자전거나 자동차/집에 있는 가구 중 하나/요가 할 때 입는 요가복

- 사물 묘사 문제는 대부분 설문 조사에서 선택한 항목과 관련해 출제됩니다. 따라서, 실제로 자신이 소유하고 있지 않은 사물이라도, 설문 조사에서 선택한 항목과 관련이 있다면 미리 연습해 두세요.

- 인물 묘사나 장소 묘사는 현재 시제로 말하는 것이 보편적이나 사물 묘사의 경우 특정 사물을 구입한 시기나 사물에 얽힌 추억 등을 말해야 하므로, 현재와 과거 시제를 같이 사용해야만 합니다. 시제 사용에 특히 주의하세요.

Storyline 말하기

사물 세부 묘사	~와 ~가 있어요. ~이 특징이에요. It has ~ with ~. It features ~. 이 물건은 ~처럼 ~해요. This piece is as ~ as ~.
구입/가지게 된 시기	저는 ~(기간) 전에 이 ~을 받았어요. I got this ~ ~(기간) ago.
사물을 준 사람	원래 ~의 것이었는데 그/그녀가 저에게 넘겨주었어요. It was originally ~'s, but he/she passed it on to me.
현재 상태	비록 약간 닳았지만, 여전히 상태가 좋아요. Although it has minor wear, it's still in good condition.
느낌/감정	저는 ~할 때마다 ~가 생각나요. Whenever I ~, it reminds me of ~.

사물 묘사 필수 패턴

- **It features ~.** ~가 특징이다.
  It features dual monitors. 듀얼모니터가 특징이에요.

- **as A as B** B만큼 A하다
  It's as soft as silk. 실크만큼 부드러워요.

- **although ~, still ~.** ~하긴 하지만, 여전히 ~하다.
  Although I'm sad, I'll still try it. 슬프기는 하지만, 전 여전히 시도할 거예요.

- **Whenever I+동사, it reminds me of A.** ~할 때마다 A가 생각나다.
  Whenever I listen to that song, it reminds me of you.
  그 노래를 들을 때마다 당신이 생각나요.

- **in good condition** 상태가 좋은
  My old fridge is still in good condition. 제 오래된 냉장고는 여전히 상태가 좋아요.

Q Sample Question

문제 파악하기

> **Q** Please tell me about a piece of furniture in your room. What does it look like and how did you acquire it? Did you buy it or someone gave it to you? 당신의 방에 있는 가구 중 하나에 대해서 이야기해 주세요. 어떻게 생겼고, 어떻게 갖게 되었나요? 당신이 구입한 건가요, 아니면 누군가가 당신에게 주었나요?

Storyline 적용해 말하기

모범 답변   MP3 1_13

Intro	Sure, let me tell you about the closet I have.
Body 사물 세부 묘사	It's an antique chestnut wooden closet. **It has** 4 delicate **①drawers with** vintage-style metal handles. **It features** fitted shelves as well as a hanging bar. **This piece is as** classy **as** a European palace.
구입/가지게 된 시기 사물을 준 사람	**I got this** closet 2 years **ago**. **It was originally** my grandma**'s, but she passed it on to me.** She said that she bought it in the same year she got married.
현재 상태	Although it has minor wear, it's still in good condition.
느낌/감정	Whenever I use this closet, **it reminds me of** my grandma.
Outro	Do you have a great ②piece of furniture with a story?

물론이죠, 제가 갖고 있는 장롱에 관해 이야기할게요.
밤색 나무의 골동품 장롱이에요. 4개의 섬세한 서랍과 빈티지 스타일의 금속 손잡이들이 있어요. 붙박이 선반과 옷걸이 봉이 특징이에요. 이 장롱은 유럽의 성처럼 고급스러워요.
저는 2년 전에 이 장롱을 받았어요. 원래 저희 할머니 것이었는데, 저에게 물려주셨어요. 할머니께서는 당신이 결혼한 해에 그 장롱을 사셨다고 말씀하셨어요.
비록 약간 닳았지만, 여전히 상태가 좋아요.
저는 이 장롱을 사용할 때마다, 저희 할머니가 생각나요.
당신은 사연이 있는 멋진 가구가 있나요?

어휘 chestnut 밤색의 delicate 섬세한 drawer 서랍 handle 손잡이 fitted 붙박이의 shelf 선반 classy 고급스러운 palace 성 pass on to A A에게 물려주다 minor wear 약간의 손상, 마모 remind of A A를 생각나게 하다

❶ drawer, table, desk와 같은 가산 명사는 끝에 '-s'를 꼭 붙입니다.

❷ furniture는 불가산 명사이므로, 단위 명사인 'a piece of'를 반드시 붙여 말해야 합니다. 가구가 2개 이상일 때는 '2 pieces of'로 piece를 복수화 합니다.

패턴 응용해 말하기

 앞서 배운 표현을 활용해 다음 문장을 영어로 말해 보세요.

1. 녹음 기능이 특징이에요.

2. 이 컴퓨터는 깃털처럼 가벼워요.

3. 많이 맵긴 하지만, 여전히 맛있어요.

4. 당신을 볼 때마다, 우리 형이 생각나요.

5. 모든 옷은 상태가 좋아요.

6. 이 전화기는 더 이상 좋은 상태가 아니에요.

---

1. It features a recording function.   2. This computer is as light as a feather.   3. Although it's very hot, it's still tasty.   4. Whenever I see you, you remind me of my brother.   5. All clothes are in mint condition.
6. This phone is no longer in good condition.

Practice Questions

Q1 What do you usually wear when you do yoga? Please describe the outfits you wear when doing yoga in detail.
당신은 요가를 할 때 주로 무엇을 입나요? 요가를 할 때 입는 옷을 자세히 묘사해 주세요.

Storyline

- 요가복
- 편한 회색 티셔츠
- 굵은 노란색 줄무늬, 귀여운 무늬의 주머니, 등에 그래피티
- 솜사탕처럼 부드러움
- 2년 전에 언니 것을 물려받음
- 약간의 손상 있지만 여전히 상태 좋음
- 입을 때마다 언니 생각이 남
- 언니는 현재 유학 중, 자주 연락해도 그리움, 언니는 내게 매우 소중한 존재

Storyline을 참고해 답변해 보세요.
* because가 문장 앞에 오면 더 회화적이게 들리며, 'cause로 줄여 말할 경우 훨씬 더 자연스럽습니다.
graffiti는 [그로fi~리]에 가깝게 발음하세요.

모범 답변

MP3 1_15

Intro What do I wear when doing yoga?
Body I wear a very comfortable gray t-shirt. It has thick yellow stripes with a cute patterned pocket. It features awesome graffiti on the back of it. This piece is as soft as cotton candy. I got this shirt 2 years ago. It was originally my sister's, but she passed it on to me. Although it has minor wear, it's still in good condition. Whenever I wear this shirt, it reminds me of my sister. She is currently studying abroad and even though we keep in touch quite often, ❶I can't help missing her. 'Cause she ❷means a lot to me.
Outro Do you have a great fashion item with a story?

제가 요가를 할 때 무엇을 입냐고요?
저는 매우 편한 회색 티셔츠를 입어요. 그 티셔츠에는 굵은 노란색 줄무늬와 귀여운 무늬가 있는 주머니가 있어요. 등에 있는 끝내주는 그래피티가 특징이에요. 이 옷은 솜사탕처럼 부드러워요. 저는 이 셔츠를 2년 전에 받았어요. 원래는 제 언니 것이었지만, 그녀가 제게 물려주었어요. 비록 약간 낡았지만, 여전히 상태가 좋아요. 저는 이 셔츠를 입을 때마다 언니가 생각나요. 그녀는 현재 유학 중인데, 비록 우리가 꽤 자주 연락을 하지만 그녀가 그리운 건 어쩔 수 없네요. 왜냐하면 언니는 저에게 매우 소중하거든요.
당신은 사연 있는 멋진 패션 아이템이 있나요?

표현 ❶ **I can't help -ing.** ~하는 건 어쩔 수 없다.
❷ **means a lot to A** A에게 매우 의미가 크다(소중하다)

어휘 patterned 무늬가 있는 graffiti 그래피티, 낙서 cotton candy 솜사탕
study abroad 유학하다 miss A A를 그리워하다

Q2 In the survey, you indicated that you enjoy riding a bicycle. What does your bicycle look like? Describe it in detail.
당신은 설문 조사에서 자전거 타는 것을 즐긴다고 했습니다. 당신의 자전거는 어떻게 생겼나요? 자세히 설명해 주세요.

Storyline

- 도로용(사이클) 자전거
- 카본(탄소) 프레임, 둥근 알루미늄 핸들
- 깃털처럼 가볍고 철처럼 강함
- 오렌지 색 프레임 눈에 띔
- 경주에 적합한 좁은 바퀴 (특징)
- 몇 년 전 형한테 물려받음
- 약간의 흠집 있지만 여전히 상태 좋음
- 승차감이 좋음, 탈 때마다 행복함
- 가장 비싼 자전거는 아니지만 잘 나감

Storyline을 참고해 답변해 보세요.

* '~의 것'이란 말을 할 때, 소유격 뒤의 명사는 생략하고 말하는 편이 훨씬 자연스럽습니다.

모범 답변

MP3 1_16

Intro Oh! That wasn't something I was expecting. Alright. I'll tell you what my bike looks like.
Body It's a road bike and it has a carbon frame with round aluminum bars. It's as light as a feather but strong as steel. The orange frame makes my bike ❶ stand out. It features narrow tires which are perfect for racing. I got this bike a few years ago. It was originally my brother's, but he passed it on to me. Although it has minor wear, it's still in mint condition. ❷ I love the way it rides and it makes me happy every time I go cycling. It's not the most expensive bike in the world, but it does the job well and doesn't hold me back in races.
Outro Would you like to have a race?

오! 이건 제가 예상하지 못했던 거네요. 좋아요, 제 자전거가 어떻게 생겼는지 말해 볼게요. 도로용(사이클) 자전거이고 둥근 알루미늄 핸들과 카본(탄소) 프레임을 갖추었어요. 깃털처럼 가볍지만 철처럼 강해요. 오렌지 색의 프레임은 제 자전거를 매우 눈에 띄게 해줘요. 경주에 적합한 좁은 바퀴가 특징이에요. 저는 이 자전거를 몇 년 전에 받았어요. 원래 제 형 것이었는데, 그가 저에게 물려주었어요. 비록 약간의 흠집이 있지만, 여전히 상태가 양호해요. 승차감이 좋고 저는 자전거를 타러 갈 때마다 행복해요. 세상에서 가장 비싼 자전거는 아니지만, 잘 나가고 제가 경주할 때 거침없이 달릴 수 있게 해줘요. 경주 한번 해 볼래요?

표현 ❶ **stand out** 눈에 띄다
❷ **I love the way** 주어+동사. '주어'가 ~하는 방식이 좋다.

어휘 carbon 탄소, 카본 bars 핸들 feather 깃털 steel 철
mint condition 양호한 상태

UNIT 03 장소 묘사 필수 표현

주거 타입/환경
apartment 아파트
apartment complex 아파트 단지
studio (apartment) 원룸/오피스텔
dormitory 기숙사
detached house 단독주택
in the city 도시에
in the suburbs 근교에
on the outskirts 외곽에

주변 장소
next-door 옆집의 *next-door kid/guy/couple 옆집 아이/남자/커플 등으로 응용 가능
neighbor 이웃
neighborhood 동네 (=town/area/district)
playground 놀이터
café 카페
supermarket 슈퍼마켓
dental clinic 치과
flower shop 꽃집 (=florist's)
dry cleaner's 세탁소
park 공원
lake 호수
hill 언덕
newsstand 가판대
pharmacy 약국
bar 술집
theater 극장
hair salon 미용실
subway station 지하철역
bus stop 버스 정류장
convenience store 편의점

전치사 표현
on 위에
above 위에 *두 물체가 닿지 않은 상태
under 아래에
next to 옆에 (=beside)
at the very back (of A) (A의) 맨 뒤쪽에
between 사이에
on the right (side) 오른쪽에
on the left (side) 왼쪽에
in the center (of A) (A의) 중앙에 (=in the middle (of A))
in the heart (of A) (A의) 중심부에
at the corner (of A) (A의) 코너에

분위기
crowded 붐비는
busy 번화한
quiet 조용한
noisy 시끄러운
crazy 정신 없는
remote 동떨어진, 외진
lively 활기 넘치는
modern 현대적인
peaceful 평화로운
financial 금융의
residential 주거의

UNIT 04 사물 묘사 필수 표현

모양
oval 타원형의
rectangular 직사각형의
flat 평평한
curvy 굴곡진
symmetrical 대칭적인
↔ **asymmetrical** 비대칭적인

소재
metal 금속
plastic 플라스틱
cotton 면
paper 종이
rubber 고무
leather 가죽
wood 나무
glass 유리

표면, 재질
shiny 빛나는
soft 부드러운
smooth 매끄러운
tough 질긴
hard 단단한
wrinkly 주름진
firm 단단한
glassy 유리 같은
bumpy 울퉁불퉁한

색상
bleached 탈색된, 표백한
bright 밝은, 빛나는
colorful 색채가 풍부한, 다채로운
colorless 무색의
dark 어두운, 암흑의
mellow 은은한, 부드러운
mono-toned 단조로운
multicolored 다채로운
vivid 생생한, 선명한

UNIT 05
일상생활 말하기

일상생활 말하기는 수험자의 하루 일과나 학교/직장에서 일어나는 일에 대해 묻는 문제 유형입니다. 답변할 때는 일이 일어난 시간 순서대로 말해야 합니다. 채점자가 들으면서 바로 바로 이해하기 쉽도록 시제 변화에 각별히 신경 써야 합니다.

 빈출 문제

> **Please tell me about your daily routine.** 당신의 일상에 대해서 말해 주세요.
>
> **How is your typical day at work?**
> 당신의 직장에서의 전형적인 하루 일과는 어떤가요?

 답변 전략

- 평소에 매일 하는 일을 이야기할 때는 반드시 '현재 시제'로 말합니다. 특히, 말하다가 습관처럼 -ing형으로 말하는 경우가 많으므로 조심하도록 합니다.

- 대개 문제에 대한 사실적인 내용만 답변하는 수험자가 많습니다. 채점자는 수험자가 주제에 관한 자신의 생각이나 감정을 말할 수 있는가도 평가하므로, 감정이나 느낌도 꼭 포함하도록 합니다.

- 시간 순서대로 답변할 때는 오전 → 오후 → 저녁 순이나, A를 마치고 B → B를 마치고 C, 혹은 월요일 → 화요일 → 수요일 순으로 말하면 됩니다.

- 다양한 연결 구문과 접속사를 숙지해 같은 어휘를 반복 사용하지 않도록 하세요.
  Ex) I go to school **and** take a class for 2 hours. **After** it's done, I usually enjoy my break with my classmates. **I make sure to** have quick lunch between classes. 저는 등교해 2시간 동안 수업을 듣습니다. 수업이 끝난 후에, 저는 주로 반 친구들과 쉬는 시간을 즐깁니다. 저는 수업 사이에 간단히 점심을 꼭 먹도록 합니다.

Storyline 말하기

기상, 나갈 준비	~에 따라 다르지만 **It depends on ~** 저는 보통 (시각)에 일어나요. **I usually wake up at** 시각. 저는 그러고 나서 ~. **I then ~.**
수업 후 일과	~ 후에, 저는 ~하고, 그런 다음 (장소)로 향해요. **After ~, I ~, and then I head to** 장소. 저는 확실히 ~하고 제 일을 마쳐요. **I make sure to ~ and get my work done.** 저는 ~하고 그것은 ~할 약간의 시간을 줘요. **I ~ and this gives me a little time to ~.**
감정	~하는 것은 재미있어요. **It is fun ~ing.**

일상생활 말하기 필수 패턴

- **It depends on 명사.** '명사'에 따라 다르다.
  It depends on the weather. 날씨에 따라 달라요.

- **head to A** A로 향하다
  I'm heading to school. 저는 학교에 가는 중이에요.

- **I make sure to 동사.** 나는 반드시 ~하도록 한다.
  I make sure to open the window. 저는 반드시 창문을 열어 놓도록 해요.

- **This gives me a little time to 동사.** 그것은 ~할 약간의 시간을 준다.
  This gives me a little time to make a call. 그것은 전화를 걸 약간의 시간을 줘요.

- **It's (not) fun -ing.** ~하는 것은 재미있다(재미없다).
  It's fun talking with him. 그와 얘기하는 것은 재미있어요.

Q Sample Question

문제 파악하기

> **Q** You stated that you are a student. What is your daily routine like in school? What time do you usually study? What do you usually do during your break time? 당신은 자신이 학생이라고 했습니다. 당신의 학교에서의 하루 일과는 어떤가요? 주로 몇 시에 공부를 하나요? 쉬는 시간엔 주로 무엇을 하나요?

Storyline 적용해 말하기

모범 답변   MP3 1_17

Intro	Umm… I have a very typical college student's routine, I guess.
Body 기상, 나갈 준비	**It depends on** my class schedule, but **I usually wake up at** 7 or 8. I hang about for a few minutes. **I then** get ready, eat some breakfast, and leave for the bus at 9. My first lecture starts at 10:30.
수업 후 일과	**After** it's over, **I** go to the cafeteria to get some lunch, **and then I head to** the library. **I make sure to** sit in the library **and get my work done.** I have another class at 5 **and this gives me a little time to** chat with my friends.
감정	**It's** tiring sometimes, but ❶**fun being** a college student.
Outro	Eva, which college did you go to?

음… 저는 전형적인 대학생의 일상을 보내고 있어요, 아마도요.
제 수업 시간표에 따라 다르지만, 저는 보통 7시나 8시에 일어나요. 몇 분 동안은 늘어져 있죠. 저는 그러고 나서 준비를 하고, 아침을 좀 먹고, 9시에 버스를 타러 나갑니다. 저의 첫 강의는 10시 30분에 시작해요.
수업이 끝난 후에, 저는 구내 식당에 점심을 먹으러 갔다가, 그런 다음 도서관으로 향해요. 저는 도서관에 앉아서 확실히 제 과제를 끝내요. 또 다른 수업이 5시에 있고 그것은 제게 친구와 수다를 떨 약간의 시간을 줘요.
때때로 지치지만, 대학생으로 지내는 것은 재미있어요.
Eva, 당신은 어느 대학에 다녔나요?

어휘 routine (늘 반복되는) 일상 depend on ~에 따라 다르다 wake up 잠에서 깨다 hang about 꾸물거리다
get one's work done 일을 마치다 chat 수다 떨다

❶ fun과 funny는 빈번하게 잘못 사용되는 어휘입니다. 뉘앙스의 차이를 확실히 알고 사용하도록 합니다.

    fun – 재미있는, 유쾌한 (즐거운 요소가 포함됨)
    funny – 우스운, 웃기는 (웃긴 요소가 포함됨)

더불어, 우리말로는 전부 '재미있다'는 의미가 되지만, 영어로는 미묘한 뉘앙스 차이가 있으므로 주제에 적합한 단어로 바꿔 사용하는 것이 좋습니다.

    A is enjoyable. A는 즐겁다. (주로 여행이나 경험)
    A is entertaining. A는 재미있다. (주로 영화/쇼/게임)
    A is good (great) fun. A는 무척 재미있다. (주로 취미 활동)

의미가 비슷해 자주 헷갈리는 단어들도 잘 알아둡니다.
    familiar 친숙한 VS close 친한   comfortable 편안한 VS convenient 편리한

패턴 응용해 말하기

앞서 배운 표현을 활용해 다음 문장을 영어로 말해 보세요.   MP3 1_18

1. 제가 무엇을 먹는지에 따라 달라요.

2. 저는 그의 사무실로 향했어요.

3. 저는 반드시 과제를 제시간에 마치도록 해요.

4. 이것은 무엇인가를 먹을 약간의 시간을 줘요.

5. 그의 강의를 듣는 것은 재미없어요.

---

1. It depends on what I eat.   2. I headed to his office.   3. I make sure to finish my assignment on time.
4. This gives me a little time to eat something.   5. It's not fun taking his lecture.

Q Practice Questions

Q1 How is your typical day at work? Do you have a lot of meetings? Tell me about your daily routine in detail. 당신의 직장에서의 전형적인 하루 일과는 어떤가요? 회의가 많은가요? 당신의 일상을 상세히 말해 주세요.

Storyline

- 직장인
- 일과는 재미없음
- 아침 8시 회사 도착
- 가는 길에 커피 한 잔 삼, 커피 없이 일 못함
- 인사 부장, 면접/회의 많아 차례대로 일 해야 함
- 아침 첫 일과로 이메일 확인 급한 것만 답변, 나머지는 오후에 처리
- '할 일' 목록 만들고 대부분 지킴
- 보통 야근 안 함, 채용 기간에는 이력서 많아 저녁 11시쯤 퇴근
- 보통 6시에 퇴근해 나만의 저녁 시간 보냄

Storyline을 참고해 답변해 보세요.

* 자신의 직업과 어울리는 표현과 관련 어휘를 사용해 답변하세요.

모범 답변   MP3 1_19

Intro Hmm... Sure. Let me tell you about how my day is at work. It's not as fun as it sounds because I do this everyday.

Body I get to work at 8 in the morning and grab a cup of coffee on the way to work. Between you and me, I can't work without coffee. ❶As a human resources manager, I handle many interviews and meetings, so I need to do things in order. Otherwise, my day will be chaos. I go over my e-mails ❷first thing in the morning. After skimming through, I respond to the most urgent ones first and leave the rest of them for the afternoon. I then make a 'to-do' list and mostly follow it. I don't normally work late, but when the hiring season begins, I need to go through so many résumés and application forms. During that time, I get off work around 11 at night. Other than that, I usually finish work at 6 so that I can have my own evening time.

Outro What do you think of my work?

음... 그러죠. 직장에서의 제 하루가 어떤지 이야기할게요. 저는 매일 하는 일이라 들리는 것처럼 재미있지는 않아요.
저는 아침 8시에 직장에 도착하고 가는 길에 커피 한 잔을 사 들고 가요. 우리끼리 이야기지만, 저는 커피 없이는 일을 못해요. 인사 부장으로서 많은 면접과 회의를 다루기 때문에 일을 차례대로 해야 합니다. 그렇지 않으면, 제 하루는 엉망이 될 거예요. 아침에 제일 먼저 이메일을 훑어봐요. 훑어본 뒤에 가장 급한 것부터 먼저 답변하고 나머지는 오후에 처리하려고 남겨둬요. 그 다음에 저는 '할 일' 목록을 만들어 거의 그대로 따라요. 보통 야근을 하진 않지만, 채용기간이 시작되면 많은 이력서와 지원서를 살펴봐야 해요. 그 시기에는 저녁 11시쯤에 퇴근해요. 그걸 제외하고는 저는 보통 6시에 일을 마쳐서 저만의 저녁 시간을 가질 수 있어요.
제 일에 대해서 어떻게 생각하나요?

표현 ❶ **As a 직책, I handle 업무.** '직책'으로서 '업무'를 다루다.
❷ **first thing in the morning** 아침에 제일 먼저

어휘 in order 차례대로 go over 훑어보다 (=go through, skim) urgent 급한
get off work 퇴근하다 other than that 그걸 제외하고는

Q2 How do you spend your weekends? What do you usually do and who do you usually spend time with? Tell me in as much detail as possible. 당신은 주말을 어떻게 보내나요? 주로 무엇을 하고 누구와 함께 시간을 보내나요? 가능한 한 상세히 말해 주세요.

Storyline

- 휴학생
- 아침에 일찍 일어나려 함
- 개 산책시킨 후 샤워 → 집 나서기 전 아침식사
- 집 근처 빵집에서 아르바이트
- 1년 휴학 중, 학비 위해 돈 모으는 중
- 저녁 6시쯤 일 끝내고 친구들과 만남
- 영화 보거나 볼링 치러 감
- 가끔 일요일 오후 낮잠 잠
- 특별한 요리/새로운 요리법 시도하는 걸 좋아함

🎙 **Storyline을 참고해 답변해 보세요.**

* '때'를 나타내는 전치사구를 사용해 시간 순서를 알기 쉽게 답변 하세요. Ex) in the morning(아침에), in the afternoon(오후에), at night(밤에)

모범 답변

MP3 1_20 🎧

Intro How do I spend my weekends?
Body I try to get up early in the morning because ❶it makes me feel so productive. I walk my dog first thing in the morning, and then take a shower. I make sure to grab some breakfast before I leave the house. I work part-time at a bakery not far from where I live. Since I'm taking a year off from school, I need to save up some money for my tuition. I finish work around 6 in the evening and I usually meet my friends after that. Most of the time, we ❷end up going to the theater or bowling. I sometimes try to pamper myself with an afternoon nap on Sunday. Cooking something special or trying out a new recipe is a lot of fun, too!
Outro Eva, do you wanna hang out with me this weekend?

제가 어떻게 주말에 시간을 보내냐고요?
저는 생산적인 기분을 느낄 수 있기 때문에 아침에 일찍 일어나도록 노력해요. 아침에 제일 먼저 개를 산책시키고, 그리고 나서 샤워를 해요. 집을 나서기 전에 아침으로 뭐라도 먹으려 해요. 저는 제가 사는 곳에서 멀지 않은 빵집에서 아르바이트를 하고 있어요. 1년 동안 휴학하고 있기 때문에 제 학비를 위해 돈을 모아야 해요. 저녁 6시쯤에 일을 끝내고 난 후 주로 친구들을 만나요. 대부분 우리는 결국 극장에 가거나 볼링을 치러 가게 돼요. 저는 가끔씩 일요일에는 오후 낮잠을 자는 것으로 제 자신을 소중히 보살피기도 해요. 특별한 뭔가를 요리하거나 새로운 요리법을 시도하는 것도 매우 재미있어요!
Eva, 이번 주말에 저와 함께 놀래요?

표현 ❶ **It makes me feel 형용사.** 내가 ~한 기분이 들게 만든다.
❷ **end up -ing** 결국 ~하게 되다

어휘 productive 생산적인 walk my dog 개를 산책시키다 tuition 학비
pamper 소중히 보살피다 nap 낮잠 recipe 요리법

UNIT 06
경험 이야기하기

과거 시제를 사용해야 하는 유형 중 하나인 경험 이야기하기 문제는 난이도가 높은 편입니다. 동사의 과거형을 오류 없이 말할 수 있고, 경험에 관한 상세한 설명과 감정 표현도 하는가를 평가받습니다.

 빈출 문제

> Do you have **a memorable experience** at a language school?
> 당신은 어학원에서의 기억에 남는 경험이 있나요?
>
> Please tell me about **an unforgettable experience** you had at a theater. 당신이 극장에서 경험한 잊지 못할 경험에 대해서 말해 주세요.
>
> Have you ever had **a terrible experience** while you were traveling overseas? 당신은 해외 여행 중 안 좋은 경험을 한 적이 있나요?
>
> What was **the worst experience you had** at a dentist's?
> 치과에서의 당신의 최악의 경험은 무엇이었나요?
>
> Do you remember **the first day** at school?
> 당신은 학교에서의 첫날을 기억하나요?

 답변 전략

- 특별한 경험을 묻는 문제이니 감정 표현 중심으로 storyline을 짜고, 감정을 말하는 연습을 합니다. Storyline의 결말에 약간의 여지를 두고 만들어야 문제 유형에 따라 유연하게 대처할 수 있습니다.
- 특정 장소에서의 경험을 묻는 문제가 주로 출제되므로 장소나 시간에 구애받지 않는 storyline을 준비하세요.
- 경험에 대한 문제가 2개까지도 나올 수 있으므로, 2개의 storyline을 준비하는 것이 좋습니다.

Storyline 말하기

장소	저는 ~(누구)와 ~(장소)에 갔어요. **I went to 장소 with 누구.**
약속	우리는 ~하기로 했는데, ~(누구)가 제시간에 나타나지 않았어요. **We were supposed to ~, but 누구 didn't show up on time.**
기다림	~(누구)는 전화를 받지 않았어요. **누구 didn't answer the phone.** ~(누구)의 행방을 찾을 때, ~를 알아차렸어요. **While I was trying to get a hold of 누구, I noticed that ~.**
반전	저는 ~쪽으로 달려가서 ~(누구)를 안아 주었지요. **I ran towards ~ gave 누구 a big hug.** 실은, ~(누구)는 전혀 모르는 사람이었어요. **In fact, 누구 was a total stranger.** ~(누구)에게 사과해야 했어요. **I had to apologize to 누구.**
경험 질문	당신은 ~한 적이 있나요? **Have you ever ~?**

 ## 경험 이야기하기 필수 패턴

- **be supposed to 동사** ~하기로 되어 있다
  I was supposed to go there alone. 저는 거기에 혼자 가기로 되어 있어요.

- **get a hold of A** A의 행방을 찾다, A에게 연락을 하려고 노력하다
  I couldn't get a hold of Tom. 저는 Tom의 행방을 찾지 못했어요.

- **I noticed that ~.** 나는 ~를 알아차렸다.
  I noticed that my bag was gone. 저는 제 가방이 없어진 것을 알아차렸어요.

- **in fact,** 실은,
  I'm not close to her. In fact, I barely know her.
  저는 그녀와 친하지 않아요. 실은, 잘 알지도 못해요.

- **Have you ever 동사 p.p.?** ~해본 적이 있니?
  Have you ever talked to him? 그와 얘기해 본 적이 있나요?

Q Sample Question

문제 파악하기

> **Q** Do you have a memorable experience at a theater? What happened and why was it so memorable to you? 당신은 극장에서 기억에 남는 경험이 있나요? 무슨 일이 있었나요, 그리고 왜 그 일이 기억에 남나요?

Storyline 적용해 말하기

모범 답변

MP3 1_21

Intro	Yes, I once had a very memorable experience about 3 months ago.
Body 장소	**I went to** a theater to watch a movie **with** my girlfriend.
약속	**We were supposed to** meet in front of the theater, **but** she **didn't show up on time**.
기다림	I called her number, but she **didn't answer the phone**. **While I was trying to get a hold of** her, **I noticed that** she was standing in front of the bathroom.
반전	**I ran towards** her and **gave** her **a big hug** from the back. Oh my god… Guess what? It wasn't my girlfriend. **In fact**, she **was a total stranger**. **I had to apologize to** her and it was really ❶embarrassing.
Outro 경험 질문	Have you ever experienced anything like this?

네, 저는 3개월 전 쯤에 매우 기억에 남는 경험을 한 적이 있어요.
저는 제 여자친구와 영화를 보러 극장에 갔어요.
우리는 극장 앞에서 만나기로 했는데, 그녀가 제시간에 나타나지 않았어요.
그녀의 번호로 전화했는데 그녀는 전화를 받지 않았어요. 그녀의 행방을 찾으려 노력할 때, 그녀가 화장실 앞에 서 있는 것을 알아차렸어요.
저는 그녀쪽으로 달려가서 뒤에서 그녀를 안아 주었지요. 이런 세상에... 왠 줄 아세요? 제 여자친구가 아니었어요. 실은, 그녀는 전혀 모르는 사람이었어요. 저는 그녀에게 사과를 해야 했고 정말 창피했어요.
당신은 이런 경험을 한 적이 있나요?

어휘 show up 나타나다 on time 제시간에 get a hold of A A의 행방을 찾다 notice 알아차리다 apologize 사과하다 embarrassing 창피한

❶ embarrassing과 frustrating은 의미가 비슷해 자주 틀리게 사용하므로 주의하세요.

> embarrassing – 창피한
> frustrating – 당황스러운, 좌절감을 주는

* I fell on the street and it was embarrassing. 저는 길에서 넘어졌고 창피했어요.
 I missed my bus and it was frustrating. 저는 버스를 놓쳤고 당황스러웠어요.

감정을 표현할 때 현재 분사와 과거 분사를 적절히 사용해야 좋은 점수를 받을 수 있습니다.

현재 분사: 주어가 영향을 줄 때 (-ing)		과거 분사: 주어가 영향을 받을 때 (-ed)	
boring	지루하게 만드는	bored	지루한
exciting	흥분하게 만드는	excited	흥분한
confusing	헷갈리게 만드는	confused	헷갈리는
amazing	놀랍게 만드는	amazed	놀라운
annoying	짜증나게 만드는	annoyed	짜증나는

* scary – scared / impressive – impressed와 같이 -ing를 붙이지 않는 단어도 있습니다.

패턴 응용해 말하기

 앞서 배운 표현을 활용해 다음 문장을 영어로 말해 보세요. MP3 1_22

1. 그는 아침에 제게 전화를 했어야 해요.

2. 제가 Jessie에게 연락해 볼게요.

3. 저는 집에 지갑을 두고 온 것을 알아차렸어요.

4. 저는 그 빌딩을 알아요. 실은, 예전에 거기서 일했었어요.

5. 그녀의 영화를 본 적이 있나요?

---

1. He was supposed to call me in the morning.   2. I'll try to get a hold of Jessie.   3. I noticed that I left my wallet at home.   4. I know that building. In fact, I used to work there.   5. Have you ever watched her movie?

Practice Questions

Q1 Have you ever had an unforgettable experience while you were at a shopping mall? What happened and how did you feel about the incident? 당신은 쇼핑몰에서 잊지 못할 경험을 한 적이 있나요? 무슨 일이 있었나요, 그리고 그 일에 관해 어떤 느낌을 받았나요?

Storyline

- 화재경보기 사건
- 작년 이맘때
- 가장 친한 친구와 쇼핑 감
- 화재경보기, 살수 장치 가동
- 사방에 물이 튀고 소리가 커 충격 받음
- 바깥으로 달려 나갔으나 홀딱 젖음
- 거짓 경보였음 안도했지만 쇼핑은 망침

Storyline을 참고해 답변해 보세요.

*전개가 빨라지는 부분을 빨리 말하고, 실망을 표현하는 부분은 조금 속도를 낮춰 생동감 있게 말합니다.

모범 답변

MP3 1_23

*밑줄 친 부분을 다른 실내 장소에 바꿔 사용해도 무관합니다.

Intro Yes, it was probably around this time last year.
Body ❶ I was in the middle of my shopping with my best friend. Suddenly, the fire alarm ❷ went off and the sprinklers in the mall started spraying water all over. It was so loud and everyone was just devastated. None of us had any idea what was happening, but we all ran outside instinctively. We were all soaked from head to toe. Later on, it turned out to be a false alarm. We felt so relieved, but our shopping was all ruined that day.
Outro Can you imagine what we had to go through?

네, 아마 작년 이맘때쯤이었을 거예요.
저는 가장 친한 친구와 쇼핑하고 있는 중이었어요. 갑자기, 화재경보기가 울렸고 쇼핑몰의 살수 장치가 사방에 물을 뿌리기 시작했어요. 소리가 매우 컸고 모두가 큰 충격을 받았어요. 우리 중 그 누구도 무슨 일이 일어났는지 알지 못했지만, 모두 본능적으로 바깥으로 달려 나갔어요. 우리는 모두 머리부터 발끝까지 홀딱 젖었어요. 나중에야 거짓 경보인 것으로 밝혀졌어요. 우리는 정말 안도했지만, 그날 우리의 쇼핑은 전부 망쳤어요.
우리가 어떤 일을 겪었는지 상상이 가요?

표현 ❶ **I was in the middle of ~.** 나는 ~하고 있는 중이었다.
❷ **go off** (경보기 등이) 울리다

어휘 **this time last year** 작년 이맘때 **devastated** 엄청난 충격을 받은
instinctively 본능적으로 **soaked** 홀딱 젖은

Q2 Do you remember the first day of your language school? Did anything happen on that day? Please tell me about it in detail. 당신은 어학원에서의 첫날을 기억하나요? 그날 무슨 일이 있었나요? 그것에 대해서 자세히 말해 주세요.

Storyline

- 화재경보기 사건
- 얼마 전
- 중국어 수업 첫날
- 화재경보기, 살수 장치 가동
- 사방에 물이 튀고 소리가 커 충격 받음
- 바깥으로 달려 나갔으나 홀딱 젖음
- 거짓 경보였음, 안도했지만 첫 수업을 망침
- 매니저가 와서 보상으로 300달러를 제안함
- 그리 끔찍한 경험은 아니었음

🎤 **Storyline을 참고해 답변해 보세요.**

* 마지막에 반전이 있는 이야기도 좋습니다.

모범 답변 MP3 1_24

Intro Sure, it was not long ago.
Body I registered for a Chinese class and it was my first day at the language school. When I was in the middle of the class, suddenly, the fire alarm went off and the sprinklers in the language school started spraying water all over. It was so loud and everyone was just devastated. None of us had any idea what was happening, but we all ran outside instinctively. We were all soaked from head to toe. Later on, it turned out to be a false alarm. I felt so relieved, but my first class was all ruined that day. ➊Just when I was feeling upset, the manager of the language school came to me and said he would ❶compensate me for my suffering and provide a $300 gift card.
Outro ❷Come to think of it, it wasn't such a terrible experience, right?

네, 얼마 전 이야기예요.
저는 중국어 수업에 등록했고 그날은 어학원에서의 첫날이었어요. 저는 수업을 듣고 있었는데, 갑자기 화재경보기가 울렸고 어학원의 살수 장치가 사방에 물을 뿌리기 시작했어요. 소리가 매우 컸고 모두가 큰 충격을 받았어요. 우리 중 그 누구도 무슨 일이 일어났는지 알지 못했지만, 모두 본능적으로 바깥으로 달려 나갔어요. 우리는 모두 머리부터 발끝까지 홀딱 젖었어요. 나중에야 거짓 경보인 것으로 밝혀졌어요. 저는 정말 안도했지만, 그날 제 첫 수업은 전부 망쳤어요. 화가 나려던 참에, 어학원의 책임자가 제게 다가와서 피해에 대한 보상으로 300달러 상당의 상품권을 주겠다고 말했어요.
지금 생각해 보니, 그렇게 끔찍한 경험은 아니었어요, 그렇죠?

표현 ❶ **compensate A for B** A에게 B에 대해 보상하다
❷ **come to think of it**, 지금 생각해 보니,

어휘 compensate 보상하다 suffering 고통 provide 제공하다

➕ 표현은 IH 이상 레벨을 원한다면 포함해서 외워 두세요. ➕ 표현을 빼고 말해도 무관합니다.

UNIT 05 일상생활 말하기 필수 표현

일상생활

wake up 잠에서 깨다
*자리에서 일어나는 것은 get up
brush one's teeth/hair
이를 닦다/머리를 빗다
take a shower 샤워를 하다
get dressed 옷을 입다
have breakfast 아침을 먹다
leave the house 집을 나서다
take a bus 버스를 타다
take a break 휴식을 취하다
work part-time 아르바이트를 하다
take a nap 낮잠을 자다
spend time with A A와 시간을 보내다
walk one's dog 개를 산책시키다
get back home 집에 돌아오다

학교생활

go to school 학교에 가다
*go to the school은 등교가 아닌, 학교 건물에 (용무가 있어) 가는 것을 의미!
take a class 수업을 듣다
study in the library 도서관에서 공부하다
attend a seminar 토론 수업에 참석하다
write a paper 리포트를 쓰다
*학교 과제물/리포트는 paper나 essay로 표현
take an exam 시험을 치다
hand in one's essay 리포트를 제출하다
work on one's assignment 과제를 하다
*고등학교 때까지는 과제를 homework로 표현

회사생활

get to work 회사에 도착하다
get some coffee 커피를 마시다
check one's e-mails 이메일을 확인하다
write a report 보고서를 작성하다
do some paperwork 서류 작업을 하다
have a meeting 회의를 하다
meet some customers/clients
고객을 만나다
have a conference call 전화 회의를 하다
get off work 퇴근하다
hang out with one's co-workers
동료들과 어울리다

직위

staff 직원 *staff는 불가산 명사, staffs (X)
assistant manager 대리
deputy general manager 차장
department manager 과장
general manager 국장
team manager 팀장
director 이사
president 사장
executive vice president 부사장
CEO(Chief Executive Officer) 최고 경영자

부서

legal department 법무부
human resources department 인사부
planning department 기획부
public relations department 홍보부
accounting department 회계부
general affairs department 총무부
R&D department 연구개발부
management department 관리부
customer service department
고객서비스부

UNIT 06 경험 이야기하기 필수 표현

동사
run into A A를 우연히 만나다
lose my cell phone 내 휴대폰을 잃어버리다
lose my wallet 내 지갑을 잃어버리다
forget to call 전화하는 것을 잊어버리다
be locked in 문이 잠겨 (안에) 갇히다
be locked out 문이 잠겨 못 들어가다
notice that ~ ~를 알아차리다
find out that ~ ~인 것을 알게 되다
fall down 넘어지다
laugh at A A를 비웃다
slip on the floor 바닥에 미끄러지다
break A A를 깨다/A가 부러지다
scream 소리지르다

형용사
hilarious 아주 우스운
offended 기분이 상한
relieved 안도하는
restless 가만히 있지 못하고 들썩이는
tense 긴장해서 굳은
outraged 분노한
disgusted 혐오감을 느낀
astonished 깜짝 놀란

그 외
not long after 얼마 안 되서
over and over 여러 번 되풀이하여

부사/부사구
surprisingly 놀랍게도
suddenly 갑자기
all of a sudden 갑자기
unexpectedly 예상치 않게
curiously 호기심에서, 이상하게도
carelessly 부주의하게
funnily 기묘하게
strangely enough 이상하게도
out of blue 난데없이

UNIT 07
절차 설명하기

절차 설명하기 문제 유형에서는 여러 가지 일들을 시간 순서대로 설명하는 논리적 답변을 요구합니다. 이 유형에서는 다양한 어휘나 미사여구는 불필요하며, 순차적으로 사건/일을 차근차근 설명하는 것이 중요합니다.

📋 빈출 문제

> **What do you do before and after watching a movie?**
> 당신은 영화를 보기 전후에 무엇을 하나요?
>
> **Please tell me about the process from beginning to end.**
> 그 과정을 처음부터 끝까지 말해 주세요.
>
> **What's the procedure of acquiring an ID?**
> 신분증을 받는 절차가 어떻게 되나요?
>
> **What steps do you take in order to cook?**
> 당신은 요리를 하기 위해 어떤 단계를 거치나요?

💬 답변 전략

- 절차 설명하기 문제에서 출제되는 주제는 상당히 제한적입니다. 빈출 주제로는 영화, 콘서트, 여행, 수강 신청이 있습니다.
- 여러 주제에 통용되는 기본 storyline을 시간 흐름에 따라 준비합니다.
  전: 대상/종류 고르기 ➡ 관련 정보 구하기 ➡ 평 확인하기 ➡ 온라인으로 구매/예매하기 ➡ 친구에게 연락하기
  후: 후기 작성 ➡ 블로그/SNS에 올리기
- 절차는 평소 습관을 이야기하는 것이므로 반드시 현재 시제를 사용해 답변합니다.
- 만약 최근 경험을 묻는다면 주요 동사의 시제를 '과거'로 바꾸어서 답변하면 됩니다.

Storyline 말하기

선택	우선, 저는 ~를 골라요. **First, I pick ~.**
조사	저는 ~를 검색해요. **I google ~.**
예약/예매	저는 확실히 온라인으로 ~하도록 해요. **I make sure to ~ online.**
예약/예매 후	~를 마치고 나면, 저는 ~해요. **After I'm done ~, I ~.**
영화 보기 전	~(누구)는 간단히 먹고, ~(누구)는 ~에 들러요. **누구 grab a bite and 누구 stop by ~.**
영화 본 후	우리는 ~로 향해요. 우리는 커피를 마시며 ~에 대한 우리의 의견을 나눠요. **We head to ~. We share our thoughts about ~ over coffee.** 저는 이 시간이 매우 ~하다고 생각해요. **I find this time very ~.**

절차 설명하기 필수 패턴

- **There are several things/steps.** 몇 가지 일/단계가 있다.
  There are several steps before cooking. 요리를 하기 전에 몇 가지 단계가 있어요.

- **after I'm done,** 마치고 나면,
  After I'm done with this project, I'll go on a trip.
  이 프로젝트를 마치고 나면, 저는 여행을 갈 거예요.

- **share (one's) thoughts** (~의) 생각/의견을 나누다, 이야기를 하다
  I love sharing thoughts with my co-workers. 저는 동료들과 의견을 나누는 것을 좋아해요.

- **over coffee/lunch** 커피를 마시면서/점심을 먹으면서
  Would you like to talk about it over lunch? 점심을 먹으면서 이것에 대해 이야기할까요?

Q Sample Question

문제 파악하기

> **Q** Tell me about your typical day when you go to the theater. What do you usually do before and after watching a movie? Tell me about the procedure from beginning to end.
>
> 당신이 극장에 갈 때의 일상적인 하루에 대해 말해 주세요. 당신은 영화를 보기 전후에 주로 무엇을 하나요? 그 과정을 처음부터 끝까지 말해 주세요.

Storyline 적용해 말하기

모범 답변　　　　　　　　　　　　　　　　　　　　　　　　MP3 1_25

Intro	There are several things I do when ❶**going to the movies.**
Body 선택	First, I pick a movie that I want to watch.
조사	I usually ❷**google movie reviews** and I check the show time.
예약/예매	**I make sure to** book tickets **online** before they get sold out.
예약/예매 후	**After I'm done** with the reservation, **I call my best friend.**
영화 보기 전	We like to **grab a bite** before the movie starts, so we ❸**stop by the concession stand** to get some popcorn and beverages.
영화 본 후	After the movie is finished, we usually have dinner at our favorite restaurant and ❸**head to** the café we usually go to. We ❹**share our thoughts about** the movie **over coffee.** I find this time very productive and pleasing. When I ❸**get home**, I write a review of the movie and post it on my Facebook as well.
Outro	I guess that's about it.

제가 극장에 갈 때 하는 몇 가지 일들이 있어요.
우선, 저는 제가 보고 싶은 영화를 골라요.
저는 보통 영화 평을 검색하고 상영 시간을 확인해요.
표가 매진되기 전에 온라인으로 확실히 예매를 해둬요.
예매를 마치고 나면, 가장 친한 친구에게 전화를 해요.
우리는 영화 시작 전에 간단히 먹는 것을 좋아해서, 구내 매점에 들러 팝콘과 음료를 사요.
영화가 끝나고 나면, 보통 우리가 가장 좋아하는 식당에서 저녁을 먹고 자주 가는 카페로 향해요. 커피를 마시며 영화에 대한 우리의 의견을 나누어요. 저는 이 시간이 매우 생산적이고 즐겁다고 생각해요. 저는 집에 도착하면, 영화에 대한 평을 써서 제 Facebook에도 올려요.
이게 다인 것 같네요.

어휘　several 몇몇　review 평　show time 상영 시간　concession stand 구내 매점　share thoughts 의견을 나누다　productive 생산적인　pleasing 기분 좋은　post (웹사이트에 사진·글을) 올리다

❶ go to the movies에서 movies는 극장을 의미합니다. '영화를 보다'라고 말할 때는 watch a <u>movie</u>로, 단수로 말합니다.

❷ google은 '(구글로) 검색하다'라는 의미의 동사로 사용할 수 있습니다. 이와 마찬가지로 Facebook 역시 Facebook it.(Facebook에 올리다.)라는 의미의 동사로 쓰입니다.

❸ '~에 가다'를 표현할 때는 go, head to, get, stop by, drop by, swing by와 같은 여러 표현으로 바꿔가며 말하세요.

❹ share our thoughts는 '생각을 나누다' 외에 '이야기를 하다'라는 의미도 됩니다.

패턴 응용해 말하기

🎤 앞서 배운 표현을 활용해 다음 문장을 영어로 말해 보세요.　　MP3 1_26

1. 당신이 조심해야 할 일들이 몇 가지 있어요.

2. 마치고 나면, 제게 알려주세요.

3. 편안하게 네 생각을 말해 봐.

4. 당신의 의견을 제게 말하는 것을 두려워하지 마세요.

5. 저는 커피를 마시면서 이 문제를 매듭짓고 싶어요.

---

1. There are several things you should be careful about.　2. After you're done, let me know.
3. Feel free to share your thoughts.　4. Don't be afraid to share your thoughts with me.
5. I want to resolve this matter over coffee.

Practice Questions

Q1 What are the things you prepare before traveling abroad? Tell me about the procedure from beginning to end.
당신이 해외 여행을 가기 전에 준비하는 것은 무엇인가요? 그 과정을 처음부터 끝까지 말해 주세요.

Storyline

- 해외 여행
- 방문할 도시 고르기
- 관광 명소 검색 지역 날씨 확인
- 인터넷에서 유용한 정보 얻기
- 비행기 티켓 매진 전 온라인 예약
- 환전, 여행자 수표 준비
- 가장 친한 친구와 여행하는 걸 좋아함
- 쇼핑 좋아해서 이륙 전 면세점 들림

Storyline을 참고해 답변해 보세요.

* 여행 가기 전(before) 절차를 묻고 있으므로 여행 다녀온 후(after)에 해당하는 내용은 적당히 생략해 말하세요. 답변이 짧다고 느껴진다면 덧붙여도 크게 문제가 되진 않습니다.

모범 답변
MP3 1_27

Intro There are several things I do before traveling abroad.
Body First, I pick a city that I want to visit. I usually google tourists' attractions and I check the local weather. I can ❶ get so much useful information from the Internet. I make sure to book flight tickets online before they get sold out. After I'm done with the reservation, I exchange currency and prepare traveler's checks as well. I love traveling along with my best friend. We love shopping, so we ❷ stop by the duty-free shops before taking off.
Outro How often do you travel abroad, Eva?

제가 해외 여행을 가기 전에 하는 몇 가지 일들이 있어요.
우선, 제가 방문하고 싶은 도시를 고르죠. 저는 보통 관광 명소들을 검색하고 지역 날씨를 확인해요. 저는 인터넷에서 유용한 정보를 매우 많이 얻을 수 있어요. 저는 비행기 좌석이 매진되기 전에 온라인으로 확실히 예매를 해둬요. 예매를 마치고 나서, 저는 환전을 하고 여행자 수표도 준비해요. 저는 가장 친한 친구와 함께 여행하는 것을 아주 좋아해요. 우리는 쇼핑하는 것을 좋아해서, 이륙 전에 면세점에 들르곤 하죠.
Eva, 당신은 얼마나 자주 해외 여행을 가나요?

표현
❶ **get useful information from A** A로부터 유용한 정보를 얻다
❷ **stop by (=drop by)** 잠시 들르다

어휘 tourists' attractions 관광 명소 local weather 현지 날씨
traveler's check 여행자 수표 duty-free shop 면세점 take off 이륙하다

Q2 What is the process before signing up for a yoga class? Tell me about the procedure in detail. 요가 수업에 등록하기 전 절차가 어떻게 되나요? 그 과정에 대해 자세히 말해 주세요.

Storyline

- 요가 수업 등록
- 등록하고 싶은 요가 센터 정함
- 후기 읽고 온라인으로 등록
- 수업 레벨과 시간표 확인
- 개인 상담 위해 요가 센터 방문
- 가까운 친구와 취미 공유하면 더 재미있음
- 상담 후 필요한 것을 구매
- 지난주 상급반 등록

🎙 **Storyline을 참고해 답변해 보세요.**

* '~를 하게끔 시키다, 하다'를 의미하는 영어 동사가 없으므로 have를 사역동사로 만들어 말하세요. Q1에서와 다른 패턴을 사용해 답변해 보세요.

모범 답변
MP3 1_28

[Intro] There are several steps before signing up for a yoga class.
[Body] First, I think of a yoga center that I want to go to. I usually read reviews and register online. I also check the proper level and the timetable. After doing some research, I visit the yoga center to get some more personal consulting. I usually ❶have my best friend come along because it's ❷simply more fun when sharing a hobby with a close friend. After the consulting is done, I go to a store and buy everything I need for the class.
[Outro] Actually, I registered for an advanced class last week. Sounds fun, right?

요가 수업에 등록하기 전에 몇 가지 거쳐야 할 단계가 있어요.
우선, 저는 제가 가고 싶은 요가 센터를 생각하죠. 저는 보통 평을 읽어보고 온라인으로 등록해요. 저는 또한 적절한 수업 레벨과 시간표를 확인해요. 조사를 마치고 나서, 개인 상담을 더 받기 위해 요가 센터를 방문해요. 가까운 친구와 취미를 공유하면 그야말로 훨씬 더 재미있기 때문에, 저는 보통 가장 친한 친구를 따라오게 해요. 상담이 끝난 후에는, 가게에 가서 수업에 필요한 모든 것을 사요.
실은, 저 지난주에 상급반에 등록했어요. 재미있을 것 같지 않나요?

표현 ❶ **have A 동사** A가 ~하게끔 시키다(하다)
❷ **simply more fun** 그야말로 훨씬 더 재미있는

어휘 register 등록하다　proper 적절한　timetable 시간표　consulting 자문
advanced 상급의

UNIT 08
비교하기

비교하기 문제 유형에서는 주로 '혼자 하는 활동 vs. 함께 하는 활동'을 물어봅니다. 따라서 비교적 완성도가 높은 storyline을 준비할 수 있으며 다른 문제 유형에도 활용하기 쉽습니다.

빈출 문제

Do you prefer to sing alone or with others?
당신은 혼자 노래하는 것을 선호하나요, 아니면 함께 부르는 것을 선호하나요?

Which do you prefer, coffee or tea?
당신은 어느 것을 선호하나요, 커피 아니면 차?

Choose 2 singers you like and compare them in detail.
당신이 2명의 좋아하는 가수를 고른 후 그들을 상세히 비교해 주세요.

답변 전략

- 답변하는 데 storyline의 비중이 큰 유형인 만큼 준비해 간 부분과 그렇지 않은 부분을 말할 때 비슷한 속도를 유지할 수 있어야 합니다. 외워 간 부분을 천천히 말하는 것도 좋은 방법입니다.

- 답변의 '서론-본론-결론'이 뚜렷하게 드러날 수 있도록, 연결어를 붙여 조리 있게 말합니다.

- 길게 답변하는 것보다는 두 가지를 비교하는 것에 중점을 두고 답변하세요.

Storyline 말하기

나의 의견	저는 ~하는 것보다는 ~하는 것을 선호하는데 거기에는 몇 가지 이유가 있어요. I prefer to 동사 rather than 동사-ing and I have several reasons for it.
이유 1	가장 큰 이유는 ~하는 것이 어렵기 때문이에요. The biggest reason is that it is difficult to 동사.
이유 2	다른 이유는 제가 ~하는 경향이 있기 때문이에요. Another reason is that I tend to 동사.
마무리	이런 이유들로, 저는 ~하는 것을 선호해요. For these reasons, I prefer 동사-ing.

비교하기 필수 패턴

- **It is difficult to 동사.** ~하기가 어렵다.
  It is difficult to make decisions. 결정을 하기가 어려워요.

- **get distracted** 정신이 산만해지다
  I finished my assignment without getting distracted.
  저는 정신이 산만해지지 않고 과제를 마쳤어요.

- **tend to 동사** ~하는 경향이 있다
  She tends to eat fast. 그녀는 빨리 먹는 경향이 있어요.

- **get one's work done** 일을 끝마치다
  I want to get my work done before this weekend.
  저는 이번 주말 전에 제 일을 끝마치고 싶어요.

Q Sample Question

문제 파악하기

> **Q** Some people like to work alone whereas some people like to work with others. Which do you prefer and what are your reasons? 어떤 사람들은 혼자 일하는 것을 선호하는 반면 어떤 사람들은 다른 이들과 함께 일하는 것을 선호합니다. 당신은 어떤 것을 더 선호하고 그 이유는 무엇인가요?

Storyline 적용해 말하기

모범 답변　　　　　　　　　　　　　　　　　　　　　　　MP3 1_29

Intro	나의 의견	I prefer to work alone rather than working with other people and I have several reasons for it.
Body	이유1	The biggest reason is that ❶**it is difficult to** concentrate on my work because I get distracted easily.
	이유2	Another reason is that ❶**I tend to** spend too much time talking with them so that ❶**I can't get my work done on time.**
Outro	마무리	For these reasons, ❷**I prefer working alone.**

저는 다른 사람들과 함께 일하는 것보다 혼자 일하는 것을 선호하는데 거기에는 몇 가지 이유가 있어요.
가장 큰 이유는 제가 쉽게 정신이 산만해지기 때문에 제 일에 집중하는 것이 어렵기 때문이에요.
다른 이유는 제가 다른 사람과 대화하는 데 시간을 많이 보내는 경향이 있어서 제시간에 제 일을 끝낼 수가 없기 때문이에요.
이러한 이유들로, 저는 혼자 일하는 것을 선호해요.

어휘　concentrate on ~에 집중하다　get distracted 정신이 산만해지다　tend ~하는 경향이 있다　on time 제시간에

❶ 이유나 이유를 뒷받침하는 내용으로 사용할 수 있는 유용한 패턴을 여러 개 알아 두면 순발력 있게 답변할 수 있습니다.

It is easy to 동사 ~하기가 쉽다
It is difficult to 동사 ~하기가 어렵다
I tend to 동사 ~하는 경향이 있다
I can 동사 ~할 수 있다
I can't 동사 ~할 수 없다
I get to 동사 ~하게 되다

❷ 마무리에서는 나의 의견을 반복하지 말고, I prefer 동사-ing의 형태로 선호하는 것만 깔끔하게 말하는 것이 좋습니다.

패턴 응용해 말하기

앞서 배운 표현을 활용해 다음 문장을 영어로 말해 보세요.   MP3 1_30

1. 저는 혼자 여행하는 것보다는 다른 사람들과 함께 여행하는 것을 선호해요.

2. 제대로 말을 하기가 어려워요.

3. 그것을 읽는 동안 산만해지지 않도록 하세요.

4. 저는 많이 자는 경향이 있어요.

5. 그는 일을 끝마치려고 시도하였으나, 그러지 못했어요.

---

1. I prefer to travel with other people rather than traveling alone.   2. It is difficult to speak properly.
3. Make sure you don't get distracted while reading it.   4. I tend to sleep a lot.   5. He tried getting his work done, but he couldn't.

Practice Questions

Q1 Which do you prefer, eating alone or eating with others? Tell me your reasons in detail. 당신은 어느 것을 더 선호하나요, 혼자 먹는 것 아니면 다른 이와 함께 먹는 것? 이유를 자세히 말해 주세요.

Storyline

- 함께 먹는 것
- 좋아하는 사람과 함께 먹으면 즐거움
- 주로 친구와 먹고 식사 중 이야기 나눔
- 소화에 좋음
- 다양한 음식 맛보는 걸 좋아함
- 혼자 먹으면 음식 선택이 제한적임
- 여러 가지 음식을 맛볼 수 있음

🎙 **Storyline을 참고해 답변해 보세요.**

*고득점을 목표로 한다면 이유와 관련된 자신의 경험담을 덧붙이면 좋습니다. 단, 경험담을 말할 때는 과거 시제를 사용하세요.

모범 답변

MP3 1_31 🎧

[Intro] I prefer to eat with others rather than eating alone and I have several reasons for it.
[Body] The biggest reason is that I can have so much fun while eating with people I like. I usually eat with my friends and we talk about so many things over a meal. Plus, ❶ it's good for digestion as well. Another reason is that I love tasting various dishes. When I eat alone, the food choices are quite limited. However, I ❷ get to taste various dishes when having a meal with others because we often share foods.
[Outro] For these reasons, I prefer eating with others.

저는 혼자 먹는 것보다 다른 이들과 함께 먹는 것을 더 선호하는데 거기에는 몇 가지 이유가 있어요.
가장 큰 이유는 제가 좋아하는 사람들과 함께 먹으면 굉장히 즐겁기 때문이에요. 저는 주로 제 친구들과 함께 먹는데, 식사를 하면서 아주 많은 것들에 대해 이야기해요. 게다가 소화에도 좋아요. 다른 이유는 제가 다양한 음식을 맛보는 것을 좋아하기 때문이에요. 혼자 먹을 땐, 음식 선택이 굉장히 제한적이죠. 하지만, 다른 이들과 함께 먹을 때는 자주 음식을 나눠 먹기 때문에 다양한 음식을 맛볼 수 있어요.
이러한 이유들로, 저는 다른 이들과 함께 먹는 것을 선호해요.

표현 ❶ **be good for 명사** '명사'에 좋다
❷ **get to 동사** ~하게 되다

어휘 digestion 소화 taste 맛보다 various 여러 가지의 dish 요리
limited 제한적인 share 나누다

Q2 I'd like to ask you about public transportation in your country. What is it like? What kind of public transportation do you prefer? Tell me about it in detail. 당신 나라의 대중교통에 대해서 묻고 싶습니다. 어떤가요? 당신은 어떤 대중교통을 선호하나요? 그것에 대해 자세히 말해 주세요.

Storyline

- 대중교통: 지하철
- 대중교통 잘 발달되어 많은 사람들이 버스, 지하철 이용
- 지하철 선호
- 제 시간에 도착
- 날씨와 상관없이 이용
- 비 올 때 버스 타기 짜증남
- 창 밖 볼 수 없어도 여전히 지하철 선호

Storyline을 참고해 답변해 보세요.

* 이유를 2가지 이상 말해도 괜찮습니다. 돌발 문제에서 대중교통에 대해 묻는다면 이 모범 답변을 활용해 말하세요.

모범 답변

MP3 1_32

Intro Many Koreans use buses and subways because public transportation is well developed in my country. I personally prefer to take the subway rather than taking a bus and I have several reasons to support my opinion.
Body The first reason is that I can get to my destination on time because subways are always punctual. The second reason is that it is easy to use the subway ❶regardless of the weather conditions. ❷You know how irritating it is to take a bus when it rains.
Outro Although I can't look out the window, I still prefer riding the subway when I commute.

우리나라에서는 대중교통이 잘 발달되어 있어서 많은 한국인들이 버스와 지하철을 이용해요. 저는 개인적으로 버스보다 지하철 타는 것을 선호하는데 거기에는 제 의견을 뒷받침해 줄 몇 가지 이유가 있어요.
첫 번째 이유는 지하철은 항상 시간을 엄수하기 때문에 제때 목적지에 도착할 수 있어요. 두 번째 이유는 지하철은 날씨와 상관없이 이용할 수 있기 때문이에요. 당신도 비가 올 때 버스 타는 게 얼마나 짜증이 나는지 알잖아요.
비록 창 밖을 볼 수는 없지만, 저는 여전히 통근할 때 지하철 타는 것을 선호해요.

표현 ❶ **regardless of 명사** '명사'와 상관없이
❷ **You know how 형용사 it is to 동사.** ~하는 게 얼마나 ~한지 알잖아요.

어휘 support 뒷받침하다 punctual 시간을 엄수하는
weather condition 기상 상태, 날씨 irritating 짜증나는

UNIT 07 절차 설명하기 필수 표현

동사

google (구글로) 검색하다
find 찾다
find out about A A에 대해 알아보다
search for A A를 찾다
do some research on A A에 대해 조사하다
pick 고르다
make a list 목록을 만들다
go through the list 목록을 검토하다
choose 선택하다
check 확인하다
decide 결정하다
read reviews 평을 읽다
post (웹사이트에 글·사진 등을) 올리다
cancel 취소하다
make a phone call 전화를 걸다
make an appointment 만날 약속(예약)을 하다
make a reservation 예약을 하다
pre-order tickets 표를 예매하다
prepare 준비하다
share 나누다
stop by 들르다 (=drop by)
pack 짐을 싸다 ↔ **unpack** 짐을 풀다
make a passport 여권을 만들다
get a visa 비자를 받다
get a boarding pass 탑승권을 받다
line up 줄을 서다

공연/여행

performance schedule 공연 스케줄
venue 장소
light stick 야광봉
wristband 손목 밴드 (손목에 차는 티켓)
ticket office 매표소
timetable 시간표
brochure 소책자
local weather 현지 날씨
belongings 소지품
baggage 짐
suitcase 여행 가방
travel agency 여행사
vacancy 빈방

UNIT 08 비교하기 필수 표현

비교 항목
pros and cons 장단점
advantages and disadvantages 장단점
merits and demerits 장단점, 득실
similarity 유사성
difference 차이점

형용사
beneficial 유익한
productive 생산적인
↔ **unproductive** 비생산적인
time-consuming 시간 소모가 큰
effective 효과적인
time-efficient 시간면에서 효율적인
cost-effective 비용면에서 효과적인
similar 비슷한
different 다른

접속사(구)
needless to say 두말할 것도 없이
on the one hand 한편으로는
on the other hand 반면에, 그런가 하면
whereas 반면에
on the contrary 그와는 반대로
unlike A A와는 다르게
however 그러나
in comparison with A A와 비교해서
regardless of A A와 상관없이

동사
prefer A to B B보다 A를 선호하다
have a tendency to ~하는 경향이 있다
socialize 사람들과 어울리다
get distracted 방해받다
concentrate 집중하다
share thoughts 생각을 나누다
get some help 도움을 받다
bond with A A와 유대감을 형성하다
build teamwork 팀워크를 키우다
come up with ideas 아이디어를 떠올리다
get bored 지루해지다

OPIc PART 2
롤 플레이

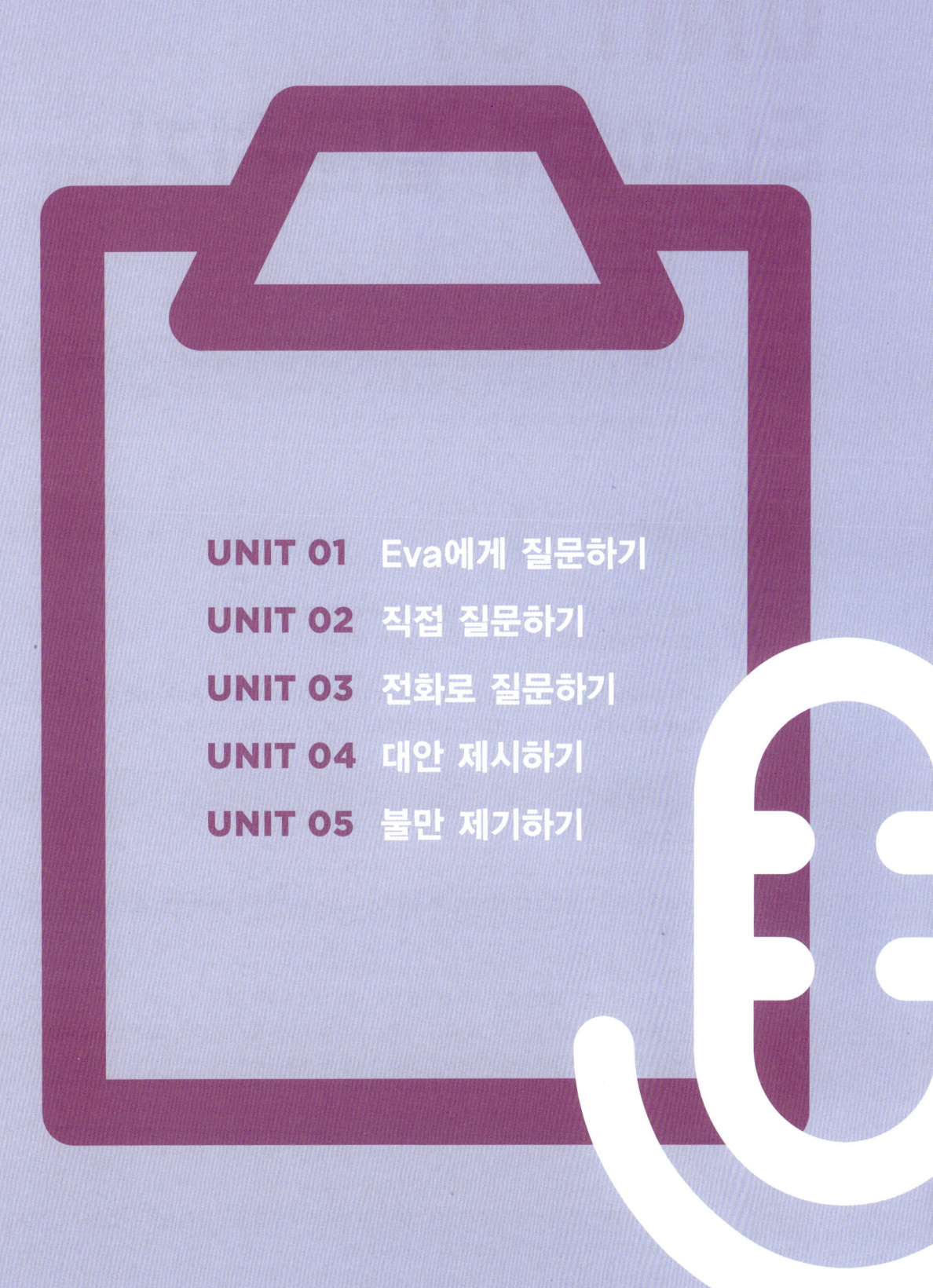

UNIT 01　Eva에게 질문하기
UNIT 02　직접 질문하기
UNIT 03　전화로 질문하기
UNIT 04　대안 제시하기
UNIT 05　불만 제기하기

UNIT 01
Eva에게 질문하기

Eva에게 질문하기 문제 유형에서는 면접관인 Eva에게 직접 몇 가지 질문을 합니다. 롤 플레이 문제는 상황을 주고 그에 맞춰 연기를 하며 답변해야 하지만, 이 유형에서는 많은 연기를 요구하지는 않습니다. 자연스럽게 질문을 하며 자신의 영어 실력을 발휘해 보세요.

빈출 문제

> **I also like music. Ask me 3 or 4 questions.**
> 저도 음악을 좋아해요. 저에게 서너 가지 질문을 해주세요.
>
> **I'm planning to have a job interview tomorrow. Ask me 3 or 4 questions.** 저는 내일 면접을 볼 예정이에요. 저에게 서너 가지 질문을 해주세요.

 ### 답변 전략

- 어려운 질문을 만들기보다 전반적인 흐름을 자연스럽게 이어가는 것에 중점을 두고 질문하는 것이 좋습니다.

- 질문 중간 중간에 적절한 맞장구나 제안을 해서 실제 대화 느낌을 살립니다. Eva는 가상 대화 상대이므로 실제로 대답을 해주지 않습니다. 그래서 어색하게 느껴질 수 있으나, 실제 대화 중인 것처럼 중간에 말을 멈추기도 하면서 가능한 한 자연스럽게 말해 보세요.

- 의문사를 이용하면 쉽게 질문을 만들 수 있습니다. 개방형 질문으로 답변의 가능성을 열어두는 것이 좋습니다.

- 문제가 미래형으로 제시되면, 준비했던 현재형 표현을 바꾸어 말하는 게 어려울 수 있습니다. 기본 표현에 여러 가지 시제를 대입해 미리 연습해 두세요.

Storyline 만들기

반응	와! 저는 ~하는지 몰랐어요! **Wow! I didn't know that ~!**
질문 1	당신은 얼마나 자주 ~하나요? **How often do you ~?**
내 경우	제 경우엔, 주로 ~해요. **In my case, I usually ~.**
질문 2	가장 좋아하는 ~는 무엇인가요? **What's your favorite ~?**
맞장구	정말이요? 이런 우연이!! 저도 그것을 좋아해요!! **Really? What a coincidence!! I like it, too!!**
질문 3	당신은 주로 누구와 함께 ~하나요? **Who do you usually ~ with?**
제안	당신이 괜찮다면, 우리 다음에 만나서 ~하면 어때요? **Why don't we get together and ~ next time, if that's O.K. with you?**

Eva에게 질문하기 필수 패턴

- **I didn't know that 주어+동사.** '주어'가 ~하는지 몰랐어요.
  I didn't know that you live in Canada. 저는 당신이 캐나다에 사는지 몰랐어요.

- **How often do you usually 동사?** 당신은 얼마나 자주 ~하나요?
  How often do you usually exercise? 당신은 얼마나 자주 운동하나요?

- **In my case, I usually 동사.** 제 경우에는, 대체적으로 ~해요.
  In my case, I usually take the subway. 제 경우에는, 대체적으로 지하철을 타요.

- **Who do you usually 동사 with?** 당신은 주로 누구와 함께 ~하나요?
  Who do you usually cook with? 당신은 주로 누구와 함께 요리를 하나요?

- **Why don't we 동사?** 우리 ~하면 어때요?
  Why don't we go together? 우리 같이 가면 어때요?

Q Sample Question

문제 파악하기

> **Q** I love to go swimming, too. Ask me 3 or 4 questions.
> 저도 수영하러 가는 걸 좋아해요. 저에게 서너 가지 질문을 해주세요.

Storyline 적용해 말하기

모범 답변　　　　　　　　　　　　　　　　　　　　　　　　　　　MP3 2_01

Intro 반응	Wow! I didn't know that you love to go swimming.
Body 질문 1	How often do you go swimming?
내 경우	In my case, I usually go swimming once a week.
질문 2	What's your favorite stroke?
맞장구	Really? ❶What a coincidence!! I like it, too!!
질문 3	Who do you usually go swimming with?
Outro 제안	Hey! ❷Why don't we get together and go swimming next time, if that's O.K with you?

와! 저는 당신이 수영하러 가는 걸 좋아하는지 몰랐어요.
당신은 얼마나 자주 수영하러 가나요?
제 경우엔, 주로 일주일에 한 번 수영하러 가요.
당신이 가장 좋아하는 수영법은 무엇인가요?
정말이요? 이런 우연이!! 저도 그것을 좋아해요!!
당신은 주로 누구와 함께 수영하러 가나요?
저기! 당신이 괜찮다면, 우리 다음에 만나서 함께 수영하러 가는 게 어때요?

어휘　go swimming 수영하러 가다　stroke 수영법　get together 만나다

❶ What a coincidence!(이런 우연이!)는 Eva와의 대화에 적극적으로 참여하고 있는 느낌을 줍니다. 맞장구 표현 전후에 잠시 pause를 주어 실제로 말을 주고받는 것처럼 연기하세요.

❷ Why don't we ~?와 같은 표현을 사용해 Eva에게 앞서 한 질문과 관련된 제안을 하면서 답변을 마무리하면 자연스럽습니다.

패턴 응용해 말하기

🎤 앞서 배운 표현을 활용해 다음 문장을 영어로 말해 보세요. MP3 2_02

1. 당신은 주로 얼마나 자주 빨래를 하나요?

2. 당신은 주로 누구와 함께 콘서트에 가나요?

3. 우리 함께 점심 사러 가는 게 어때요?

4. 당신이 아파트에 사는지 몰랐어요.

5. 당신은 주로 누구와 함께 자전거를 타나요?

6. 제 경우에는, 거기에 일주일에 두번 가요.

---

1. How often do you usually do the laundry?   2. Who do you usually go to a concert with?   3. Why don't we go and get some lunch?   4. I didn't know that you live in an apartment.   5. Who do you usually ride a bike with?   6. In my case, I go there twice a week.

Q Practice Questions

Q1 I'm studying Portuguese at a language school now. Ask me 3 or 4 questions about it. 저는 요즘 어학원에서 포르투갈어를 배우고 있어요. 저에게 서너 가지 질문을 해주세요.

Storyline

- 어학원 – 포르투갈어
- 포르투갈어 배우는지 몰랐음
- 왜 공부하나? 어떻게 흥미를 가지게 되었나?
- 내년 중국 갈 계획 중국어 배울 예정
- 어학원은 어디에 있나?
- 내가 공부하는 곳과 가까움
- 수업은 몇 시에 끝나나?
- 다음에 커피 마시자고 제안

🎙 **Storyline을 참고해 답변해 보세요.**
* Portuguese는 [폴츄기-즈]로 발음합니다. 제안을 할 때는 if that's O.K. with you와 같은 표현을 덧붙이면 친절하게 들리고 유창함도 보여줄 수 있습니다.

모범 답변
MP3 2_03

Intro Wow! I didn't know that you are studying Portuguese at a language school now. Good for you!
Body Why did you decide to study Portuguese and how did you become interested in it? In my case, I'm currently studying Chinese because I'm planning to study in China next year. Where is your language school located? Really? What a coincidence!! ❶ It's so close to where I study! What time does your class finish? Do you usually ❷ go straight home?
Outro Hey! Why don't we get together and get some coffee next time, if that's O.K. with you?

와! 저는 당신이 요즘 어학원에서 포르투갈어를 배우고 있는지 몰랐어요. 잘됐네요!
당신은 왜 포르투갈어를 공부하기로 결심했고 어떻게 흥미를 가지게 되었나요? 제 경우엔, 내년에 중국에 공부하러 갈 예정이라 요즘 중국어를 공부하고 있어요. 당신의 어학원은 어디에 있나요? [멈춤] 정말요? 이런 우연이!! 제가 공부하는 곳과 매우 가깝네요! 수업은 몇 시에 끝나요? 당신은 주로 집에 곧바로 가나요?
저기! 당신이 괜찮다면, 우리 다음에 만나서 함께 커피 마시러 가는 게 어때요?

표현 ❶ **It's so close to where I 동사.** 내가 ~하는 곳과 매우 가깝다.
❷ **go straight home** 집으로 바로 가다

어휘 Portuguese 포르투갈어 Good for you! 잘됐네요!

Q2 I'm going to have a job interview tomorrow morning. Ask me 3 or 4 questions. 저는 내일 아침에 면접을 보러 가요. 저에게 서너 가지 질문을 해주세요.

Storyline

- 면접
- 내일 면접 보는지 몰랐음, 나도 내일 면접 봄
- 어떤 회사에 지원했나?
- 전자 대기업 지원, 복리후생 제도 때문에 지원
- 지금까지 면접 몇 번 보았나?
- 나도 첫 면접임
- 내일 아침 면접 전에 아침 먹자고 제안

🎤 **Storyline을 참고해 답변해 보세요.**

* 중간 중간에 적절한 감탄사와 추임새를 넣으세요. **No kidding!**(말도 안 돼!), **Are you serious?**(진짜야?), **What a coincidence!**(이런 우연이!)

모범 답변
MP3 2_04

Intro Oh, Eva. I didn't know that you have a job interview tomorrow.
Body Are you well prepared? Guess what? I have a job interview tomorrow, too! Isn't that surprising? What kind of company did you apply for? Oh! Is that right? In my case, I ❶**applied for a major electronics company** that I've always dreamed of. One of the main reasons why I want to go to that company is ❷**because of the welfare system they provide.** How many times have you had job interviews so far? No kidding!! Are you serious? It's my very first job interview as well.
Outro Anyways, why don't we meet up early tomorrow morning and have breakfast before your interview? Alright, give me a call.

오, Eva. 당신이 내일 면접 보러 가는지 몰랐어요.
잘 준비 했나요? 그거 알아요? 저도 내일 면접이 있어요! 놀랍지 않나요? 당신은 어떤 종류의 회사에 지원했나요? 오! 그래요? 제 경우엔, 늘 꿈꿔 왔던 전자 대기업에 지원했어요. 제가 그 기업에 가고 싶은 주요한 이유 중 하나는 그 회사가 제공하는 복리후생 제도 때문이에요. 당신은 지금까지 몇 번의 면접을 보았나요? 말도 안 돼요!! 진짜요? 저도 생전 첫 면접이에요.
어쨌든, 우리 내일 아침에 일찍 만나서 당신 면접 전에 함께 아침을 먹는 게 어때요? 좋아요, 전화해 주세요.

표현 ❶ **apply for** 지원하다
❷ **because of 명사** '명사' 때문에

어휘 job interview 면접 prepared 준비된 welfare system 복리후생 제도
provide 제공하다 so far 지금까지

UNIT 02
직접 질문하기

직접 질문하기 문제 유형은 주어진 상황을 이해하고 질문도 해야 하므로 영어 실력과 더불어 능숙한 연기력을 요구합니다. 또한, 영어권 문화와 주어진 상황에 맞는 감정 표현을 하려면 문장의 의미에 익숙해져야 합니다.

 빈출 문제

> **I'm going to give you a situation and ask you to act out.**
> 상황극을 드릴테니 연기해 주세요.
>
> **Ask the clerk 3 or 4 questions to get some information.**
> 정보를 얻기 위해 점원에게 서너 가지 질문을 해주세요.
>
> **Ask the sales person about the product you want to buy.**
> 당신이 구매하고 싶은 상품에 관해 판매원에게 질문을 해주세요.

 답변 전략

- 문제 자체가 비교적 길기 때문에 끝까지 주의 깊게 들어야 어떤 상황이고 무엇을 답해야 하는 지 알 수 있습니다.

- 실제로 대화하고 있는 것처럼 자신 있는 목소리로 활발하게 답변해야 고득점을 받을 수 있습니다.

- Intro에서 질문하는 목적을(Ex) 새 휴대폰 필요) 분명히 밝히고, 그에 따른 부수적인 질문들을 순서대로 합니다.

- 비록 대화를 하는 것은 수험자 한 명이지만, 채점자가 답변을 들을 때 판매원(가상 인물)과 질문자(수험자)가 어떤 대화를 하고 있는 상황인지 명확히 알 수 있어야 합니다.

Storyline 만들기

목적	저를 도와주시겠어요? 저는 ~를 찾고 있는데요. **Can I get some help? I'm looking for ~.**	
질문 1	가장 인기 있는 것들을 추천해 주실래요? **Can you recommend me the most popular ones?**	
부탁	저에게 최신 ~을 보여 주시면 좋을 것 같아요. **It'll be great if you can show me the newest ~.**	
거절	그건 저에게 좀 너무 ~한 것 같아요. **I think that one is a bit too ~.**	
질문 2	~보다 ~한 건 없나요? **Do you have anything -er than ~?**	
질문 3	지금 이거 재고가 있나요? **Do you have this in stock now?**	
마무리	이걸로 할게요. 도와줘서 고마워요. **I'll take it. Thanks for your help.**	

직접 질문하기 필수 패턴

- **Can you recommend me A?** 제게 A를 추천해 주실래요?
  Can you recommend me something new? 제게 뭔가 새로운 것을 추천해 주실래요?

- **It's a bit too 형용사.** 좀 너무 ~하네요.
  It's a bit too heavy for me. 제가 들기엔 좀 너무 무겁네요.

- **Do you have anything 비교급?** 좀 더 ~한 게 있나요?
  Do you have anything more durable? 좀 더 내구성이 좋은 게 있나요?

- **have A in stock** A의 재고가 있다
  Could you check if you have it in stock? 재고가 있는지 확인해 주시겠어요?

Q Sample Question

문제 파악하기

> **Q** I'm going to give you a situation and ask you to act out. Imagine you're at a cell phone store. You want to buy a new cell phone. Ask the salesperson 3 or 4 questions to get some information you need. 상황극을 드릴테니 연기해 주세요. 당신이 휴대전화 가게에 와 있다고 상상해 보세요. 당신은 새로운 휴대전화를 사고 싶습니다. 필요한 정보를 얻기 위해 판매원에게 서너 가지 질문을 해주세요.

Storyline 적용해 말하기

모범 답변   MP3 2_05

Intro 목적	Hi, Can I get some help? Yes, I'm looking for a new cell phone.
Body 질문 1	Can you recommend me the most popular ones?
부탁	**It'll be great if you can show me the newest** smartphone from Samson.
거절	Hmmm, **I think that one is a bit too** big for me.
질문 2	**Do you have anything** small**er than** that?
	Perfect, I like this one much better.
질문 3	**Do you have this in stock now?**
	Oh! One last thing!
추가 질문	What kind of plans do you have and will it be cheaper if I sign the 2-year contract?
Outro 마무리	Alright, ❶**I'll take it.** ❷**Thanks for your help.**

안녕하세요, 저를 도와주시겠어요? 네, 저는 새 휴대전화를 찾고 있는데요.
가장 인기 있는 것들을 추천해 주실래요?
저에게 Samson의 최신 스마트폰을 보여 주시면 좋을 것 같아요.
흠, 그건 저에게 좀 너무 큰 것 같아요.
그것보다 작은 건 없나요? 좋아요, 이게 훨씬 더 마음에 드네요.
지금 이거 재고가 있나요?
아! 하나만 더요!
어떤 요금제가 있나요, 그리고 만약 제가 2년 약정을 하면 더 저렴한가요?
좋아요, 이걸로 할게요. 도와줘서 고마워요.

어휘 look for ~를 찾다 recommend 추천하다 popular 인기 있는 in stock 재고가 있는 plan 요금제
2-year contract(=agreement) 2년 약정

❶ 물건을 살 때는 I'll buy it.(이걸로 살게요.)라고 하는 것 보다 I'll take it.(이걸로 할게요.)이라고 표현하는 게 더 자연스럽고 일반적입니다.

❷ 점원과 대화를 끝낼 때는 Thanks for your help.(도와줘서 고마워요.) 혹은 Thanks for your time.(시간 내줘서 고마워요.)로 마무리합니다.

패턴 응용해 말하기

앞서 배운 표현을 활용해 다음 문장을 영어로 말해 보세요.   MP3 2_06

1. 가장 잘 팔리는 책을 추천해 주실래요?

2. 제가 하기엔 좀 너무 화려하네요.

3. 좀 더 색이 화려한 게 있나요?

4. 지금 재고가 있는지 확인해 볼게요.

5. 제가 입기엔 좀 너무 꽉 조이네요.

6. 이것보다 좀 더 가벼운 게 있나요?

---

1. Can you recommend me the best-seller?   2. It's a bit too fancy for me.   3. Do you have anything more colorful?   4. I'll check if it is in stock now.   5. It's a bit too tight for me to wear.   6. Do you have anything lighter than this?

:Q: Practice Questions

Q1 I'd like to give you a situation and ask you to act it out. You want to rent a DVD from a store. Ask the clerk 3 or 4 questions to get the information you need. 상황극을 드릴테니 연기해 주세요. 당신은 가게에서 DVD를 빌리려 합니다. 필요한 정보를 얻기 위해 판매원에게 서너 가지 질문을 해주세요.

Storyline

- DVD 가게
- 최신 액션 영화 찾음
- 가장 인기 있는 것을 추천해 달라고 부탁
- 이미 본 것
  이건 좀 너무 지루해 보임
  (거절)
- Tom Cruise의 팬
- 컴퓨터에서도 작동 가능한가 아니면 DVD 플레이어에서만 가능한가 질문
- 확인 후 대여, 하루 대여 요금 질문

🎤 **Storyline을 참고해 답변해 보세요.**

* 평소 자주 이용하는 가게라는 이미지를 주려면 자연스럽게 인사말을 건네세요. DVD를 대여할 때는 I'll check this out.이라는 표현이 더 정확합니다.

모범 답변

MP3 2_07

[Intro] Hi, how are you? Can I get some help? Yes, I'm looking for the latest action movies.
[Body] Can you recommend me the most popular ones? Well, I've already watched this one. Hmmm, I think that one is a bit too boring. Oh, this one looks fun! Yes, I'm a huge fan of Tom Cruise. Oh! One last thing! Can I play this on the computer as well or only on the DVD player because one of the DVDs didn't ❶work on the computer the other day. That's why I just wanted to double check it. I'll ❷check this one out and how much do you charge per day?
[Outro] Alright. I'll take it. Thanks for your help.

안녕하세요? 저를 도와주시겠어요? 네, 저는 최신 액션 영화를 찾고 있는데요. 가장 인기 있는 것들로 추천해 주실래요? 글쎄요, 저는 이미 이걸 봤어요. 흠, 그건 좀 너무 지루한 것 같아요. 오, 이거 재미있어 보이는데요! 네, 저 Tom Cruise의 엄청난 팬이에요. 아! 하나만 더요! 저번에 컴퓨터에서 DVD 하나가 작동되지 않던데 이건 컴퓨터에서도 재생이 되나요, 아니면 DVD 플레이어에서만 되나요? 그래서 다시 한번 확인하려는 거예요. 이걸로 대여할게요. 그리고 하루 요금이 얼마인가요?
좋아요. 이걸로 할게요. 도와주셔서 고마워요.

표현 ❶ **work on the computer** 컴퓨터에서 작동되다
❷ **check A out** A를 대여하다

어휘 a huge fan 엄청난 팬 double check 다시 한번 확인하다
charge (요금을) 청구하다 per day 하루에

Q2 Here's a situation for you to act out. You are at a café now and there are new beverages on the menu. Ask some questions to the clerk about the new beverages. 상황극을 드릴테니 연기해 주세요. 당신은 지금 카페에 있고 새 음료들이 메뉴에 있습니다. 새 음료들에 대해서 판매원에게 몇 가지 질문을 해주세요.

Storyline

- 카페
- 새 음료에 대해 질문
- 저지방으로도 가능한지 질문
- 사이즈 업그레이드 가능한지 질문
- 음료 홍보 기간임, 홍보는 얼마 동안 하는지 질문
- 내가 좋아하는 걸 다 갖춤
- 매장에서 마실 새 음료 한 잔 주문

Storyline을 참고해 답변해 보세요.

* 최신 질문이므로 아래 모범 답변 위주로 꼭 학습해 두세요.
우리말로는 흔히 '테이크아웃 해주세요'라고 말하지만, 영어로는 take out을 동사로 쓰지 않도록 주의하세요.
I went to a take-out coffee shop.(나는 테이크아웃 카페에 갔었어요.)과 같이 형용사로는 써도 괜찮습니다.

모범 답변

MP3 2_08

Intro Hi, there. I want to ask you some questions about the new beverages on the menu.
Body First, do they come in low-fat as well? Also, is it possible to upgrade the size? Oh! There's a promotion going on now? That's great to know. How long is the promotion then? O.K. It seems like you have everything I like. ❶Why don't I try the new drink today? Can I get one of those ❷for here, please?
Outro Thanks.

안녕하세요. 메뉴에 있는 새 음료에 관해 몇 가지 물어보고 싶은데요.
우선, 저지방 음료로도 되나요? 그리고 사이즈 업그레이드도 되나요? 오! 지금 홍보 중이에요? 알게 되어 다행이네요. 그러면 홍보는 얼마 동안 하나요? 좋아요. 제가 좋아하는 걸 다 갖춘 것 같네요. 오늘 새 음료를 한번 주문해 볼까요? 저거 한 잔을 매장에서 마시고 갈게요.
고마워요.

표현 ❶ **Why don't I 동사?** 한번 ~해 볼까요?, 내가 ~하는 것은 어때요?
❷ **for here/to go** 매장에서/포장으로
어휘 beverage 음료 (=drink) low-fat 저지방의 promotion 홍보

패턴 Review

Eva에게 질문하기

다음 우리말 문장을 영어로 말해 보세요.　　　MP3 2_09

1. 와! 저는 당신이 요즘 어학원에서 포르투갈어를 배우고 있는지 몰랐어요.

2. 왜 포르투갈어를 공부하기로 결심했고 어떻게 흥미를 가지게 되었나요?

3. 당신의 어학원은 어디에 있나요?

4. 정말요? 이런 우연이!!

5. 수업은 몇 시에 끝나요?

6. 저기! 당신이 괜찮다면, 우리 다음에 만나서 함께 커피 마시러 가는 게 어때요?

7. 어떤 종류의 회사에 지원했나요?

8. 제 경우엔, 전자 대기업에 지원했어요.

9. 당신은 지금까지 몇 번의 면접을 보았나요?

10. 우리 내일 아침에 일찍 만나서 당신의 면접 전에 함께 아침을 먹는 게 어때요?

---

1. Wow! I didn't know that you are studying Portuguese at a language school now.
2. Why did you decide to study Portuguese and how did you become interested in it?
3. Where is your language school located?
4. Really? What a coincidence!!
5. What time does your class finish?
6. Hey! Why don't we get together and get some coffee next time, if that's O.K. with you?
7. What kind of company did you apply for?
8. In my case, I applied for a major electronics company.
9. How many times have you had job interviews so far?
10. Why don't we meet up early tomorrow morning and have breakfast before your interview?

직접 질문하기

다음 우리말 문장을 영어로 말해 보세요.

MP3 2_10

1. 저를 도와주시겠어요?

2. 네, 저는 최신 액션 영화를 찾고 있는데요.

3. 가장 인기 있는 것들로 추천해 주실래요?

4. 그건 좀 너무 지루한 것 같아요.

5. 이걸로 대여할게요. 그리고 하루 요금이 얼마인가요?

6. 이걸로 할게요. 도와줘서 고마워요.

7. 메뉴에 있는 새 음료에 대해서 몇 가지 물어보고 싶은데요.

8. 우선, 저지방 음료로도 되나요?

9. 그리고, 사이즈 업그레이드도 되나요?

10. 제가 좋아하는 걸 다 갖춘 것 같네요.

---

1. Can I get some help?
2. Yes, I'm looking for the latest action movies.
3. Can you recommend me the most popular ones?
4. I think that one is a bit too boring.
5. I'll check this one out and how much do you charge per day?
6. I'll take it. Thanks for your help.
7. I want to ask you some questions about the new beverages on the menu.
8. First, do they come in low-fat as well?
9. Also, is it possible to upgrade the size?
10. It seems like you have everything I like.

UNIT 03
전화로 질문하기

전화로 질문하기 문제 유형은 크게 '예약하기, 정보 구하기, 약속 잡기'로 구분됩니다. '예약하기'에서는 식당/비행기/호텔/치과/영화가 주제로 자주 출제되고, '정보 구하기'에서는 수업이나 제품 문의, 친구에게 질문하는 상황이 자주 출제됩니다. '약속 잡기'에서는 누군가를 초대하거나 친구와 만날 약속을 잡는 상황이 주어집니다.

 빈출 문제

Call the restaurant and **make a reservation.**
식당에 전화해서 예약을 하세요.

Call your friend and **ask him/her questions about it.**
친구에게 전화해서 그것에 관해 그/그녀에게 질문을 하세요.

Call your friend and **set up a meeting.**
친구에게 전화해서 약속을 잡으세요.

Call the dentist and **make an appointment.**
치과에 전화해서 예약을 하세요.

 답변 전략

- Intro에서 대화가 전화상으로 이루어지고 있다는 것을 명확하게 표현해야 고득점을 받을 수 있습니다.

- 문제의 주제에 따른 다양한 표현을 익혀 두어야, 출제된 문제에 맞춰 바로 답변할 수 있습니다.

Storyline 만들기

전화 건 목적	여보세요, 거기 ~죠? 혹시 저를 도와주실 수 있을까 해서요. **Hello, is this ~? I wonder if you can help me.**
문의	우선, ~가 사용 가능한가요? **First, is ~ available?** ~의 주차 상황은 어떤가요? **What's the parking situation at ~?**
요구 사항	당신이 ~를 준비해 줄 수 있나요? **Could you prepare ~?** 제가 필요한 걸 다 갖춘 것 같네요. **It seems like you have everything I need.**
찾아가는 길 문의	그곳에 어떻게 찾아가나요? **How can I get there?**
예약	~(누구의) 이름으로 ~를 예약해 주세요. **I'd like to book ~ under the name of** 이름.
마무리	도와줘서 고마워요. **Thanks for your help.**

전화로 질문하기 필수 패턴

- **Hello, is this A?** 여보세요, 거기 A죠?
  Hello, is this Café B? 여보세요, 거기 카페 B죠?

- **I'd like to 동사.** ~하고 싶습니다.
  I'd like to reserve a room. 방을 예약하고 싶습니다.

- **Is A available?** A가 있나요?/A를 사용할 수 있나요?
  Is delivery service available? 배달 서비스가 있나요?

- **under(in) the name of A** A의 이름으로
  I have a reservation under the name of Foster. Foster의 이름으로 예약했어요.

- **I look forward to 명사/동명사.** ~를 기대하다.
  I look forward to the party. 파티가 기대되요.

Q Sample Question

문제 파악하기

> **Q** I'm going to give you a situation to act out. You want to have a family dinner at a restaurant. Call the restaurant and make a reservation. 상황극을 드릴테니 연기해 주세요. 당신은 식당에서 가족과 함께 저녁을 먹고 싶습니다. 식당에 전화해서 예약을 하세요.

Storyline 적용해 말하기

모범 답변　　　　　　　　　　　　　　　　　　　　　　　　MP3 2_11

Intro 전화 건 목적	Hello, ❶**is this SJ restaurant?** I wonder if you can help me. I'd like to have a family dinner tonight and I want to ask you a few questions.
Body 문의	First, **is** a table by the window ➕**in a non-smoking section available**? Great! **What's the parking situation at** the restaurant? ➕Since we're driving there, we need to make sure that there's a parking lot there.
요구 사항	Also, **could you prepare** a high chair for my niece? Wow, **it seems like you have everything I need**.
찾아가는 길 문의 예약	Lastly, **how can I get there?** O.K. I got it. **I'd like to book** a table for 5 people at 7 o'clock **under the name of** Susan Kim, please.
Outro 마무리	**I look forward to having dinner at your restaurant and** ❷**would you confirm my reservation again?**

안녕하세요, 거기 SJ 식당이죠? 혹시 저를 도와주실 수 있을까 해서요.
오늘 저녁에 가족과 함께 저녁을 먹고 싶은데요, 몇 가지 질문을 할게요.
우선, ➕금연 구역의 창가 쪽 자리가 있나요? 좋아요!
식당의 주차 상황은 어떤가요? ➕저희는 운전해서 가기 때문에 거기에 주차장이 있는지 확실히 알아야 해요.
그리고, 제 여자 조카를 위해 유아용 의자를 준비해 줄 수 있나요? 와, 제가 필요한 걸 다 갖춘 것 같네요.
마지막으로, 그곳에 어떻게 찾아가나요? 네, 알겠어요.
Susan Kim의 이름으로 7시에 5명을 위한 자리를 예약해 주세요.
당신의 식당에서 갖는 저녁 식사가 기대되네요, 그리고 다시 한 번 예약을 확인해 주시겠어요?

어휘　by the window 창가 쪽　make sure 확실히 하다　parking lot 주차장　high chair 유아용 의자　niece 여자 조카
　　　book 예약하다　look forward to -ing ~하는 것을 기대하다

➕표현은 IH 이상 레벨을 원한다면 포함해서 외워 두세요. ➕표현을 빼고 말해도 무관합니다.

❶ 전화상 대화라는 것을 강조하기 위해 반드시 Intro에서 전화 건 곳의 이름을 확인하세요. '거기 ~죠?'는 Is this ~?라고 표현합니다. Is there ~?은 틀린 표현입니다.

❷ 식당 예약을 마치고 난 다음에는 Would you confirm my reservation again?이라고 말하면서 예약 상황을 다시 한 번 확인하세요.

패턴 응용해 말하기

🎤 앞서 배운 표현을 활용해 다음 문장을 영어로 말해 보세요.　　　　　　　　　MP3 2_12 🎧

1. 여보세요, 거기 장선생님의 사무실이죠?

2. 그를 만나서 얘기하고 싶은데요.

3. 빨간 카펫 있나요?

4. Henry라는 이름으로 호텔 방을 예약했는데요.

5. 저는 뉴욕을 방문하는 것이 기대되요.

---

1. Hello, is this Mr. Jang's office?　2. I'd like to meet and talk with him.　3. Is a red carpet available?
4. I've reserved a hotel room under the name of Henry.　5. I look forward to visiting New York.

Practice Questions

Q1 You are trying to buy a new MP3 player. Call your friend who is knowledgeable about it and ask a few questions.

당신은 새 MP3 플레이어를 사려고 합니다. 그것에 관해서 많이 아는 친구에게 전화해서 몇 가지 질문을 해보세요.

Storyline

- MP3 플레이어 구입
- 녹음 기능 있는 새 MP3 플레이어 구입 예정
- 추천해 달라고 부탁
- 가격이 저렴한 것으로 요청
- 용량, 저장 가능한 곡 수 질문
- 가장 낮은 가격으로 구매할 수 있는 곳 질문
- 보답으로 근사한 식당에서 한턱내겠다고 제안

Storyline을 참고해 답변해 보세요.

* 격식을 차리지 않는 사이라면, 굳이 의문문 형태로 질문하지 않아도 됩니다. 평서문의 뒤를 올려 말하면 질문이 됩니다. 또한, 24/7(항상), bro(친한 남자 친구에게), sis(친한 여자 친구에게) 등 회화 표현을 적극 활용하세요.

모범 답변

MP3 2_13

Intro Hey, buddy! How have you been? Listen, ❶I've got some questions for you.

Body I need to buy a brand new MP3 player with a recording function. You got some recommendations? Yeah, that's right. As I'm a student, the price should be reasonable. Alright, that one sounds great! What's the memory capacity of it and how many songs can I store in it? You know that music has to be there for me 24/7. Also, where can I find it at the cheapest price? Tom's digital store? Oh! I think I know that place!

Outro You are my savior, bro!! Thank you so much for your advice. I'll ❷treat you at a nice restaurant later. See ya!

안녕, 친구! 그동안 잘 지냈니? 있잖아, 너에게 몇 가지 질문할 것이 있어. 내가 녹음 기능을 가진 새 MP3 플레이어를 사려고 하거든. 추천할 만한 것이 있니? 응, 맞아. 내가 학생이라 가격은 합리적이어야 해. 그래, 그게 좋겠다. 용량은 어떻게 되고, 곡은 몇 개까지 저장할 수 있어? 나는 항상 음악이 있어야 하는 거 알잖아. 그리고, 어디서 가장 저렴한 가격에 살 수 있니? Tom의 디지털 가게? 아! 나 거기 어딘지 알 것 같아! 네가 나의 구세주다, 친구!! 조언해 줘서 정말 고마워. 나중에 근사한 식당에서 한턱낼게. 나중에 보자!

표현 ❶ **I've got some A.** A가 좀 있어.
❷ **treat A** A를 대접하다

어휘 buddy 친구　recording function 녹음 기능　reasonable 합리적인　capacity 용량　store 저장하다　24/7 항상　savior 구세주

Q2 Let me give you a situation for you to act out. You want to invite your friend to your birthday party. Call him/her and invite that person. 상황극을 드릴테니 연기해 주세요. 당신은 친구를 당신의 생일 파티에 초대하고 싶어합니다. 그/그녀에게 전화해서 초대하세요.

Storyline

- 생일 파티 초대
- 이번 금요일 내 생일 파티 열 예정
- 야근해서 늦게 와도 괜찮음
- 피자 배달, 음료 준비
- Amy에게 파티에 대해 알려 달라 부탁
- 지도를 문자로 보내 주겠다고 제안

Storyline을 참고해 답변해 보세요.

* 〈have+목적어+p.p.〉를 사용해 '~를 배달시키다'를 표현해 보세요. **I'm going to deliver pizza.**는 내가 피자를 배달하겠다는 뜻입니다. '길 안내'를 뜻할 때는 **directions**, 꼭 복수로 말합니다.

모범 답변

MP3 2_14

Intro Hi, David! Can you talk?
Body Listen. I'm planning my birthday party this Friday. ❶**Can you make it?** I'm gonna throw the party at my place and I'm thinking of inviting close friends. If you need to work overtime that day, ❷**you're more than welcome to show up late.** We'll have some pizza delivered and there will be plenty of drinks. Oh! By the way, can you tell Amy about the party for me? Thanks! If you need directions to my place, I'll text you the map. We'll have such a splendid evening. I guarantee it!
Outro Alright, I'll see you then!

안녕, David! 지금 통화할 수 있니?
있잖아. 내가 이번 금요일에 내 생일 파티를 열 계획이야. 올 수 있니? 우리 집에서 파티를 열고 친한 친구들을 초대할 생각이야. 네가 그날 야근해야 해서 늦게 오더라도 매우 환영이야. 피자를 좀 배달시킬 거고, 음료들도 충분히 있을 거야. 오! 그건 그렇고, Amy에게 내 대신 파티에 대해 알려 줄래? 고마워! 우리 집으로 오는 길 안내가 필요하면 지도를 문자로 보내 줄게. 끝내주는 저녁이 될 거야. 내가 보장할게!
그래, 그때 보자!

표현 ❶ **Can you make it?** 올 수 있니?
❷ **You're more than welcome to 동사.** ~해도 완전 괜찮아(환영해).

어휘 gonna(=going to) ~할 거다 throw a party 파티를 열다
work over time 야근하다 show up 나타나다 directions 길 안내
text 문자 보내다 splendid 끝내주는 guarantee 보장하다

UNIT 04
대안 제시하기

대안 제시하기 문제 유형은 주어진 상황에 대한 논리적인 대안을 제시해야 하므로, 롤 플레이 문제 중 가장 난이도가 높은 유형이라 할 수 있습니다. 따라서 탄탄한 구조의 storyline을 완벽히 숙지하고 적절한 어휘를 대입해 보는 많은 연습을 필요로 합니다. 흔히, 이 문제 유형은 수험자의 레벨이 Intermediate인지 Advanced인지 판단하는 기준이 됩니다.

빈출 문제

I'm sorry, but there's a problem for you to resolve.
유감스럽게도, 당신이 해결해야 할 문제가 있습니다.

Provide 2 or 3 suggestions./Offer 2 or 3 alternatives./Give 2 or 3 options. 두세 가지의 제안/대안/선택 사항을 제시하세요.

답변 전략

- 주어진 상황/문제를 설명할 때는 되도록 질문에서 주어진 문장을 활용합니다.

- 감정 표현을 요구하므로 고마움이나 미안함과 같은 여러 가지 감정이 느껴지도록 연기하면서 말해야 합니다.

- 대안을 제시할 때는 대화하고 있는 상대나 문제의 성격에 맞는 패턴을 골라 사용해야 합니다. 대안을 제시하고 난 후에는 반드시 상대방에게 선택할 수 있는 기회를 주면서 마무리합니다.

- 앞 문제와 *콤보로 나오기 때문에 답변에서 사용한 특정 이름, 날짜 등은 기억하고 있다가 일관성 있게 답변해야 합니다.
*콤보란 한 가지 주제에 2~3 문제가 연달아 출제되는 것을 말합니다. Part 3, 4에서 자세히 설명됩니다.

Storyline 만들기

전화 건 목적	안 좋은 소식이 있어… **I have some bad news…**
사과	이런 얘기하게 되어 정말 미안한데 실수로 ~했어. **I'm so sorry to tell you this but I accidently ~.**
제안 1	내가 몇 가지 제안을 할게. **I have some suggestions to make.** ~를 사주는 것은 어떨까, 아니면 내가 ~하는 것도 괜찮을까? **How about buying ~ or is it O.K. if I ~?**
제안 2	내가 ~하는 것은 어때? **Why don't I ~?**
마무리	내 제안에 대해 어떻게 생각하니? **What do you think of my suggestions?** 네가 어떤 것을 원하는지 알려줘. **Let me know what you want.**

대안 제시하기 필수 패턴

- **I'm so sorry to tell you this but ~** 이런 얘기하게 되어 정말 미안한데
  I'm so sorry to tell you this but I can't come to your party.
  이런 얘기하게 되어 정말 미안한데 너의 파티에 못 갈 것 같아.

- **How about -ing?** ~하는 것은 어떨까?
  How about telling Ted about it? Ted한테 이것에 대해 말하는 것은 어떨까?

- **Is it O.K. if I 동사?** 내가 ~해도 괜찮을까?
  Is it O.K. if I bring it to you tomorrow? 내가 내일 그것을 가져다 줘도 괜찮을까?

- **Why don't I 동사?** 내가 ~하는 것은 어때?
  Why don't I call you early in the morning? 내가 아침 일찍 전화하는 것은 어때?

Q Sample Question

문제 파악하기

> **Q** I'm sorry, but there is a problem. You accidently broke your friend's MP3 player that you borrowed. Explain what happened and give 2 or 3 alternatives to resolve this matter. 유감스럽게도, 문제가 있습니다. 당신이 실수로 친구에게 빌린 MP3 플레이어를 고장 냈습니다. 무슨 일이 있었는지 설명하고 이 문제를 해결하기 위한 두세 가지의 대안을 제시하세요.

Storyline 적용해 말하기

모범 답변 MP3 2_15

Intro	전화 건 목적	Hey Jack, you busy? ❶**I have some bad news...**
Body	사과	**I'm so sorry to tell you this but I accidently** broke your MP3 player... ❷**I know. I feel bad, too.**
	상황 설명	I dropped it on the ground on my way to school this morning. I really didn't mean to do that.
	제안 1	But Jack, **I have some suggestions to make. How about buying** you a new one or **is it O.K. if I** compensate you with cash?
	제안 2	Also, I know you have a crush on Jessica, so **why don't I** set you up on a blind date with her?
Outro	마무리	**What do you think of my suggestions? I'm so sorry again and just let me know what you want.**

저기 Jack, 바쁘니? 안 좋은 소식이 있어...
이런 얘기하게 되어 정말 미안한데 실수로 너의 MP3 플레이어를 고장 냈어... 알아. 나도 유감이야.
오늘 아침 학교 가는 길에 땅에 떨어뜨렸어. 정말 일부러 그런 건 아니야.
하지만 Jack, 내가 몇 가지 제안을 할게. 내가 하나 새로 사주는 것은 어떨까, 아니면 내가 돈으로 너에게 보상하는 것도 괜찮을까?
그리고, 네가 Jessica를 짝사랑하는 걸 아니까, 내가 그녀와 소개팅을 할 수 있게 주선하는 것은 어때?
내 제안에 대해 어떻게 생각하니? 다시 한번 사과 할게. 그리고 네가 어떤 것을 원하는지 알려줘.

어휘 accidently 실수로 break 고장 내다 on my way to A A로 가는 길에 mean 뜻하다 compensate 보상하다 have a crush on A A를 짝사랑하다 set A up on a blind date A에게 소개팅을 해주다

❶ I have some bad news.(나쁜 소식이 있어.)라고 말하면 자연스럽게 답변을 시작할 수 있습니다. news는 불가산 명사이니, a bad news라고 하지 않도록 주의하세요.

❷ I know. I feel bad, too.(알아. 나도 유감이야.)와 같이 상대방에게 미안함을 표현하는 부분에서는 최대한 감정이 전달되도록 말하세요. 고마움이나 실망감을 나타낼 때도 자연스럽게 들리도록 여러 번 말해 보세요.

패턴 응용해 말하기

🎤 앞서 배운 표현을 활용해 다음 문장을 영어로 말해 보세요.   MP3 2_16

1. 너에게 데이트 신청을 해도 괜찮겠니?

2. 그에게 기회를 줘보는 것은 어떨까?

3. 제가 지금 가서 커피를 가져오는 게 어때요?

4. 이런 얘기하게 되어 정말 미안한데, 너의 집에 못 갈 것 같아.

5. 네 책을 다음 주 월요일에 돌려줘도 괜찮겠니?

6. 제가 그녀의 생일 선물을 준비하는 게 어때요?

---

1. Is it O.K. if I ask you out?   2. How about giving him a chance?   3. Why don't I go get some coffee now?   4. I'm so sorry to tell you this but I can't go to your place.   5. Is it O.K. if I give your book back next Monday?   6. Why don't I prepare her birthday gift?

Q Practice Questions

Q1 I'm sorry. There is a problem for you to resolve. There's something wrong with the reservation you made at the restaurant and you can't have dinner there. Call one of your family members and explain the situation, then offer 2 or 3 alternatives. 유감스럽게도, 당신이 해결해야 할 문제가 있습니다. 당신이 한 식당 예약에 문제가 생겨서 거기서 저녁을 먹을 수 없게 되었습니다. 가족 중 한 명에게 전화해서 상황을 설명하고, 두세 가지의 대안을 제시하세요.

Storyline

- 저녁 예약
- 저녁 약속에 문제 생김, 7시에 한 예약이 이중 예약 됨
- 다른 식당으로 가자고 제안
- 멀지 않은 곳에 근사한 이탈리안 식당 있음
- 아니면 우리 집에서 요리 대접
- 제안이 맘에 안 들면 약속 연기

Storyline을 참고해 답변해 보세요.

* I don't think I know.(모르는 것 같아.)처럼 영어에서는 문장의 앞 부분에 부정 표현을 말합니다. '또 다른'은 another를 씁니다. the other(둘 중 다른 하나)와 헷갈리지 않도록 주의하세요.

모범 답변   MP3 2_17

Intro Hi, Jessie. It's me.
Body There's a slight problem with our dinner plan. As you know, I booked a table for 7 o'clock, but ❶ I was told that it has been double-booked. I don't think we can have dinner there. I know. It's very disappointing. Anyways, I have some alternatives to offer. What do you say we just go to another restaurant? I know a great Italian restaurant not far from there. If not, you can ❷ come over to my place and I'll cook for you guys. If you don't like any of my suggestions, should we postpone our plan?
Outro Which do you prefer? Let me know what you think.

안녕, Jessie. 나야.
우리 저녁 약속에 약간의 문제가 생겼어. 알다시피, 내가 7시에 자리를 예약했는데 이중 예약이 됐대. 우리는 거기서 저녁을 먹을 수 없을 것 같아. 알아. 무척 실망스럽지. 어쨌든, 내가 대안을 몇 가지 제시할게. 우리 그냥 다른 식당으로 가는 것은 어때? 내가 거기서 멀지 않은 근사한 이탈리안 식당을 알아. 아니면, 우리 집에 오면 내가 너희들에게 요리를 대접할게. 내 제안 중 마음에 드는 것이 없으면, 우리 약속을 미룰까?
어떤 것이 마음에 드니? 네가 어떻게 생각하는지 나에게 알려줘.

표현 ❶ **I was told that** ~라고 듣다
❷ **come over to one's place/house** ~의 집에 오다

어휘 slight 경미한 as you know 알다시피 double-book 이중 예약하다[예약되다] disappointing 실망스러운 postpone 연기하다

Q2 I'm sorry. There is a problem you need to resolve. The park you want to go is closed today. Call your friend and suggest 3 or 4 alternatives. 유감스럽게도, 당신이 해결해야 할 문제가 있습니다. 오늘 당신이 가려고 한 공원이 문을 닫았습니다. 친구에게 전화해서 서너 가지의 대안을 제시하세요.

Storyline

- 공원
- 오늘 공원 문 닫음
- 대신 영화 보거나 볼링 치러 가자고 제안
- 아니면 새로 생긴 쇼핑몰 가자고 제안, 개업 기념 특별 세일 중이라고 들음
- 어떻게 생각하냐고 질문
- 한 시간 후에 보자고 약속함

Storyline을 참고해 답변해 보세요.

* 회화에서는 종종 비인칭 주어인 It을 생략하고 말합니다. Sounds good!이라고만 말해도 충분합니다. '한 시간 후에'는 after가 아닌 in an hour로 표현합니다.

모범 답변

MP3 2_18

Intro Hi, it's me. U busy? Listen.
Body I'm afraid to tell you that the park we were supposed to go to is closed today. I know. I feel bad, too. So, ❶I was thinking maybe we could catch a movie or go bowling instead. If not, do you wanna ❷check out the new shopping mall? I heard that they're having a grand opening sale now. What do you think? Oh, you wanna go shopping? Sounds good!
Outro O.K. See you in an hour.

안녕, 나야. 바쁘니? 있잖아.
우리가 오늘 가려고 했던 공원이 문을 닫았어. 알아. 나도 유감이야. 그래서 대신에 영화 보러 가거나 볼링 치러 가는 건 어떨지 생각해 봤어. 아니면, 새 쇼핑몰에 구경하러 가 볼래? 지금 개업 기념 특별 세일을 한다고 들었어. 어떻게 생각해? 아, 쇼핑하러 가고 싶다고? 좋아!
그래. 한 시간 후에 보자.

표현 ❶ **I was thinking maybe we could 동사.**
우리가 ~하면 어떨지 생각해 봤어.
❷ **check out A** A에 구경하러 가다

어휘 be supposed to ~하기로 되어 있다   catch a movie 영화를 보다
go bowling 볼링 치러 가다   grand opening sale 개업 기념 특별 세일

# 패턴 Review

전화로 질문하기

다음 우리말 문장을 영어로 말해 보세요.

MP3 2_19

1. 너에게 몇 가지 질문할 것이 있어.

2. 추천할 만한 것이 있니?

3. 어디서 가장 저렴한 가격에 살 수 있니?

4. 네가 나의 구세주다!!

5. 조언해 줘서 정말 고마워.

6. 나중에 근사한 식당에서 한턱낼게.

7. 내가 이번 금요일에 내 생일 파티를 열 계획이야.

8. 올 수 있니?

9. 늦게 오더라도 매우 환영이야.

10. 우리 집으로 오는 길 안내가 필요하면, 지도를 문자로 보내줄게.

---

1. I've got some questions for you.
2. You got some recommendations?
3. Where can I find it at the cheapest price?
4. You are my savior!!
5. Thank you so much for your advice.
6. I'll treat you at a nice restaurant later.
7. I'm planning my birthday party this Friday.
8. Can you make it?
9. You're more than welcome to show up late.
10. If you need directions to my place, I'll text you the map.

대안 제시하기

다음 우리말 문장을 영어로 말해 보세요.

MP3 2_20

1. 우리 저녁 약속에 약간의 문제가 생겼어.

2. 알다시피, 내가 7시에 자리를 예약했는데 이중 예약이 됐대.

3. 내가 대안을 몇 가지 제시할게.

4. 우리 그냥 다른 식당으로 가는 것은 어때?

5. 아니면, 네가 우리 집에 오면 내가 요리를 대접할게.

6. 내 제안 중 마음에 드는 것이 없으면, 우리 약속을 미룰까?

7. 어떤 것이 마음에 드니? 네가 어떻게 생각하는지 나에게 알려줘.

8. 우리가 오늘 가려고 했던 공원이 문을 닫았어.

9. 그래서 대신에 영화 보러 가거나 볼링 치러 가는 건 어떨지 생각해 봤어.

10. 아니면, 새 쇼핑몰에 구경하러 가 볼래?

---

1. There's a slight problem with our dinner plan.
2. As you know, I booked a table for 7 o'clock, but it has been double-booked.
3. I have some alternatives to offer.
4. What do you say we just go to another restaurant?
5. If not, you can come over to my place and I'll cook for you.
6. If you don't like any of my suggestions, should we postpone our plan?
7. Which do you prefer? Let me know what you think.
8. I'm afraid to tell you that the park we were supposed to go to is closed today.
9. So, I was thinking maybe we could catch a movie or go bowling instead.
10. If not, do you wanna check out the new shopping mall?

UNIT 05
불만 제기하기

주어진 상황/문제점을 설명하는 것은 대안 제시하기 유형과 비슷하나, 이 유형의 초점은 원하는 것을 '요구'하는 데 있습니다. 따라서, 무언가를 요구할 때 사용하는 표현을 최대한 감정을 살려 말하는 것이 가장 중요합니다. 이 유형에서는 어떤 주제가 나와도 비슷한 표현을 활용해 말할 수 있습니다.

 빈출 문제

> I'm sorry, but something's wrong with A.
> 유감스럽게도, A에 문제가 좀 있습니다.
>
> Make a complaint.
> 불만을 제기하세요.

 답변 전략

- 문제점을 설명할 때는 적절한 상황을 설정해 자세히 말해야 답변의 완성도가 높아집니다.

- 이 문제 유형에서는 주로 언짢음이나 불쾌함, 당황함을 표현해야 하므로, 단호한 말투로 필요한 것을 요구하는 연기 연습이 필요합니다. 또한, 간접적인 표현 대신 직접적인 표현을 사용하는 것도 좋습니다.

Storyline 만들기

전화 건 목적	안녕하세요, 거기 ~죠? **Hi, is this ~?** 불만을 제기하려고 전화했어요. **I'm calling to make a complaint.**
불만 제기, 문제점	당신 가게에서 ~를 샀는데 문제가 있네요. **I bought ~ from your store and there's a problem with it.**
감정 표현	저는 ~에 정말 언짢고 실망했어요. **I'm really upset and disappointed with ~.**
요구 사항	저는 ~로 교환하거나 전액 환불을 받고 싶어요. **I want to exchange it to ~ or get a full refund.**
마무리	이 일을 최대한 빨리 처리해 주세요. **Please take care of this as soon as possible.**

불만 제기하기 필수 패턴

- **I'm calling to 동사.** ~하려고 전화했어요.
  I'm calling to ask you some questions. 질문을 좀 하려고 전화했어요.

- **exchange it to A** A로 교환하다
  I want to exchange it to a larger one. 좀 더 큰 것으로 교환하고 싶어요.

- **get a refund** 환불을 받다
  I want to get a refund right now. 당장 환불을 받고 싶어요.

- **as soon as possible** 최대한 빨리
  Could you call me as soon as possible? 최대한 빨리 전화해 주시겠어요?

Sample Question

문제 파악하기

Q I'm sorry, but there's a problem you need to resolve. There's something wrong with the furniture you bought. Call the store and make a complaint. 유감스럽게도, 당신이 해결해야 할 문제가 있습니다. 당신이 산 가구에 문제가 좀 있습니다. 가게에 전화해서 불만을 제기하세요.

Storyline 적용해 말하기

모범 답변   MP3 2_21

Intro 전화 건 목적	Hi, is this Kim's furniture store? I'm calling to make a complaint.
Body 불만 제기, 문제점 감정 표현 요구사항	I bought a table from your store a few days ago and there's a problem with it. I noticed that one of the legs is broken. I'm really upset and disappointed with the product. ❶I want to exchange it to a new one or ❶get a full refund.
Outro 마무리	❷Please take care of this as soon as possible.

안녕하세요, Kim의 가구점이죠?
불만을 제기하려고 전화했어요.
당신 가게에서 며칠 전에 제가 식탁을 샀는데 문제가 있네요. 다리 하나가 부러져 있더군요.
저는 굉장히 언짢고 이 제품에 실망했어요.
저는 새 걸로 교환하거나 전액 환불을 받고 싶어요.
이 일을 최대한 빨리 처리해 주세요.

어휘 make a complaint 불만을 제기하다 upset 언짢은 disappointed 실망한 exchange 교환하다
get a refund 환불을 받다 take care of A A를 처리하다

❶ 요구사항으로는 쉽게 떠오르는 교환, 환불, 할인 쿠폰 등을 말하면 됩니다. Send me another one.(다른 것으로 보내주세요.), Provide discount coupons.(할인 쿠폰을 주세요.)도 같이 알아 두세요.

❷ Outro에서는 최대한 빨리 일을 처리해 달라고 말하면 됩니다. 불만 제기를 위해 전화를 건 것이므로 Thanks for your help.(도와줘서 고마워요.)와 같은 표현은 생략하는 편이 좋습니다.

패턴 응용해 말하기

🎤 앞서 배운 표현을 활용해 다음 문장을 영어로 말해 보세요. MP3 2_22

1. 비행기 표를 예약하려고 전화했어요.

2. 좀 더 큰 사이즈로 교환해야 해요.

3. 제게 최대한 빨리 이메일을 보내줘요.

4. 그는 오늘 와서 환불을 받을 거예요.

5. 빨간 것으로 교환하고 싶어요.

6. 제게 최대한 빨리 기사를 문자로 보내줘요.

---

1. I'm calling to book a flight ticket.   2. I need to exchange it to a bigger size.   3. Send me an email as soon as possible.   4. He will come and get a refund today.   5. I want to exchange it to a red one.
6. Text me the articles as soon as possible.

Practice Questions

Q1 I'm sorry, but there's a problem. The cell phone you bought doesn't work properly. Call the store and make a complaint. Also, suggest 2 or 3 options. 유감스럽게도, 문제가 있습니다. 당신이 산 휴대전화가 제대로 작동하지 않습니다. 가게에 전화해서 불만을 제기하세요. 또한, 두세 가지의 선택 사항을 제시하세요.

Storyline

- 휴대전화 오작동
- 이틀 전 산 휴대전화가 제대로 작동하지 않음
- 화면을 눌러도 아무 반응이 없음, 화면 얼어 있음
- 가끔씩 전원이 저절로 꺼지기까지 함
- 굉장히 언짢고 실망함
- 전액 환불/새 제품으로 교환 원함
- 바빠서 서비스 센터 방문 못함
- 최대한 빠른 일 처리 원함

🎙 **Storyline을 참고해 답변해 보세요.**

* 기계가 작동이 안될 때는 It's malfunctioning.(오작동 돼요.), It seems broken.(고장 난 것 같아요.)라고 표현할 수 있습니다.

모범 답변 MP3 2_23

Intro Hello, is this Blue Tech? I'm calling about the cell phone I bought from your store two days ago.
Body It's not working properly. When I tap on the screen, it doesn't respond and it just freezes right there. You know what's worse? It sometimes even gets turned off by itself, too! ❶ How could you sell such a defective phone? I'm very upset and disappointed. I want to get a full refund or exchange it to a new product. I'm quite busy, so ❷ visiting the service center is certainly not my option.
Outro Please take care of this ASAP.

안녕하세요, 거기 Blue Tech죠? 이틀 전에 당신 가게에서 산 휴대전화 때문에 전화했어요. 제대로 작동되지가 않네요. 제가 화면을 두드려도 반응을 보이지 않고 그냥 얼어 있어요. 더 심한 게 뭔지 아세요? 가끔씩은 저절로 (전원이) 꺼지기도 해요! 어떻게 이런 결함이 있는 휴대전화를 팔 수가 있죠? 저는 굉장히 언짢고 실망했어요. 저는 전액 환불을 받거나 새 상품으로 교환하고 싶어요. 제가 상당히 바빠서, 서비스 센터에 방문하는 것은 선택 사항에 없어요.
이 일을 최대한 빨리 처리해 주세요.

표현 ❶ **How could you 동사?** 어떻게 ~할 수가 있죠?
❷ **A is not my option.** A는 선택 사항이 아니다.

어휘 properly 제대로 tap 두드리다 respond 반응을 보이다 freeze 얼다
turn off 끄다 defective 결함이 있는
ASAP(As Soon As Possible) 가능한 빨리

Q2 I'm sorry, but there's a problem you need to resolve. There's a problem with the DVD you rented. Call the store and make a complaint. 유감스럽게도, 당신이 해결해야 할 문제가 있습니다. 당신이 빌린 DVD에 문제가 있습니다. 가게에 전화해서 불만을 제기하세요.

Storyline

- DVD 오작동

- 며칠 전에 빌린 DVD 오작동

- 아무것도 나오지 않음, 검은 화면만 보임

- 재생 장치 문제는 아님, 다른 DVD로 시도해 봄

- 전에 이 DVD로 같은 문제가 있었나 질문

- 제품에 굉장히 실망했음

- 새 것으로 교환/대여 기간 연장 요청

- 앞으로 빌릴 DVD 5개에 대한 할인 쿠폰 요청

- 최대한 빠른 일 처리 원함

🎤 **Storyline을 참고해 답변해 보세요.**

* 둘의 대화의 흐름을 채점자가 상상하면서 들을 수 있도록, No, it's not the player.(재생 장치 문제가 아니에요.)와 같은 표현도 중간에 넣어 주세요.

모범 답변

MP3 2_24

[Intro] Hello, is this Kim's DVD rental shop?

[Body] I'm calling to make a complaint. I rented a DVD from your store a few days ago and there's a problem with it. I tried playing the DVD, but nothing comes out. ❶All I can see is a black screen. ❷No, it's not the player because I've tried other DVDs of mine and they worked just fine. Has this happened with the same DVD before? I'm really disappointed with the product. ❷I want you to send me a new one and give me an extension on it. Also, it'll be nice if you can provide discount coupons for the next 5 DVDs as well.

[Outro] I would appreciate it if you can take care of this ASAP.

안녕하세요, 거기 Kim의 DVD 대여점이죠?
불만을 제기하려고 전화했어요. 며칠 전에 당신의 가게에서 DVD를 빌렸는데 문제가 있어요. DVD를 틀어 봤는데, 아무것도 나오지 않습니다. 검은 화면밖에 안 보이더군요. + 아니요, 재생 장치 문제는 아니에요. 왜냐하면 저의 다른 DVD를 틀어 봤는데 잘 나왔거든요. 전에 이 DVD로 같은 문제가 있었나요? 이 제품에 굉장히 실망했어요. 저에게 새 것을 보내 주시고 대여 기간을 연장해 주길 바라요. 그리고, 앞으로 빌릴 DVD 5편에 대한 할인 쿠폰도 주시면 좋겠네요.
이 일을 최대한 빨리 처리해 주시면 고맙겠어요.

표현 ❶ **All I can see is A.** A밖에 안 보인다.
❷ **I want you to 동사.** 나는 당신이 ~해주길 바란다.

어휘 come out 나오다 player 재생 장치(플레이어) extension (기간) 연장
for the next 5 DVDs 앞으로 (빌릴) DVD 5편

➕표현은 IH 이상 레벨을 원한다면 포함해서 외워 두세요. ➕표현을 빼고 말해도 무관합니다.

패턴 Review

불만 제기하기

다음 우리말 문장을 영어로 말해 보세요.

MP3 2_25

1. 이틀 전에 당신 가게에서 산 휴대폰 때문에 전화했어요.

2. 제대로 작동하지가 않네요.

3. 어떻게 이런 결함이 있는 휴대폰을 팔 수가 있죠?

4. 저는 굉장히 언짢고 실망했어요.

5. 저는 전액 환불을 받거나 새 상품으로 교환하고 싶어요.

6. 이 일을 최대한 빨리 처리해 주세요.

7. 며칠 전에 당신의 가게에서 DVD를 빌렸는데 문제가 있어요.

8. DVD를 틀어 봤는데, 아무것도 나오지 않아요.

9. 검은 화면밖에 안 보여요.

10. 앞으로 빌릴 DVD 5편에 대한 할인 쿠폰도 주시면 좋겠네요.

---

1. I'm calling about the cell phone I bought from your store two days ago.
2. It's not working properly.
3. How could you sell such a defective phone?
4. I'm very upset and disappointed.
5. I want to get a full refund or exchange it to a new product.
6. Please take care of this ASAP.
7. I rented a DVD from your store a few days ago and there's a problem with it.
8. I tried playing the DVD, but nothing comes out.
9. All I can see is a black screen.
10. It'll be nice if you can provide discount coupons for the next 5 DVDs as well.

* Part 2에서 다루는 문제는 대부분 **2콤보**나 **3콤보**로 출제됩니다.

2콤보의 경우

Q1	질문하기 / 예약하기 / 약속잡기
Q2	문제 발생 / 대안 제시 / 불만 제기

3콤보의 경우

Q1	질문하기 / 예약하기 / 약속잡기
Q2	문제 발생 / 대안 제시 / 불만 제기
Q3	Q2와 유사한 경험

따라서, Q3은 항상 '안 좋은 경험' 혹은 '문제가 발생한 경험'을 묻기 때문에 답변하기 어려울 수 있습니다. 그럴 땐 다음과 같이 말하고 다음 문제로 넘어가도 괜찮습니다. 어려운 문제에 답변하려다 문법이나 어휘에서 감점을 받는 것보다는 오류 없는 문장으로 문제를 피해가는 편이 좋습니다. 외워온 문장이라는 느낌을 주지 않도록 잘 연기해 말하는 것도 잊지 마세요!

> You know what? I guess I've been really fortunate. No, I've never had any similar experiences before. Well, have you ever experienced anything like this? 있잖아요, 아마도 제가 참 운이 좋았었나 봐요. 아뇨, 저는 그런 비슷한 경험을 해본 적이 없어요. 음, 혹시 당신은 비슷한 경험을 한 적이 있나요?

OPIc PART 3
설문 조사 - 주제

UNIT 01	음악 듣기
UNIT 02	영화 보기
UNIT 03	콘서트/공연 보기
UNIT 04	공원/해변에 가기
UNIT 05	수영/조깅/걷기/요가
UNIT 06	요리하기
UNIT 07	자전거 타기
UNIT 08	주거 개선 프로젝트
UNIT 09	쇼핑하기
UNIT 10	해외 여행

UNIT 01
음악 듣기

📋 출제 가능한 문제

- ✔ 좋아하는 음악 장르
- ✔ 좋아하는 가수 **(Part 1, Unit 02 – 인물 묘사)**
- ✔ 음악 취향의 변화
- ✔ 라이브로 음악을 들었던 경험
- ✔ MP3 플레이어 구매 전 친구에게 질문 **(Part 2, Unit 02 – 직접 질문하기)**
- ✔ 친구에게 빌린 MP3 플레이어가 고장 난 상황을 설명하고 대안 제시
  (Part 2, Unit 04 – 대안 제시하기)
- ✔ 음악을 들을 때 사용하는 장치
- ✔ Eva에게 좋아하는 음악에 관해 질문 **(Part 2, Unit 01 – Eva에게 질문하기)**

🔗 3콤보 문제 빈출 조합

Q1 좋아하는 음악 장르 → **Q2** 음악 취향의 변화 → **Q3** 라이브로 음악을 들었던 경험

Q1 MP3 플레이어 구매 전 친구에게 질문 → **Q2** 친구에게 빌린 MP3 플레이어가 고장 난 상황을 설명하고 대안 제시 → **Q3** 누군가에게 빌린 물건을 고장 낸 경험

Q1 좋아하는 음악 장르 → **Q2** 음악을 들을 때 사용하는 장치 → **Q3** 라이브로 음악을 들었던 경험

Q1 좋아하는 가수 묘사 → **Q2** Eva에게 좋아하는 음악에 관해 질문

Practice Questions

Q1 좋아하는 음악과 작곡가/가수 → **Q2** 음악을 듣는 때, 장소, 기기 → **Q3** 음악 취향의 변화

Q1 You indicated in the survey that you like listening to music. What kind of music do you like? Also, tell me about your favorite musician or composer. Why do you like him/her?
당신은 설문 조사에서 음악 듣는 것을 좋아한다고 했습니다. 당신은 어떤 종류의 음악을 좋아하나요? 그리고, 당신이 가장 좋아하는 음악가나 작곡가에 대해 말해 주세요. 왜 그/그녀를 좋아하나요?

 Q1에 답변해 보세요.

* 좋아하는 장르를 2가지 고르면 이야기할 거리가 더 많아집니다. 음악 자체에 대해 할 말이 많지 않다면, '인물 묘사'에서 배운 표현을 응용하여 좋아하는 가수/작곡가에 대해 말하세요.

모범 답변

MP3 3_01

Intro Sure, I'll tell you about my favorite music.
Body You know, music is such a big part of my life. ❶I can't go a single day without music. I love listening to dance music and movie soundtracks most. Dance music cheers me up when I feel down because the beats of the music ❷make me want to get up and do something. ❸I'm also fond of soundtracks because I can always recall the scenes from the movies. I especially love the soundtrack of *Begin Again* which is a musical drama movie. Have you ever seen that movie? The songs are very melodious and the lyrics are pretty easy. As for my favorite musician, I'd pick Adam Levine. His fast-paced music gets rid of my stress instantly.
Outro Eva, what kind of music do you like?

네, 제가 가장 좋아하는 음악에 대해 말해 볼게요.
그러니까, 음악은 제 인생에서 중대한 부분을 차지해요. 저는 음악 없이는 하루도 버틸 수 없어요. 저는 댄스 음악과 영화 삽입곡 듣는 것을 가장 좋아해요. 댄스 음악은 기분이 가라앉을 때 저를 기분 좋게 해주는데, 음악의 리듬이 저를 일어서서 무언가를 하고 싶게 만들기 때문이에요. 저는 또 삽입곡을 좋아하는데, 항상 영화의 장면을 다시 떠올릴 수 있기 때문이죠. 저는 특히 〈Begin Again〉이라는 뮤지컬 드라마 영화의 삽입곡을 좋아해요. 그 영화를 본 적이 있나요? 음악은 감미롭고 가사는 꽤 쉬워요. 제가 가장 좋아하는 음악가에 대해서 말하자면, 저는 Adam Levine를 꼽겠어요. 그의 빠른 음악은 제 스트레스를 즉시 없애줘요.
Eva, 당신은 어떤 종류의 음악을 좋아하나요?

표현 ❶ **I can't go a single day without A.** 나는 A 없이는 하루도 못 버틴다.
❷ **make me want to 동사** 내가 ~하고 싶게 만들다
❸ **be fond of A** A를 좋아하다

어휘 cheer up 기분 좋게 해주다 feel down 기분이 가라앉다 recall 다시 떠올리다 melodious 감미로운 lyrics 가사 fast-paced 빠른 get rid of 제거하다

Q2 When do you listen to music and where do you usually listen to music? Also, tell me about the device you use when listening to music. 당신은 언제 음악을 듣고, 주로 어디서 음악을 듣나요? 그리고, 당신이 음악을 들을 때 사용하는 기기에 대해 말해 주세요.

 Q2에 답변해 보세요.
* 음악 듣는 기기를 스마트폰과 컴퓨터로 한정해 관련 표현을 익혀두면, 기술 관련 문제에도 활용할 수 있습니다. 장치/기기를 수단으로 말할 때는 **on my smartphone**(내 스마트폰으로)이라고 말합니다.

모범 답변

MP3 3_02

Intro When do I listen to music?
Body ❶As I told you, I'm a music lover, so I usually start my day with my favorite music. When I open my eyes, ❷the first thing I do is turn on the stereo because it helps me prepare for the day. Also, I can listen to music on my smartphone wherever I am. Especially, I have an hour-long commute and the smartphone is really handy. It ❸keeps me company and less bored. While working out, I listen to dance music because it motivates me. I sometimes use my laptop so that I can keep myself updated with my various YouTube music subscriptions.
Outro Eva, what's your favorite music genre?

제가 언제 음악을 듣느냐고요?
제가 말했듯이, 저는 음악 애호가라서 주로 가장 좋아하는 음악으로 하루를 시작해요. 제가 눈을 뜨면 처음으로 하는 일이 스테레오를 키는 것입니다. 제가 하루를 준비할 수 있게 해주기 때문이에요. 그리고 제 스마트폰으로 어디서든지 음악을 들을 수 있어요. 특히, 한 시간 걸리는 통근에서 스마트폰은 정말 유용해요. 제 곁에 있어 주고 덜 지루하게 해주죠. 운동하는 동안, 저는 댄스 음악을 듣는데, 음악이 저에게 동기를 유발하기 때문이죠. 제 다양한 YouTube 음악 구독으로 최신 음악을 듣기 위해 저는 때때로 제 노트북을 사용해요. Eva, 당신이 가장 좋아하는 음악 장르는 무엇인가요?

표현 ❶ **as I told you,** 말했듯이,
❷ **The first thing I do is 동사.** 내가 가장 먼저 하는 일은 ~하는 것이다.
❸ **keep A company** A의 곁에 있어 주다, A의 친구가 되어 주다

어휘 commute 통근(하다) handy 유용한 work out 운동하다 motivate 동기를 유발하다 keep A updated A에게 최신 정보를 알게 하다 subscription 구독

Q3 How did you first become interested in music? Did anyone influence you? How has your music taste changed compared to the past? 당신은 처음에 어떻게 음악에 관심을 가지게 되었나요? 누군가가 당신에게 영향을 미쳤나요? 과거에 비해 당신의 음악 취향은 어떻게 변했나요?

 Q3에 답변해 보세요.

* 〈had+p.p.〉 과거완료형 사용으로 고득점을 노리세요! 할 말이 떠오르지 않는다면 취향 변화가 없다고 하거나, 음악을 듣는 장치가 바뀌었다고 대답하세요.

모범 답변

MP3 3_03

Intro I ❶**don't remember exactly how or when,** but I remember getting my very first MP3 player.
Body When I was in middle school, a friend of mine lent me his MP3 player. There were so many different kinds of music in it and it was something I had never experienced before. So I asked my parents to get me an MP3 player as a gift for my 14th birthday. At that time, I was into boy band music just like other teenagers. However, my taste has changed somewhat as I got older. I still like fast-paced music, but now I pay more attention to the lyrics. I sometimes listen to soft music as well. Before I go to bed, sometimes it ❷**gets my mind off of things** just lying there in my bed listening to peaceful music when ❸**I'm stressed out.**
Outro Eva, do you listen to music when you're stressed out, too?

언제 어떻게 였는지 정확하게 기억나지 않지만, 저의 첫 MP3 플레이어를 갖게 된 것은 기억나요.
제가 중학생 때 제 친구 한 명이 저에게 그의 MP3 플레이어를 빌려줬어요. 그 안에는 다양한 종류의 많은 음악이 들어있었고 그것은 제가 그전에는 경험해 보지 못한 것이었어요. 그래서 저는 부모님께 제 14번째 생일 선물로 MP3 플레이어를 사달라고 부탁했어요. 그때 당시에는, 저도 다른 10대 들과 마찬가지로 젊은 남성 밴드 음악에 빠져 있었어요. 어쨌든, 저의 취향은 나이가 들면서 다소 변했어요. 여전히 빠른 음악을 좋아하지만 지금은 가사에 더 주의를 기울여요. 가끔씩 감미로운 음악을 듣기도 해요. 스트레스를 받을 때면 자기 전에 침대에 누워서 평화로운 음악을 들으며 때로는 상황을 잠시 잊고 머리를 식히곤 해요.
Eva, 당신도 스트레스를 받으면 음악을 듣나요?

표현 ❶ **don't remember exactly ~** 정확히 ~인지는 기억나지 않는다
❷ **get one's mind off of A** A를 잠시 잊다
❸ **be stressed out** 스트레스를 받다

어휘 a friend of mine 내 친구 한 명 at that time 그때 당시에는 just like other As 다른 A들과 마찬가지로 taste 취향 somewhat 다소 pay attention to A A에 주의를 기울이다 lyrics 가사 peaceful 평화로운

음악 듣기 필수 표현

음악 장르
classical music 클래식 음악
soundtracks 영화 음악
hip-hop 힙합
heavy metal 헤비메탈
rap 랩
Korean pop 한국 가요
ballad 발라드
soul music 소울 음악
jazz 재즈
dance music 댄스 음악
latest music 최신 음악
soft music 잔잔한 음악
loud music 센 (시끄러운) 음악
fast-paced music 빠른 음악
a song with interesting lyrics 흥미로운 가사가 돋보이는 음악
greatest hits 히트곡

음악 요소
beat 비트, 박자, 리듬
tune 음정

음악의 느낌
peaceful 평화로운
melodious 감미로운
rhythmical 경쾌한, 리드미컬한
aerial 몽환적인

시기/때
in a good mood 기분이 좋은 때
feel depressed 우울할 때

동사
depend on ~에 따라 다르다
cheer me up 기분을 좋게 해주다
keep me awake 졸음을 쫓아주다
get rid of stress 스트레스를 날리다
take a lesson 레슨을 받다
be fascinated by A A에 매료되다
one's stress floats away 내 스트레스가 날아가다
hold a concert 콘서트를 열다

패턴 Review

음악 듣기

다음 우리말 문장을 영어로 말해 보세요.

MP3 3_04

1. 저는 음악 없이는 하루도 못 버텨요.

2. 그 영화는 제가 세계 여행을 하고 싶게 만들었어요.

3. 제 친구들은 컴퓨터 게임하는 것을 좋아해요.

4. 전에 말했듯이, 저는 커피보다 차를 선호해요.

5. 제가 아침에 가장 먼저 하는 일은 샤워하는 거예요.

6. 당신은 이틀 동안 그녀 곁에 있어 줘야 해요.

7. 저는 회의에서 정확히 누구를 만났는지 기억이 나지 않아요.

8. 저는 때때로 걱정거리를 떨쳐 버리기 위해 크게 숨을 들이쉬어요.

9. 스트레스를 받는 것은 당신의 건강 상태에 영향을 미칠거예요.

---

1. I can't go a single day without music.
2. The movie made me want to travel all over the world.
3. My friends are fond of playing computer games.
4. As I told you before, I prefer tea to coffee.
5. The first thing I do in the morning is take a shower.
6. You have to keep her company for two days.
7. I don't remember exactly whom I met at the meeting.
8. I sometimes take a deep breath to get my mind off of my worries.
9. Being stressed out is going to influence on your health condition.

UNIT 02
영화 보기

📋 출제 가능한 문제

- ✔ 자주 가는 극장 **(Part 1, Unit 03 – 장소 묘사 응용)**
- ✔ 영화를 보는 습관Ⅰ, 빈도수, 함께 보는 사람, 장소 **(Part 1, Unit 02 – 인물 묘사 응용)**
- ✔ 좋아하는 영화 **(Part 3, Unit 01 – 음악 듣기 응용)**
- ✔ 영화를 보는 습관Ⅱ – 영화 보기 전후에 하는 일 **(Part 1, Unit 07 – 절차 설명하기 응용)**
- ✔ 최근에 영화 보러 간 경험 **(Part 1, Unit 06 – 경험 이야기하기 응용)**
- ✔ 좋아하는 배우 **(Part 1, Unit 02 – 인물 묘사 응용)**
- ✔ 그 배우와 관련된 최근 이슈와 팬들의 반응
- ✔ Eva에게 좋아하는 영화에 관해 질문 **(Part 2, Unit 01 – Eva에게 질문하기 응용)**

🔗 3콤보 문제 빈출 조합

Q1 자주 가는 극장 → **Q2** 영화를 보는 습관Ⅰ → **Q3** 최근에 본 영화

Q1 영화를 보는 습관Ⅰ → **Q2** 영화를 보는 습관Ⅱ → **Q3** 극장에서 겪은 인상적인 경험

Q1 좋아하는 영화 장르와 그 이유 → **Q2** 최근에 본 영화 → **Q3** 영화 보기 전후에 하는 일

Q1 좋아하는 영화 장르와 그 이유 → **Q2** Eva에게 좋아하는 영화에 관해 질문하기

Practice Questions

Q1 좋아하는 영화 장르 → **Q2** 최근에 본 영화 → **Q3** 좋아하는 배우와 그 배우와 관련된 최근 이슈

Q1 You indicated in the survey that you like watching movies. What kind of movie do you like most and why do you like that genre? 당신은 설문 조사에 영화 보는 것을 좋아한다고 했습니다. 어떤 종류의 영화를 가장 좋아하고, 왜 그 장르를 좋아하나요?

 Q1에 답변해 보세요.

* 좋아하는 장르를 묻는 것이므로 영화의 줄거리를 자세히 설명할 필요는 없습니다. 만약 한국 영화를 골랐다면, 제목을 영어로 번역을 해서 채점자가 들을 때 이질감이 없도록 합니다.

모범 답변

MP3 3_05

Intro Umm... I have no particular favorite genre, but I enjoy musical movies very much.
Body I think music is ❶the best way to express one's feelings. When a movie meets the right music, it becomes so powerful. Among all the great musical movies, *Begin Again* is my favorite because the plot is simple and the songs are amazing. It's not a typical musical movie but a soul-stirring drama with fabulous music. It ❷deals with real life issues such as love, relationships and music. Musical movies are usually very dynamic and the storylines unfold pretty quickly, so there's no time to get bored. Plus, the soundtracks of the movies help me to recall the movie scenes.
Outro Eva, ❸do you want me to send you the movie file? I bet you'll love it!

음... 저는 특별히 좋아하는 장르는 없지만, 뮤지컬 영화는 매우 즐겨봐요.
제 생각에 음악은 누군가의 감정을 표현하는 데 가장 좋은 방법인 것 같아요. 영화가 알맞은 음악을 만나면 아주 강력해지지요. 모든 훌륭한 뮤지컬 영화 중 〈Begin Again〉은 제가 가장 좋아하는 영화인데, 줄거리가 간단하고 노래들이 굉장하기 때문이에요. 전형적인 뮤지컬 영화는 아니지만 기막히게 좋은 음악으로 심금을 울리는 드라마 영화예요. 이 영화는 사랑과 관계 그리고 음악과 같은 실제 삶의 주제를 다뤄요. 뮤지컬 영화는 대게 역동적이고 줄거리가 상당히 빨리 진행되어서 지루할 틈이 없어요. 게다가, 영화 음악은 영화 장면들을 생각나게 해요.
Eva, 이 영화 파일을 보내 줄까요? 당신이 정말 좋아할 거라 장담해요!

표현 ❶ **the best way to 동사** ~하는 최선의 방법
❷ **deal with A** A를 다루다
❸ **Do you want me to 동사?** 내가 ~할까?, 내가 ~하길 원하니?

어휘 genre 장르 express 표현하다 powerful 강력한 among ~가운데 plot 줄거리 soul-stirring 심금을 울리는 fabulous 기막히게 좋은 deal 다루다 unfold (내용이) 펼쳐지다

Q2 Reflect back to the last movie you watched. What was the title of the movie and when did you watch it? Was it a good movie? How would you rate that movie? 당신이 가장 최근에 본 영화를 떠올려 보세요. 영화 제목이 무엇이었고, 언제 보았나요? 좋은 영화였나요? 그 영화를 어떻게 평가하나요?

 Q2에 답변해 보세요.
* 미리 영화를 정하고 줄거리를 간단히 정리해 두세요. 실제로 본 영화가 아닌 가상의 영화로 답변해도 좋습니다. 아래 모범 답변은 좋아하는 영화/책/콘서트/연극에도 응용할 수 있습니다.

모범 답변
MP3 3_06

Intro Oh, my gosh! Eva, I want to tell you about a very touching movie that I watched last weekend.

Body It was a movie called *Tuning* ⊕directed by Jack Hammer, starring Josh Taylor and many more talented actors. Have you seen this movie, Eva? ❶It's about a journey of a boy with a great gift for music. The boy who grew up in an orphanage, meets a guitarist by chance while busking in a park. These two young men go on a musical journey together and ❷face conflicts and issues. However, they make a great harmony and become companions at the end of the movie. ⊕The whole cast delivered an extraordinary performance and the emotions were so strong so that I was able to ❸relate to the characters. I'd definitely give two thumbs up!

Outro Eva, have you also seen a stirring movie like this? If you have, what was it?

세상에! Eva, 당신에게 제가 지난 주말에 본 정말 감동적인 영화에 대한 이야기를 해주고 싶네요.
〈Tuning〉이라는 제목의 영화였어요. +Jack Hammer가 감독을 맡고 Josh Taylor와 많은 재능 있는 배우들이 주연을 맡았어요. Eva, 이 영화를 본 적이 있나요? 이 영화는 음악적 재능을 가진 한 소년의 여정에 대한 내용이에요. 고아원에서 자란 이 소년은 어느 날 공원에서 연주하다가 우연히 한 명의 기타리스트를 만나요. 이 두 젊은이들은 함께 음악 여행을 떠나게 되고 갈등과 문제들을 마주하게 되지만, 영화의 마지막에서 그들은 환상의 하모니를 만들어 내고 훌륭한 동반자가 돼요. +모든 출연자들은 놀라운 연기를 보여주었고, 감정들이 매우 깊어서 등장인물들에 공감할 수 있었어요. 저는 완전히 강력 추천해요!
Eva, 당신도 혹시 이런 가슴 찡한 영화를 본 적이 있나요? 만약 있다면, 그것은 무엇이었나요?

표현
❶ **It's about A.** A에 관한 이야기이다.
❷ **face A** A에 직면하다
❸ **relate to A** A에 공감하다

어휘 direct 감독을 맡다 star 주연을 맡다 gift 재능 orphanage 고아원 busk 거리에서 공연하다 conflict 갈등 companion 동반자 cast 출연진 deliver (연설·연기를) 하다 extraordinary 놀라운 give two thumbs up 강력 추천하다

⊕ 표현은 IH 이상 레벨을 원한다면 포함해서 외워 두세요. ⊕ 표현을 빼고 말해도 무관합니다.

Q3 Tell me about your favorite actor or actress. Have you read any stories about that person on the news lately? What do people say about it? 당신이 가장 좋아하는 남자 배우나 여자 배우에 대해 말해 주세요. 최근 뉴스에서 그 사람에 관한 이야기를 읽은 적이 있나요? 사람들은 그에 관해 뭐라고 이야기하나요?

 Q3에 답변해 보세요.

* 어떤 연예인이든 '열애설, 결혼설, 외모 변화'를 최근 근황과 연결해 말할 수 있습니다. 가상 인물에 대해 말하더라도 적절한 출연 작품 제목을 한두 가지 정도는 준비해야 자연스럽게 답변할 수 있습니다.

모범 답변

MP3 3_07

Intro Sure, I'll tell you about my favorite actor, Jason Park.
Body He ❶starred in so many major movies such as *Peacemaker* and *Black Lion*. I wasn't fond of him until I read an article about his passion and effort for his movie, *The Last Dance*. In that movie, he ❷took on a role of a patient and ❸strove to lose 45 pounds as his character needed to look drastically thin. Many of his fans were concerned about his health after the huge weight loss, but he successfully regained his weight after the filming. He was applauded by the moviegoers and the movie received rave reviews.
Outro Eva, do you think you can also concentrate on your work like he did?

좋아요, 제가 가장 좋아하는 배우인 Jason Park에 대해서 말할게요.
그는 〈Peacemaker〉와 〈Black Lion〉과 같은 많은 주요 영화에서 주연을 맡았어요. 저는 그가 그의 작품인 〈The Last Dance〉에 쏟은 열정과 노력에 대한 기사를 읽기 전까지는 그를 좋아하는 편은 아니었어요. 그 영화에서 그는 환자 역할을 했는데, 그는 극단적으로 말라 보여야 하는 그 역할을 위해 몸무게를 45파운드(약 20kg)를 감량하기까지 했어요. 많은 사람들이 그의 급격한 체중 감량 후 건강 상태에 대해 걱정했지만, 그는 영화 촬영 후에 성공적으로 몸무게를 회복했어요. 그는 영화 팬들로부터 갈채를 받았고 영화는 호평을 받았어요.
Eva, 당신도 그처럼 자신의 직업에 몰두하려고 노력할 수 있을 것 같나요?

표현 ❶ **star in A** A에서 주연을 맡다
❷ **take on a role of A** A의 역할을 맡다
❸ **strive to 동사** ~하려고 분투하다(노력하다)

어휘 article 기사   drastically 극단적으로   weight loss 체중 감량   filming 촬영   be applauded by A A로부터 갈채를 받다   moviegoer 영화 팬   rave review 호평

영화 보기 필수 표현

영화 장르
- **horror** 공포
- **romantic comedy** 로맨틱 코미디
- **action** 액션
- **SF(Science-Fiction)** 공상 과학
- **documentary** 다큐멘터리
- **classic** 고전
- **drama** 드라마
- **animated film** 애니메이션
- **musical** 뮤지컬
- **adventure** 모험

영화 분류
- **blockbuster** 초대작, 대 히트작
- **a big hit** 히트작
- **a must-see movie** 꼭 봐야 하는 영화

배역
- **characters** 등장인물
- **main actor** 주연 배우
- **leading role** 주인공 역할
- **hero** 영웅 (=the good guy)
- **villain** 악당 (=the bad guy)

구성 요소
- **special effects** 특수 효과
- **sound effects** 음향 효과
- **soundtrack** 영화 음악
- **story/plot/storyline** 줄거리

감상평
- **two thumbs up** 최고, 강력 추천
- **impressed** 인상 깊은
- **touched** 감동 받은 (=moved)
- **surprised** 놀란
- **shocked** 충격적인
- **disappointed** 실망스러운
- **annoyed** 짜증이 난
- **thrilled** 스릴 있는
- **excited** 신이 난
- **bored** 지루해 하는
- **awful** (재미없어서) 끔찍한

영화 보기 전 절차
- **check online** 온라인으로 확인하다
- **pick a movie** 영화를 고르다
- **book a ticket (over the phone/online)** (전화상으로/온라인으로) 예매하다
- **choose a seat number** 좌석을 고르다
- **check the screening/showing time** 상영 시간을 확인하다
- **drop by the snack bar** 매점에 들르다
- **grab a bite** 간단하게 요기하다
- **get some popcorn and sodas** 팝콘과 음료를 사다

그 외
- **in the beginning of the movie** 영화 초반에
- **at the end of the movie** 영화 후반에

패턴 Review

영화 보기

다음 우리말 문장을 영어로 말해 보세요.

MP3 3_08

1. 해결 방법을 찾는 최선의 방법은 전문가에게 묻는 거예요.
2. 제 상사는 고객의 불평을 처리하고 있어요.
3. 당신의 일을 도와줄까요?
4. 이것은 삼각관계에 관한 이야기예요.
5. 그는 그의 두려움에 직면해야 했어요.
6. 쉽게 영화 줄거리에 공감할 수 있어요.
7. 그는 아주 많은 할리우드 영화에서 주연을 맡았어요.
8. 그는 그 전쟁 영화에서 광기 어린 군인의 역할을 맡았어요.
9. 그녀는 여배우로 성공하기 위해 노력했어요.

---

1. The best way to find a solution is to ask experts.
2. My boss is dealing with the client's complaint.
3. Do you want me to help with your work?
4. It's about a love triangle.
5. He had to face his fear.
6. You can easily relate to the plot of the movie.
7. He starred in so many Hollywood movies.
8. He took on a role of a mad soldier in that war movie.
9. She strove to succeed as an actress.

UNIT 03
콘서트/공연 보기

📋 출제 가능한 문제

- ✔ 자주 가는 콘서트 홀 **(Part 1, Unit 03 – 장소 묘사 응용)**
- ✔ 콘서트/공연을 보는 습관Ⅰ – 종류, 빈도수, 함께 가는 사람
- ✔ 콘서트를 보기 전후에 하는 일 **(Part 1, Unit 07 – 절차 설명하기 응용)**
- ✔ 최근에 다녀온 콘서트/공연
- ✔ 콘서트에서의 특별한 경험 **(Part 1, Unit 06 – 경험 이야기하기 응용)**
- ✔ Eva에게 콘서트에 관해 질문 **(Part 2, Unit 01 – Eva에게 질문하기 응용)**
- ✔ 콘서트에 함께 가고 싶어하는 친구에게 질문 **(Part 2, Unit 03 – 전화로 질문하기 응용)**
- ✔ 콘서트에 갈 수 없는 상황 설명하고 대안 제시 **(Part 2, Unit 04 – 대안 제시하기 응용)**

🔗 3콤보 문제 빈출 조합

Q1 좋아하는 콘서트/공연의 종류 → **Q2** 콘서트/공연 보러 갈 때의 과정 → **Q3** 기억에 남는 콘서트/공연과 그 이유

Q1 콘서트/공연을 보는 습관Ⅰ → **Q2** 콘서트/공연을 보러 가는 장소와 그 이유 → **Q3** 최근에 다녀온 콘서트/공연

Q1 콘서트에 함께 가고 싶어하는 친구에게 질문 → **Q2** 콘서트에 갈 수 없는 상황 설명하고 대안 제시 → **Q3** Q2와 비슷한 경험

Q1 좋아하는 콘서트의 종류 → **Q2** Eva에게 콘서트에 관해 질문

💬 Practice Questions

Q1 콘서트를 보는 습관 I → **Q2** 최근에 다녀온 콘서트 → **Q3** Eva에게 콘서트에 관해 질문

Q1 You stated in the survey that you enjoy going to concerts. Tell me about the kind of concert you like. How often do you go to concerts and who do you usually go with? 당신은 설문 조사에서 콘서트를 보러 가는 것을 좋아한다고 했습니다. 당신이 좋아하는 콘서트의 종류에 대해서 말해 주세요. 당신은 얼마나 자주 콘서트를 보러 가고, 주로 누구와 함께 가나요?

🎤 **Q1에 답변해 보세요.**
* 콤보 첫 문제에서는 물어보는 것 이외에 많은 답변을 하지 않도록 주의하세요.

모범 답변
MP3 3_09

Intro O.K. I'm glad you asked.

Body I try to go to concerts at least once every two months. I usually go with my sister. She and I ❶ have similar tastes in music, so ❷ we rarely have any problems when choosing a performance. Since we're both music buffs, we have no particular favorite genre. Instead, we try to enjoy every single performance ❸ to the fullest extent. We first read some reviews on the Internet and choose the one with rave reviews. After checking out the performance schedule and the price, we reserve the tickets online before they get sold out. When we ❹ get to the venue, we make sure to eat something quick. Then, we try to have a good time as much as possible.

Outro Eva, are you a music buff?

좋아요. 물어봐 줘서 고마워요.
저는 적어도 두 달에 한 번은 콘서트에 가려고 해요. 저는 주로 여동생과 함께 가요. 그녀와 저는 음악 취향이 비슷해서, 공연을 선택하는 데 문제가 거의 없어요. 우리는 둘 다 음악광이라서 특별히 좋아하는 장르는 없어요. 대신에, 우리는 매 공연마다 최대한 즐기려고 해요. 우리는 우선 인터넷으로 평을 읽고 호평 받은 것 하나를 선택해요. 공연 일정과 티켓 가격을 확인한 뒤에, 우리는 매진되기 전에 온라인으로 티켓을 예매해요. 우리는 콘서트 장소에 도착하면, 꼭 뭔가를 간단히 먹도록 해요. 그리고 나서, 가능한 한 즐거운 시간을 보내려 하지요.
Eva, 당신은 음악광인가요?

표현 ❶ **have similar tastes in 명사** '명사'에 비슷한 취향을 가지다
❷ **We rarely have any problems when -ing.** 우리는 ~할 때 문제가 거의 없다.
❸ **to the fullest extent** 최대한
❹ **get to A** A에 도착하다 *here/there/home은 'to' 생략

어휘 similar 비슷한 rarely 거의 ~하지 않다 buff 광팬 rave review 호평 sold out 매진 venue (콘서트·경기 등의) 장소

Q2 Please tell me about the most recent concert you went to. When was it and who did you go there with? How was the concert? 당신이 가장 최근에 다녀온 콘서트에 대해 말해 주세요. 언제였고, 누구와 함께 갔나요? 콘서트는 어땠나요?

🎤 **Q2에 답변해 보세요.**

* 최근에 다녀온 콘서트에 대한 답변은 꼭 준비해 가는 것이 좋습니다. '경험 이야기하기'의 storyline도 응용 가능합니다.

모범 답변
MP3 3_10

Intro Alright, I'll tell you about my recent concert experience.

Body I went to a concert by Brandon Martin last summer. It was held at Wesley Stadium. I've been a huge fan of him for more than 5 years and ❶it was a long-awaited concert for me. I went there with my best friend because she's also crazy about him. ❷The concert was a total sell-out! He put on such a great show and everything about it was beyond my imagination. I loved it the most when he sang and played my favorite song. ❸The performance was out of this world! I just can't explain it with words. The splendid lighting was absolutely incredible and the beautifully decorated stage was impressive. ❹His stage was so energetic and the hall was full of excitement throughout the concert. At the end of the concert, everyone ❷gave him a standing ovation.

Outro Eva, we had a one-of-a-kind experience that we will never forget. ❸You should definitely go to his concert next time.

좋아요, 제 최근 콘서트 경험에 대해 말할게요.
저는 작년 여름에 Brandon Martin의 콘서트에 다녀왔어요. Wesley Stadium에서 열렸어요. 저는 5년 넘게 그의 엄청난 팬이어서 제가 오래 기다리던 콘서트였어요. 저는 마찬가지로 그에게 빠져있는 저의 가장 친한 친구와 함께 갔어요. +그 콘서트는 전석 매진이었어요! 그는 정말 굉장한 쇼를 보여주었고 모든 것이 저의 상상 초월이었어요. 제가 가장 좋아하는 노래를 그가 부르면서 연주했을 때가 가장 좋았지요. +그 공연은 차원이 달랐어요! 말로는 어떻게 설명할 수가 없네요. 화려한 조명은 정말로 대단했고 아름답게 장식된 무대는 인상 깊었어요. +그의 무대는 굉장히 활기가 넘쳤고 홀은 공연 내내 흥분으로 가득했어요. 공연의 마지막에는, 모두가 그에게 기립 박수를 보냈어요.
Eva, 우리는 다신 잊지 못할 특별한 경험을 했어요. 당신도 다음에는 꼭 그의 공연에 가봐야 해요.

표현 ❶ **It was a long-awaited 명사 for me.** 그것은 내가 오래 기다리던 '명사'였다.
❷ **give(receive) a standing ovation** 기립 박수를 보내다(받다)
❸ **You should definitely 동사.** 당신은 꼭 ~해야 한다.

어휘 recent 최근의 be held at A A에서 열리다 long-awaited 오래 기다리던 out of this world 차원이 다른 splendid lighting 화려한 조명 energetic 활기 있는 excitement 흥분 standing ovation 기립 박수 one-of-a-kind 특별한, 하나뿐인

➕ 표현은 IH 이상 레벨을 원한다면 포함해서 외워 두세요. ➕ 표현을 빼고 말해도 무관합니다.

Q3 I also love going to concerts. Ask me 3 or 4 questions about it. 저도 콘서트 보러 가는 것을 좋아해요. 저에게 서너 가지 질문을 해주세요.

 Q3에 답변해 보세요.

* 질문을 여러 개 하는 것보다 대화를 하고 있는 느낌을 처음부터 끝까지 유지하는 것이 중요합니다. '반응 → 질문 → 내 경우 → 질문 → 맞장구 → 질문 → 제안'의 흐름으로 말해 보세요.

모범 답변

MP3 3_11

Intro Wow! I didn't know that you enjoy going to concerts.
Body How often do you go to concerts? In my case, I try to go to concerts ❶on a regular basis so that I can ❷get rid of my stress. When was the last time you went to a concert and whose concert was it? Really? No kidding!! I went to his concert that day, too!! What a coincidence, huh? It seems like you and I have similar tastes.
Outro Hey! Why don't we get together and go to a concert next time if that's O.K. with you? Deal? Cool! I'll book tickets and give you a call.

와! 저는 당신이 콘서트 보러 가는 것을 좋아하는 줄 몰랐네요.
당신은 콘서트에 얼마나 자주 가나요? 제 경우에는, 스트레스를 풀기 위해 정기적으로 콘서트를 보러 가려고 해요. 당신이 마지막으로 콘서트를 보러 간 때는 언제이고, 누구의 콘서트였나요? 정말요? 말도 안 돼요!! 저도 그날 그의 공연을 보러 갔었어요!! 우연의 일치네요, 그렇죠? 당신과 제가 비슷한 취향을 가지고 있는 것 같네요.
저기요! 당신이 괜찮다면, 다음에 만나서 콘서트를 보러 같이 가는 게 어때요? 그렇게 할까요? 좋아요! 제가 티켓을 예매하고 전화할게요.

표현 ❶ **on a regular basis** 정기적으로
❷ **get rid of stress** 스트레스를 없애다

어휘 coincidence 우연의 일치 give A a call A에게 전화하다

콘서트/공연 보기 필수 표현

콘서트/공연의 종류
play 연극
recital 독주회
musical 뮤지컬
opera 오페라
ballet 발레
pop concert 팝 콘서트
charity concert 자선 콘서트
rock concert 록 콘서트
indoor/outdoor concert 실내/야외 콘서트

구성 요소
actor/actress 배우/여배우
audience 관객
stage 무대
stage effects 무대 효과
curtain 막
intermission 쉬는 시간

콘서트/공연 보기 전 절차
choose a date 날짜를 정하다
read some reviews 평을 몇 개 읽어 보다
check out the performance schedule 공연 스케줄을 확인하다
check the price and the venue
티켓 가격과 장소를 확인하다
reserve tickets online 온라인으로 예매하다
find a friend to go with
같이 갈 친구를 찾다
have some snacks 간식을 먹다
stop by the restroom 화장실에 들르다

동사
come on the stage 무대에 오르다
sing along 노래를 따라 부르다
move to the music
음악에 맞춰서 몸을 움직이다
call for an encore 앙코르를 청하다
extend its run 연장 공연을 하다
give a big hand 큰 박수를 치다
give a standing ovation 기립 박수를 치다
go crazy (wild) 열광하다
take pictures with the performers
연기자와 함께 사진을 찍다
go to a bar 술집에 가다
get some coffee 커피를 마시다
talk about the performance
공연에 대해서 이야기하다
write a review 평을 쓰다
post it on the blog 블로그에 올리다

느낌/반응
full of excitement 흥분의 도가니
full of energy 활기가 넘치는
overwhelmed 가슴 벅찬 느낌을 받은
speechless 할 말을 잃은
well-received 좋은 평가를 받은
time flies 시간이 쏜살같다
a rave review 호평

그 외
be accompanied by A A가 반주를 해주다
a large auditorium 대공연장
a small theater(venue) 소극장

패턴 Review

콘서트/공연 보기

다음 우리말 문장을 영어로 말해 보세요.

1. 제 여동생과 저는 패션에 비슷한 취향을 가지고 있어요.
2. 우리는 영화 볼 때 거의 걱정할 일이 없어요.
3. 저는 오늘 우리 부모님을 최대한 행복하게 해드리고 싶어요.
4. 공항에 도착하면, 제게 알려주세요.
5. 그것은 제가 오래 기다리던 책이었어요.
6. 저는 그에게 내 온 마음을 다해서 기립 박수를 쳐줄 거예요.
7. 지역 별미들을 꼭 먹어 봐야 해요.
8. 우리는 우리가 가장 좋아하는 카페에 정기적으로 갔어요.
9. 당신은 스트레스를 없애기 위해 주로 무엇을 하나요?

---

1. My sister and I have similar tastes in fashion.
2. We rarely have any problems when watching movies.
3. I want to make my parents happy today to the fullest extent.
4. When you get to the airport, let me know.
5. It was a long-awaited book for me.
6. I will give him a standing ovation with all my heart.
7. You should definitely try the local delicacies.
8. We went to our favorite café on a regular basis.
9. What do you usually do to get rid of your stress?

UNIT 04
공원/해변에 가기

📋 출제 가능한 문제

- ✔ 자주 가는 공원/해변 **(Part 1, Unit 03 – 장소 묘사 응용)**
- ✔ 공원/해변에 갈 때의 습관 I – 함께 가는 사람, 빈도수, 가서 하는 일
- ✔ 공원/해변에 갈 때의 습관 II – 가는 이유, 가서 하는 일
- ✔ 최근에 공원/해변에 다녀온 경험
- ✔ 공원/해변에서의 특별한 경험 **(Part 1, Unit 06 – 경험 이야기하기 응용)**
- ✔ 공원/해변에 가지고 가는 물품
- ✔ 공원/해변에서 아이들과 어른들이 하는 일
- ✔ 함께 공원에 가고 싶어하는 친구에게 전화 걸어 질문
  (Part 2, Unit 03 – 전화로 질문하기 응용)
- ✔ 공원이 문을 닫아서 못 가게 된 상황을 친구에게 설명하고 대안 제시
  (Part 2, Unit 04 – 대안 제시하기 응용)

🔗 3콤보 문제 빈출 조합

Q1 공원/해변에 갈 때의 습관 I → **Q2** 공원/해변에서 아이들과 어른들이 하는 일 → **Q3** 공원/해변에서의 특별한 경험

Q1 함께 공원에 가고 싶어하는 친구에게 전화 걸어 질문 → **Q2** 공원이 문을 닫아서 못 가게 된 상황을 친구에게 설명하고 대안 제시 → **Q3** Q2와 비슷한 경험

Q1 공원/해변에 갈 때의 습관 II → **Q2** 최근에 공원/해변에 다녀온 경험 → **Q3** 공원/해변에서의 특별한 경험

Q Practice Questions

Q1 자주 가는 공원/해변 → **Q2** 공원/해변에서의 일상적인 하루 → **Q3** 최근에 공원/해변에 다녀온 경험

Q1 You stated in the survey that you enjoy going to parks. Describe the park you often go to and tell me why you like that park most. 당신은 설문 조사에서 공원에 가는 것을 좋아한다고 했습니다. 당신이 자주 가는 공원을 묘사하고, 왜 그 공원을 가장 좋아하는지 말해 주세요.

 Q1에 답변해 보세요.

* 콤보 첫 문제에서는 물어보는 것 외에 많은 이야기를 하지 않도록 주의하세요.

모범 답변

MP3 3_13

Intro Sure, I'll tell you about the park I often visit.

Body Luckily, my favorite park is not that far from my place. I usually go there with my boyfriend fairly often. ❶It's well known for its bungee jumping platform and they have a bungee jumping contest every year. Near the entrance, there are some snack bars on the right and tables with umbrellas are placed in front of them. In the center, a huge barbecue area is located and it offers a delightful place to relax. ❷This is a perfect spot to enjoy family time. On the left side of the park, there's a bike rental shop. Also, you'll see an amusement area at the corner and ❸it's usually crowded with children. I feel so lucky to have a park like this in my town!

Outro Eva, I wish I could ❹give you a tour of this park.

좋아요. 제가 자주 가는 공원에 대해서 말해 볼게요.
운 좋게도 제가 가장 좋아하는 공원은 우리 집에서 멀지 않아요. 저는 그곳에 주로 제 남자친구와 꽤 자주 가요. 그곳은 번지 점프대가 유명하고 매년 번지 점프 대회를 열어요. 입구 근처 오른편에는 매점이 있고 그 앞에는 파라솔이 달린 테이블이 있어요. 중앙에는 넓은 바비큐 장소가 있어 쾌적한 휴식 장소를 제공해요. 가족과 함께 시간을 보내기에 완벽한 장소예요. 공원의 왼편에는 자전거 대여점이 있어요. 그리고, 모퉁이에는 놀이터가 보이는데, 그곳은 주로 아이들로 붐벼요. 저는 우리 동네에 이런 공원이 있어서 행운이라고 느껴요!
Eva, 제가 당신에게 이 공원을 구경시켜 줄 수 있다면 얼마나 좋을까요.

표현 ❶ **It's well known for its A.** A로 유명하다.
❷ **This is a perfect spot to 동사(for 명사).** ~하기에(~에) 완벽한 장소이다.
❸ **It's usually crowded with A.** 주로 A로 붐빈다.
❹ **give a tour of A** A를 구경시켜 주다

어휘 bungee jumping platform 번지 점프대 snack bar 매점 offer 제공하다 delightful 기분 좋은, 쾌적한
amusement area 놀이터 I wish I could 동사 ~할 수 있다면 얼마나 좋을까요

Q2 Tell me about the things you usually do at the park. What is your typical day like at the park? 당신이 주로 공원에서 하는 일을 말해 주세요. 공원에서의 당신의 일상적인 하루는 어떤가요?

 Q2에 답변해 보세요.

* take a walk(산책하다), get some air(바람을 쐬다)와 같은 중요한 숙어는 외워두세요.

모범 답변

MP3 3_14

Intro So, you wanna know how I spend my day at the park, huh?

Body I go there whenever I need to relieve stress or get some fresh air. You know, it's the best place to take a walk or walk my dog. I usually walk along the lake in the park. After a long walk, I feel so relaxed ⊕and find my stress gone. I can see many people relaxing on the grassy area ❶here and there. ⊕The park offers excellent recreational facilities and you can enjoy seasonal events there, so it's never boring. Sometimes, I spread a blanket on the grass and take a rest. Oh! I forgot to mention! There's my favorite ice cream shop in that park. They make all the premium ice cream ❷on the spot and their strawberry ice cream is a killer! ⊕Also, ❸I have many fond memories of being there with my sister.

Outro Would you like to try their ice cream with me next time?

그러니까, 제가 공원에서 하루를 어떻게 보내는지 알고 싶다고요?
저는 스트레스를 해소하거나 바람을 쐬야 할 때마다 공원에 가요. 당신도 알다시피, 산책을 하거나 강아지를 산책시키기에 공원이 가장 좋은 곳이잖아요. 저는 보통 공원 안의 호수를 따라 걸어요. 긴 산책 후에는 마음이 편해지고 +제 스트레스가 해소된 것이 느껴져요. 많은 사람들이 풀로 덮인 곳 여기저기에서 휴식을 취하는 것을 볼 수 있어요. +공원에는 훌륭한 오락 시설이 있고 계절 이벤트를 즐길 수 있기 때문에 절대 지루하지가 않아요. 때때로, 저는 잔디 위에 담요를 펼치고 휴식을 취해요. 아! 언급하는 것을 잊어버렸네요! 그 공원에는 제가 가장 좋아하는 아이스크림 가게가 있어요. 그 자리에서 모든 고급 아이스크림을 만들어 주는데 딸기 아이스크림이 끝내줘요! +그리고, 저는 그곳에 제 여동생과 함께 갔던 많은 좋은 추억들을 갖고 있어요.
다음에 저와 함께 그 아이스크림을 먹으러 가지 않을래요?

표현 ❶ **here and there** 여기저기
❷ **on the spot** 그 자리에서/즉석에서
❸ **I have fond memories of A.** 나는 A에 대한 좋은 추억이 있다.

어휘 relieve stress 스트레스를 해소하다 walk one's dog 강아지를 산책시키다 recreational facility 오락 시설
spread 펼치다 premium 고급 a killer (너무 신나거나 좋아서) 죽여주는 것

⊕표현은 IH 이상 레벨을 원한다면 포함해서 외워 두세요. ⊕표현을 빼고 말해도 무관합니다.

Q3 When was the last time you went to the park? Who did you go with and what did you do? Tell me about that day beginning to end. 당신이 마지막으로 공원에 간 것은 언제였나요? 누구와 함께 갔고, 무엇을 했나요? 그날의 처음부터 끝까지 말해 주세요.

 Q3에 답변해 보세요.

* 대부분의 설문 조사 문제는 스트레스와 연관시켜 말할 수 있습니다. Q2에서 쓴 주요 표현을 과거로 바꾸어 말하는 것도 좋습니다.

모범 답변
MP3 3_15

Intro To tell you the truth, I haven't been to the park lately.

Body ❶The last time I went there was a few months ago. I was really stressed out that day, so I went there alone to clear my head. I took a long walk while listening to my favorite music on my phone. After that, I sat down on the bench near the lake and the water was so clean. ❷I felt as if all my worries were washing away. Although I was alone, I felt so good and refreshed. ✚There were pigeons flying over my head and the breeze was gentle. Of course, I didn't forget to stop by my favorite ice cream store because ❸eating their ice cream is another fun part of visiting that park.

Outro Eva, what do you do when you're stressed out?

사실대로 말하자면, 최근에는 공원에 간 적이 없어요.
그곳에 마지막으로 간 것은 몇 달 전이에요. 그날 저는 스트레스가 너무 쌓여서 머리를 식히려고 혼자 공원에 갔어요. 저는 제 휴대전화로 가장 좋아하는 음악을 들으며 긴 산책을 했어요. 그러고 나서, 호수 근처 벤치에 앉았는데 물이 굉장히 맑았어요. 마치 저의 모든 걱정거리가 씻겨 내려가는 것처럼 느껴졌어요. 비록 저는 혼자였지만, 굉장히 기분이 좋고 상쾌했어요. +제 머리 위로 비둘기가 날아다녔고 산들바람은 부드러웠어요. 물론, 제가 가장 좋아하는 아이스크림 가게에 들르는 것도 잊지 않았어요. 그 아이스크림을 먹는 것이 그 공원에 가는 또 다른 묘미이기 때문이에요.
Eva, 당신은 스트레스를 받을 때 무엇을 하나요?

표현 ❶ **The last time I 과거 동사 was ~.** 내가 마지막으로 ~했던 적은 ~이다.
❷ **I felt as if 주어+동사.** 나는 마치 '주어'가 ~한 것처럼 느껴졌다.
❸ **A is another fun part of B.** A는 B의 또 다른 묘미이다.

어휘 truth 사실, 진실 stressed out 스트레스가 쌓인 clear one's head 머리를 식히다 as if 마치 ~한 것처럼 worries 걱정거리 wash away 씻겨 내려가다 refreshed 상쾌한 pigeon 비둘기 breeze 산들바람

✚표현은 IH 이상 레벨을 원한다면 포함해서 외워 두세요. ✚표현을 빼고 말해도 무관합니다.

공원/해변에 가기 필수 표현

공원의 종류
inner city park 도심 공원
historic park 역사 공원
national park 국립 공원
natural park 자연 공원
public garden 공원

느낌/분위기
rocky 바위투성이의
steep 가파른
mountainous 산악의
forested 숲으로 덮인
active and refreshing 활기차고 상쾌한
peaceful and tranquil 평화롭고 조용한
beautiful and clean 아름답고 깨끗한
breathtaking 숨이 멎을 듯한
spectacular 장관인

공원 내 시설
pavilion 휴게소, 정자
drinking fountain 식수대
bike path 자전거 도로
(artificial) lake (인공) 호수
running track 조깅 트랙 (=jogging track)
walking trail 산책로
stall 매점
street vendor 노점상
exercise equipment 운동 시설물
*equipment는 불가산 명사
basketball court 농구 코트
bike rental shop 자전거 대여점
bench 벤치

빈도수
once 한 번
twice 두 번
every once in a while 어쩌다가 한 번씩
from time to time 이따금
fairly often 꽤 자주
twice a week on average 평균적으로 일주일에 두 번
three times a week 일주일에 세 번

동사
bloom 꽃이 피다
stroll 산책하다
check the weather 날씨를 확인하다
keep in shape 몸매 관리를 하다
stay fit 좋은 몸매를/건강을 유지하다
stretch one's legs 다리를 스트레칭하다
do some warm-ups 준비운동을 좀 하다
take a walk 걷다
go for a walk 산책하다
ride one's bike 자전거를 타다
walk one's dog 개를 산책시키다
get some fresh air 바람을 좀 쐬다
enjoy the sunshine 햇빛을 즐기다
jog along the river 강가를 따라 조깅하다

패턴 Review

공원/해변에 가기

다음 우리말 문장을 영어로 말해 보세요.

MP3 3_16

1. 이곳은 관광 명소들로 유명해요.

2. 커피 마시며 쉬기에 완벽한 장소예요.

3. 이곳은 대부분 아이들로 붐벼요.

4. 당신에게 우리 동네를 구경시켜 줄게요.

5. 아이들이 여기저기에서 웃고 뛰어다녀요.

6. 즉석에서 식사를 받을 수 있어요.

7. 저는 그 도서관에 좋은 추억을 갖고 있어요.

8. 제가 마지막으로 조깅한 것은 일년 전이에요.

9. 제가 마치 구름 위를 걷고 있는 것처럼 느껴졌어요.

10. 마술쇼는 그 프로그램의 또 다른 묘미예요.

---

1. It's well known for its tourist spots.
2. This is a perfect spot to have a coffee break.
3. It is usually crowded with kids.
4. I'll give you a tour of my city.
5. Children are laughing and running here and there.
6. I can get my meal on the spot.
7. I have fond memories of the library.
8. The last time I went jogging was a year ago.
9. I felt as if I was walking on air.
10. The magic show is another fun part of the program.

UNIT 05
수영/조깅/걷기/요가

📋 출제 가능한 문제

- ✔ 자주 가는 수영장 묘사
  (Part 1, Unit 03 – 장소 묘사 / Part 3, Unit 04 – 공원/해변에 가기 Q1 모범 답변 응용)
- ✔ 수영하는 습관Ⅰ – 장소, 빈도수, 함께 가는 사람
- ✔ 수영하는 습관Ⅱ – 이유, 장점
- ✔ 수영에 처음 관심을 가지게 된 계기
- ✔ 수영하다가 생긴 일 **(Part 1, Unit 06 – 경험 이야기하기 응용)**
- ✔ 호텔 수영장 사용에 대해 질문 **(Part 2, Unit 03 – 전화로 질문하기 응용)**
- ✔ 수영장에 물건을 놓고 온 상황을 설명하고 대안 제시
  (Part 2, Unit 04 – 대안 제시하기 응용)
- ✔ Eva에게 수영에 관해 질문 **(Part 3, Unit 03 – 콘서트/공연 보기 Q3 모범 답변 응용)**

🔗 3콤보 문제 빈출 조합

Q1 수영하는 습관Ⅰ → **Q2** 수영하는 습관Ⅱ → **Q3** 최근에 수영을 다녀온 경험

Q1 호텔 수영장 사용에 대해 질문 → **Q2** 수영장에 물건을 놓고 온 상황을 설명하고 대안 제시 → **Q3** 수영장에서의 잊지 못할 경험

Q1 수영의 장점 → **Q2** 수영에 처음 관심을 가지게 된 계기 → **Q3** 수영장에서의 잊지 못할 경험

Q1 수영하는 습관Ⅰ → **Q2** Eva에게 수영에 관해 질문

Practice Questions

Q1 수영하는 습관Ⅱ → **Q2** 수영에 처음 관심을 가지게 된 계기 → **Q3** 수영장에서의 잊지 못할 경험

Q1 You stated in the survey that you enjoy swimming. How often do you go swimming and why do you like swimming? What are the advantages of this activity? 당신은 설문 조사에서 수영을 좋아한다고 했어요. 당신은 얼마나 자주 수영을 하러 가고, 왜 수영을 좋아하나요? 이 활동의 장점은 무엇인가요?

 Q1에 답변해 보세요.
* 관련 어휘의 동사형와 명사형을 정확히 알고 사용하세요. Ex) go swimming(수영하러 가다), do yoga(요가하다)라고 표현합니다. swimming과 yoga는 명사입니다.

모범 답변
MP3 3_17

Intro Yes, I love swimming because there are so many ❶advantages of swimming.

Body I try to go swimming as much as time allows because I know it's such a healthy habit. I usually go to the local gym and enjoy swimming. First, It's a whole body workout and it's easy on the joints, too. If you swim on a regular basis, you can lose weight and stay fit because it burns calories very fast. Moreover, it can strengthen your immune system ⊕and boost your metabolism. Doctors say it's the best way to build your body strength. Swimming also has mental benefits as well. After swimming for an hour, you can reduce your stress.

Outro It's such a great sport, isn't it? I suggest you ❷give it a try!

네, 저는 많은 장점이 있기 때문에 수영을 좋아해요.
건강한 습관이라는 것을 알기에 저는 시간이 허락하는 한 수영을 하려고 해요. 저는 보통 동네 체육관에 가서 수영을 즐겨요. 우선, 수영은 전신 운동이고 관절에도 무리가 가지 않아요. 주기적으로 수영을 하면, 열량을 매우 빠르게 태우기 때문에 살을 뺄 수 있고 몸매를 유지할 수 있어요. 게다가, 면역 체계를 강화해줘요. +그리고 신진대사를 활성화시키죠. 의사들은 수영이 체력을 기르는 데 가장 좋은 방법이라고 해요. 수영은 정신적인 이점도 있어요. 한 시간 정도 수영을 하면, 스트레스를 줄일 수 있어요.
수영은 굉장한 운동이지요, 그렇지 않나요? 당신도 한번 해보세요!

표현 ❶ **advantages of A** A의 장점들
❷ **give it a try** 시도하다, 한번 해보다

어휘 workout 운동 easy on ~에 관대한 joint 관절 lose weight 살을 빼다 burn 태우다 strengthen 강화시키다 immune system 면역 체계 boost 신장시키다 metabolism 신진대사 body strength 체력 mental 정신적인 benefit 이점 reduce 줄이다

⊕ 표현은 IH 이상 레벨을 원한다면 포함해서 외워 두세요. ⊕ 표현을 빼고 말해도 무관합니다.

Q2 How did you first become interested in swimming? Did somebody or something influence you? If so, who or what was it that got you interested in swimming? 당신은 어떻게 처음 수영에 관심을 가지게 되었나요? 누군가 혹은 무언가가 당신에게 영향을 주었나요? 만약 그렇다면, 당신이 수영에 흥미를 가지도록 한 것은 누구 혹은 무엇이었나요?

 Q2에 답변해 보세요.

* 발화량을 늘리기 위해 수영의 장점에 대한 이야기를 중간에 섞어 말해도 괜찮습니다. 전달력 향상을 위해 중간중간 접속사를 사용하고, 접속사는 힘주어 말하세요.

모범 답변

MP3 3_18

Intro Let's see... How did I become interested in swimming?

Body I started swimming when I was in elementary school. I was a bit chubby at that time and putting on so much weight. I guess I was stressed out about my studies. So, I decided to go on a diet for my health. ❶Just then, my best friend recommended swimming to me. It was not fun ❷at first, but I started liking it gradually. Thanks to swimming, I lost more than 10 kilos in 3 months. Ever since then, swimming has become my favorite exercise.

Outro ❸Now that I'm really good at swimming, I can teach you how to swim.

글쎄요... 제가 어떻게 수영에 흥미를 가지게 되었냐고요?
저는 초등학교 때 수영을 시작했어요. 그때에는 제가 다소 통통했고 체중이 많이 늘고 있었어요. 제 생각에 학업 때문에 스트레스를 받았던 것 같아요. 그래서, 저는 제 건강을 위해 다이어트를 하기로 했어요. 바로 그때, 저의 가장 친한 친구가 수영을 추천해 주었어요. 처음에는 재미가 없었지만, 서서히 좋아졌어요. 수영 덕분에 저는 3달 동안 10킬로그램을 뺐어요. 그때 이후로, 수영은 제가 가장 좋아하는 운동이 되었어요.
이제는 제가 수영을 정말 잘하니, 당신에게 수영하는 법을 가르쳐 줄 수도 있겠네요.

표현 ❶ **just then** 바로 그때
❷ **at first** 처음에는
❸ **now that 주어+동사,** 이제 '주어'가 ~하니,

어휘 at that time 그때에는 put on weight 체중이 늘다 studies 학업 go on a diet 다이어트를 하다 gradually 서서히 thanks to A A덕분에 be good at A A를 잘하다

Q3 Have you ever had an unforgettable experience while swimming? When was it and who were you with? Tell me about the incident from beginning to end. 당신은 수영을 하면서 잊지 못할 경험을 한 적이 있나요? 그건 언제였고, 누구와 함께 있었나요? 사건의 처음부터 끝까지 말해 주세요.

 Q3에 답변해 보세요.

* 잊지 못할 경험은 매우 좋았던 기억일 수도 매우 안 좋았던 기억일 수도 있습니다. 안 좋았던 기억에 대해 말할 경우, Outro에서 I would rather not talk about it further.(그것에 대해 더 이상은 말하고 싶지 않아요.)라고 말하며 감정에 호소하는 것도 좋습니다.

모범 답변
MP3 3_19

Intro Well, I had a terrible experience while I was swimming.
Body It was one hot summer day. My friend and I went swimming and we had so much fun until that incident happened to me. We were swimming to the deep end. Suddenly, I ❶**had a cramp in my leg**. I couldn't move at all and I was drowning, but nobody came to rescue me. I just remember paddling my feet so hard to survive. I ❷**had a near-death experience that day**. I can never forget that day.
Outro Oh, Eva. ❸**I would rather not talk about it further.** Can we move on?

음, 저는 수영을 하면서 끔찍한 경험을 한 적이 있어요.
어느 뜨거운 여름날이었어요. 제 친구와 저는 수영을 하러 갔고 저에게 그 사건이 일어나기 전까지 우리는 정말 재미있게 놀았어요. 우리는 깊은 쪽을 향해 수영을 하고 있었어요. 갑자기, 제 다리에 쥐가 났지요. 저는 전혀 움직일 수 없었고 물에 빠지고 있었지만, 아무도 저를 구하러 오지 않았어요. 살아남기 위해 힘껏 물장구를 친 기억만 나요. 저는 그날 거의 죽을 뻔했어요. 절대로 그날을 잊을 수가 없어요. 아, Eva. 그것에 대해 더 이상은 말하고 싶지 않네요. 넘어가도 될까요?

표현 ❶ **have a cramp** 쥐가 나다
❷ **have a near-death experience** 죽을 뻔한 경험을 하다
❸ **I would rather not 동사.** 나는 ~하고 싶지 않다.

어휘 incident 일, 사건 deep end 깊은 쪽 have a cramp in one's leg 다리에 쥐가 나다 drown 물에 빠지다 rescue 구조하다 paddle 물장구를 치다 further 더 move on 넘어가다

수영/조깅/걷기/요가 필수 표현

수영법
freestyle 자유형
backstroke 배영
butterfly 접영
breaststroke 평영

헬스
dumbbell 덤벨
sporting goods 스포츠 용품
cardio exercise 유산소 운동
cardio area 유산소 운동 하는 곳
weightlifting 역도
weight training 근력 운동
sit-up 윗몸 일으키기
crunch 크런치 (윗몸 일으키기의 일종, 복근 운동)
push-up 팔 굽혀 펴기
leg-raise 다리 올리기
training suit 운동복
treadmill 러닝머신

동사
do some warm-up 준비운동을 좀 하다
paddle one's feet in the water 물장구 치다
have a cramp in one's leg 다리에 쥐가 나다
drown 물에 빠지다
train the whole body 전신을 단련시키다
protect the joints 관절을 보호하다
stretch 스트레칭하다
good for one's circulation 혈액 순환에 좋은
get fit/get in shape 날씬해지다/건강해지다
lose weight 살을 빼다
gain weight 살을 찌우다
exercise one's abs 복근 운동을 하다
increase muscle tone 근육량을 늘리다
breathe better 호흡을 더 잘하다
reduce stress 스트레스를 완화하다

그 외
mental benefits 정신적인 이로움
physical benefits 신체적인 이로움
kickboard 킥보드 (물 차기 연습용 보드)
belly fat 뱃살, 복부 지방

패턴 Review

수영/조깅/걷기/요가

다음 우리말 문장을 영어로 말해 보세요.

MP3 3_20

1. 유학을 하는 것에는 몇몇 장점들이 있어요.

2. 우리는 상을 타기 위한 시도를 할 거예요.

3. 바로 그때, 저는 이상한 소리를 들었어요.

4. 처음에는, 그것이 지루했지만 곧 재미있어졌어요.

5. 이제 그녀가 프로젝트를 맡고 있으니, 저는 휴가를 갈 수 있어요.

6. 저는 수영하다가 쥐가 났어요.

7. 그는 호수에서 죽을 뻔한 경험을 했어요.

8. 저는 일이 어떻게 되어 가는지 알고 싶지 않아요.

---

1. There are some advantages of studying abroad.
2. We will give it a try to win the prize.
3. Just then, I heard a strange sound.
4. At first, it was boring, but soon it became fun.
5. Now that she is in charge of the project, I can go on a vacation.
6. I had a cramp while swimming.
7. He had a near-death experience in the lake.
8. I would rather not know how it's going.

UNIT 06
요리하기

📋 출제 가능한 문제

- ✔ 좋아하는 요리법
- ✔ 요리하기 전후 절차 **(Part 3, Unit 02 – 영화 보기 Q2 모범 답변 응용)**
- ✔ 지역의 유명한 요리 소개
- ✔ 요리에 처음 관심을 가지게 된 계기
- ✔ 최근에 요리한 경험
- ✔ 요리하다 겪은 인상 깊은 경험
- ✔ 친구가 파티를 위해 준비한 요리에 관해 질문 **(Part 2, Unit 03 – 전화로 질문하기 응용)**
- ✔ 파티를 위해 준비한 요리에 문제 발생 **(Part 2, Unit 04 – 대안 제시하기 응용)**
- ✔ Eva에게 즐겨 하는 요리에 관해 질문 **(Part 2, Unit 01 – Eva에게 질문하기 응용)**

🔗 3콤보 문제 빈출 조합

Q1 좋아하는 요리법 → **Q2** 최근에 요리한 경험 → **Q3** 요리하다 겪은 인상 깊은 경험

Q1 좋아하는 요리법 → **Q2** 요리에 처음 관심을 가지게 된 계기 → **Q3** 최근에 요리한 경험

Q1 친구가 파티를 위해 준비한 요리에 관해 질문 → **Q2** 파티를 위해 준비한 요리에 문제 발생 → **Q3** 요리하다 겪은 인상 깊은 경험

Q1 좋아하는 요리법 → **Q2** Eva에게 즐겨 하는 요리에 관해 질문

Practice Questions

Q1 좋아하는 요리법 → **Q2** 요리하기 전 절차 → **Q3** 최근에 요리한 경험

Q1 You indicated in the survey that you like cooking. What is your favorite dish to make? How do you make that dish and what are the ingredients? Tell me about the recipe of the dish you like to make. 당신은 설문 조사에서 요리를 좋아한다고 했습니다. 당신이 가장 만들기 좋아하는 요리는 무엇인가요? 어떻게 그 요리를 만들고, 재료는 무엇인가요? 당신이 즐겨 만드는 요리법에 대해 말해 주세요.

 Q1에 답변해 보세요.

* 평소에 즐겨 만드는 요리법은 다소 빠른 속도로 말하는 것이 좋습니다. stir-fry는 [스떨-f라이]로 발음하세요.

모범 답변

MP3 3_21

Intro Of course, I'm so glad to share my favorite recipe with you.
Body I love cooking fried rice. ❶In order to make it, you first need to cut beef into strips. And then, dice carrots, potatoes, onions and zucchini. Don't forget to preheat the pan with some oil. Next, add beef and stir-fry until very lightly browned. Shortly after, add the vegetables and cook until tender. Now, ❷all you have to do is put rice, sprinkle some black pepper, and fully cook it. Isn't it super easy?
Outro Maybe I can cook for you. Why don't you ❸come over sometime?

물론이죠, 제가 가장 좋아하는 요리법을 당신과 공유하게 되어 기쁘네요.
저는 볶음밥을 요리하는 것을 좋아해요. 볶음밥을 만들기 위해서는, 우선 소고기를 길고 가는 모양으로 잘라야 해요. 그러고 나서, 당근, 감자, 양파 그리고 애호박을 깍둑썰기를 하세요. 프라이팬에 약간의 식용유를 넣고 예열하는 것을 잊지 말아야 해요. 다음으로, 소고기를 넣고 아주 살짝 갈색이 될 때까지 볶으세요. 곧 야채를 넣고 부드러워질 때까지 익히세요. 이제 밥을 넣고 후추를 약간 뿌리고 완전히 익히기만 하면 돼요. 엄청 쉽지 않나요?
아마 제가 당신에게 요리를 해줄 수 있겠네요. 언제 놀러 오지 않을래요?

표현 ❶ **in order to 동사.** ~하기 위해서는
❷ **All you have to do is 동사.** ~하기만 하면 된다.
❸ **come over (to one's place)** (누구의 집에) 놀러 오다

어휘 recipe 요리법 fried rice 볶음밥 strip 길고 가는 모양 dice 깍둑썰기를 하다 zucchini 애호박 preheat 예열하다 stir-fry 볶다 tender (음식이) 연한 sprinkle 뿌리다 fully 완전히 super 대단한 sometime 언젠가

Q2 What are the steps you take before cooking? Tell me about the procedure when cooking. 당신은 요리하기 전에 어떤 단계를 거치나요? 요리할 때의 절차에 대해 말해 주세요.

 Q2에 답변해 보세요.

* 요리하기 전 절차를 묻고 있으므로 Q1의 요리법을 반복해서 말하지 마세요. ⟨be+being+p.p.⟩ 진행 수동태를 사용해 고득점을 노리세요!

모범 답변

MP3 3_22

Intro There are several steps before cooking.
Body First, ❶I think of a dish that I want to make. ❷I usually google recipes and buy ingredients online. After preparing all the ingredients, I make sure to wash my hands thoroughly. ➕Right before cooking, I sanitize the cutting board and knives. ❸While the meal is being cooked, I invite my friend over and start setting the table. I also prepare a bottle of wine ➕to jazz it up. When the cooking is done, I serve it on nice plates. If my dish comes out perfectly, I take a picture of it and post it on my blog.
Outro How does that sound, Eva?

요리하기 전에 거치는 몇 가지 단계가 있어요.
우선, 제가 만들고 싶은 요리를 생각해요. 저는 보통 요리법을 검색하고 온라인으로 재료를 구매해요. 재료를 다 준비한 후에는, 제 손을 꼼꼼히 씻어요. +요리하기 바로 전에, 저는 도마와 칼을 살균해요. 요리가 되어가는 동안 친구를 우리 집으로 초대하고 식탁을 차리기 시작하죠. 그리고 저는 와인 한 병도 준비해요. +분위기를 돋우기 위해서요. 요리가 다 되면, 근사한 접시에 담아내놓으면 돼요. 제 요리가 완벽하게 완성되면, 사진을 찍어서 제 블로그에 올려요.
어떤가요, Eva?

표현 ❶ **I think of A that I want to 동사.** 내가 ~하고 싶은 A를 생각한다.
❷ **I usually 동사 online.** 나는 주로 온라인으로 ~한다.
❸ **while A is(are) being 동사 p.p.** A가 ~되어가는 동안에

어휘 several 몇몇의 google (구글로) 검색하다 ingredient 재료 thoroughly 꼼꼼히 sanitize 살균하다
cutting board 도마 set the table 식탁을 차리다 jazz up 분위기를 돋우다 plate 접시
post (웹사이트에 글·사진을) 올리다

➕표현은 IH 이상 레벨을 원한다면 포함해서 외워 두세요. ➕표현을 빼고 말해도 무관합니다.

Q3 Tell me about the most recent cooking experience. When was it and what was the occasion? Who did you cook for?

가장 최근에 요리한 경험에 대해서 말해 주세요. 언제였고, 무슨 날이었나요? 누구를 위해 요리했나요?

 Q3에 답변해 보세요.

* 최근 요리한 경험은 다른 주제의 모범 답변에 대입해 말하기 어려우므로 꼭 따로 준비해 가세요.

모범 답변

MP3 3_23

Intro Well, let me recall my memories ⊕because it's been a while.

Body The most recent meal I prepared was for my boyfriend. It was his birthday and I decided to make spaghetti for him. I used the finest quality seafood for the spaghetti and prepared his favorite wine as well. ❶The pasta was perfect ⊕along with the salad I served on the side. I'm sure he was touched by my efforts because ❷it was my very first time cooking for him. It was such a fantastic birthday.

Outro Have you ever cooked for someone?

글쎄요, 제 기억을 다시 떠올려 볼게요 +꽤 오래전 일이라서요.
가장 최근에 만든 식사는 남자친구를 위해서였어요. 그의 생일이라 스파게티를 만들어 주기로 결정했지요. 저는 스파게티에 최고급의 해산물을 넣었고 그가 가장 좋아하는 와인도 준비했어요. 파스타는 완벽했어요 +제가 옆에 곁들인 샐러드와 잘 어울렸지요. 그게 제가 그에게 처음으로 요리해준 것이라서 그가 저의 노력에 감동받았다고 확신해요. 정말 근사한 생일이었어요.
당신은 누군가를 위해 요리한 적이 있나요?

표현 ❶ **A was perfect along with B.** B와 더불어 A는 완벽했다.
❷ **It was my first(last) time -ing.** 그건 내가 처음으로(마지막으로) ~한 것이었다.

어휘 recall 다시 떠올리다 while 한동안 recent 최근의 finest quality 가장 질 좋은 on the side 곁들여져 나오는 be sure 확신하다 touched 감동받은 efforts 노력

⊕표현은 IH 이상 레벨을 원한다면 포함해서 외워 두세요. ⊕표현을 빼고 말해도 무관합니다.

요리하기 필수 표현

동사

stir-fry 볶다
boil 끓이다
preheat 예열하다
simmer 약한 불에 끓이다
bake (쿠키·케이크 등을) 굽다
cube 깍둑썰기를 하다, 네모로 썰다
dice 깍둑썰기를 하다
cut 썰다
slice 얇게 썰다
chop 다지다
grind 갈다
mix 섞다
steam 찌다
season 양념[간]하다
add 첨가하다
drain 물을 빼내다
turn the heat to medium 중간불로 줄이다
overcook 너무 많이 조리해 버리다
burn 태우다
add too much 너무 많이 넣어버리다
put wrong ingredients 잘못된 재료를 넣다
forget to put 넣는 것을 잊어버리다
fail to control the heat 불 조절에 실패하다
spill 흘리다, 쏟다

조미료

soy sauce 간장
vinegar 식초
salt and pepper 소금과 후추
herbs and spices 허브와 향신료
*h는 묵음[얼-브]
red pepper paste 고추장
soybean paste 된장

그 외

ingredients 재료들
pot 냄비, 솥
frying pan 프라이팬 (=skillet)
cutting board 도마
on high heat 높은 온도로
finger-licking good 진짜 맛있는
fun 재미 있는
healthy 건강에 좋은

 패턴 Review

요리하기

다음 우리말 문장을 영어로 말해 보세요.

MP3 3_24

1. 입구를 찾기 위해서는, 왼쪽으로 돌아야 해요.

2. 세 블록만 직진 하면 돼요.

3. 우리 집에 파티 하러 놀러 올래요?

4. 저는 제가 가고 싶은 나라를 생각해요.

5. 저는 주로 호텔을 온라인으로 예약해요.

6. 식탁이 배치되는 동안에 쉬어도 돼요.

7. 그녀의 드레스는 목걸이와 더불어 완벽했어요.

8. 저는 요가를 처음 해 봤어요.

9. 전에 서울에 와본 적이 있나요?

---

1. In order to find the entrance, you should turn left.
2. All you have to do is go straight for 3 blocks.
3. Will you come over to my place to have a party?
4. I think of a country that I want to pay a visit.
5. I usually reserve hotel rooms online.
6. While the tables are being arranged, you can take a rest.
7. Her dress was perfect along with the necklace.
8. It was my first time doing yoga.
9. Have you ever visited Seoul before?

UNIT 07
자전거 타기

📋 출제 가능한 문제

- ✔ 자전거 묘사
- ✔ 자전거를 타는 습관Ⅰ - 장소, 빈도수 **(Part 1, Unit 03 - 장소 묘사 응용)**
- ✔ 자전거를 처음 타게 된 계기
- ✔ 자전거를 처음 배울 때의 일화
- ✔ 자전거로 장거리를 이동한 경험
- ✔ 자전거를 타면서 겪은 당황스러운 경험
- ✔ 친구가 자전거를 빌려달라고 부탁하는 상황
- ✔ 친구가 고장 낸 자전거와 관련해 수리점에 문의
- ✔ 친구에게 자전거를 빌려달라고 부탁 **(Part 2, Unit 03 - 전화로 질문하기 응용)**
- ✔ 친구 자전거를 고장 낸 것을 설명하고 대안 제시 **(Part 2, Unit 04 - 대안 제시하기 응용)**
- ✔ Eva에게 자전거에 관해 질문 **(Part 2, Unit 01 - Eva에게 질문하기 응용)**

 3콤보 문제 빈출 조합

Q1 자전거 묘사 → **Q2** 자전거를 타는 습관Ⅰ → **Q3** 자전거를 처음 배울 때의 일화

Q1 자전거를 타는 습관Ⅰ → **Q2** 자전거로 장거리를 이동한 경험 → **Q3** 자전거를 타면서 겪은 인상 깊은 경험

Q1 친구에게 자전거를 빌려달라고 부탁 → **Q2** 친구가 고장 낸 자전거와 관련해 수리점에 문의 → **Q3** Q2와 유사한 경험

Q1 자전거 묘사 → **Q2** Eva에게 자전거에 관해 질문

 Practice Questions

Q1 자전거를 타는 습관 I → **Q2** 자전거를 처음 배울 때의 일화 → **Q3** 자전거를 타면서 겪은 당황스러운 경험

Q1 In the survey, you indicated that you enjoy riding a bicycle. How often do you ride your bike and where do you usually go? What kinds of things do you do when you go biking?

당신은 설문 조사에서 자전거 타는 것을 좋아한다고 했습니다. 당신은 자전거를 얼마나 자주 타고, 주로 어디를 가나요? 자전거를 타러 가면 당신은 어떤 일들을 하나요?

 Q1에 답변해 보세요.
* '사물 묘사'의 Q2 모범 답변을 응용해 말하는 것도 좋습니다.

모범 답변
MP3 3_25

Intro I think riding a bike is such a great hobby.

Body I usually go to the river park near my place and ❶spend my weekends riding it. I can't tell you how fun it is, but ❷safety comes first more than anything else. So, I make sure to wear a helmet and check my bike thoroughly beforehand. I also take a water bottle with me at all times so that ❸I don't have to worry about getting dehydrated. Whenever I go biking, I can forget about my worries and my stress just floats away. I think it's the best way to find inner peace.

Outro ❹**Are you good at riding a bike?**

저는 자전거를 타는 것이 멋진 취미라고 생각해요.
저는 주로 주말에 집 근처 강변 공원에 가서 자전거를 타면서 주말을 보내요. 얼마나 재미있는지 이루 말할 수 없지만, 다른 무엇보다 안전이 최우선이지요. 그래서 저는 헬멧을 쓰고 사전에 제 자전거를 꼼꼼히 점검해요. 저는 또한 탈수에 대해 걱정하지 않도록 물병을 항상 갖고 다니도록 하죠. 자전거를 타러 갈 때마다, 걱정거리를 잊을 수 있고, 스트레스가 날아가요. 제 생각에는 마음의 평화를 찾는 데 가장 좋은 방법인 것 같아요.
당신은 자전거를 잘 타나요?

표현 ❶ **spend one's weekend(s) -ing** ~하면서 주말을 보내다
❷ **A comes first.** A가 우선이다.
❸ **I don't have to worry about A.** A에 대해 걱정하지 않아도 된다.
❹ **be good at A** A를 잘하다

어휘 hobby 취미 safety 안전 thoroughly 꼼꼼하게 beforehand 사전에 at all times 항상 get dehydrated 탈수되다 worries 걱정거리 float away 날아가다, (물에) 떠내려가다 inner peace 마음의 평화

Q2 Do you remember the first time you learned how to ride a bicycle? Who taught you? Tell me about your first experience in detail. 당신이 처음 자전거 타는 법을 배웠던 때를 기억하나요? 누가 당신에게 가르쳐 주었나요? 당신의 첫 경험을 자세히 말해 주세요.

 Q2에 답변해 보세요.

* '~을 받았다'를 I received ~ 대신 수동태 표현인 I was given ~으로 바꾸어 말해 보세요. 더 좋은 점수를 받을 수 있습니다. 아래 모범 답변은 어릴 적 동네에서 있었던 일에 대한 답변으로도 쓸 수 있습니다.

모범 답변

MP3 3_26

Intro Wow... It was such a long time ago.

Body I don't quite remember the brand of my first bike, but I got it on my 4th birthday from my parents. In fact, ❶I was given my brother's bike. It wasn't new. It certainly wasn't impressive, but I was so happy that it was all mine. My dad attached a white basket and put the stabilizers back on. ❷I can't remember the exact day the stabilizers came off, but I remember clearly my dad pushing me off on the road. He told me he was still holding onto the saddle. I looked around and realized I was cycling all by myself. ❸Not long after, I was able to cycle with all the other kids in the neighborhood.

Outro I'm 28 now and this is still one of my fondest memories.

와... 꽤 오래 전 일이네요.
제 첫 자전거의 상표는 잘 기억나지 않지만, 부모님께서 제 네 번째 생일에 주셨어요. 실은, 제 형의 자전거를 받은 거였어요. 새 것은 아니었죠. 분명히 인상 깊지는 않았지만, 온전히 제 것이라는 것에 굉장히 기뻤어요. 저희 아버지께서는 하얀 바구니를 자전거에 붙이고 다시 보조 바퀴를 고정시켜 주셨어요. 보조 바퀴를 떼어낸 정확한 날은 기억나지 않지만, 아버지께서 길 위에서 저를 밀어 주시던 것은 선명히 기억나요. 아버지는 계속 안장 위를 잡고 있다고 말씀하셨어요. 저는 주위를 둘러봤고 제 혼자 힘으로 자전거를 타고 있다는 것을 깨닫게 되었지요. 얼마 지나지 않아, 저는 동네의 모든 아이들과 자전거를 함께 탈 수 있게 되었어요.
저는 지금 28살이고 이 기억은 여전히 저에게 가장 좋은 추억 중 하나로 남아있어요.

표현 ❶ **I was given A.** 나는 A를 받았다.
❷ **I can't remember the exact 명사.** 나는 정확한 '명사'를 기억하지 못한다.
❸ **not long after** 얼마 지나지 않아

어휘 impressive 인상 깊은 all mine 온전한 내 것 attach 붙이다 stabilizer 보조 바퀴 exact 정확한 come off 떼어내다 saddle 안장 one's fondest memory 가장 좋아하는 추억

Q3 There's a time when you face unexpected moments when riding a bike. Have you ever had any incidents while riding your bike? When was it and how did you feel? 자전거를 타다 보면 예상치 못한 순간에 맞닥뜨리는 경우가 있습니다. 당신은 자전거를 타다가 사건이 난 적이 있나요? 언제였고, 어떤 감정을 느꼈나요?

 Q3에 답변해 보세요.

* 과거 시제에서는 특히 연음으로 인해 발음이 약하게 나는 부분을 주의해서 말하세요.
  Ex) start<u>ed</u>(시작했다), end<u>ed</u> up(~하게 되었다)
       [릿]   [딧]

모범 답변
MP3 3_27

Intro   I certainly have had an unexpected incident.
Body   You know I started riding my bike when I was four. Unfortunately, ❶ <u>by the following summer I'd already had the biggest bike accident of my life</u>. One day, my mom ❷ took me to my favorite park. When going down a steep hill, I went too fast. Then, I hit the brake and went flying. I ❸ <u>ended up landing hard on the concrete</u>, knocking out a front tooth. It was painful, but I thought I got great scabs on my knees. You know how kids are.
Outro   Were you a handful, too?

저에게도 물론 예상치 못한 사건이 있었어요.
그러니까 저는 네 살때 자전거를 타기 시작했어요. 운 나쁘게도, 그 다음 여름 즈음에 벌써 제 인생에서 가장 큰 자전거 사고를 겪었어요. 어느 날 저희 어머니께서 제가 가장 좋아하는 공원에 저를 데리고 가셨어요. 급경사의 언덕을 내려갈 때, 제가 너무 속도를 냈어요. 그 다음에, 저는 급브레이크를 잡았고 제가 날아갔죠. 저는 결국 콘크리트 바닥에 떨어졌고 앞니 하나가 나가떨어졌어요. 너무 고통스러웠지만, 저는 제 무릎에 영광의 딱지가 생겼다고 생각했죠. 애들이 어떤지 알잖아요.
당신도 다루기 힘든 아이였나요?

표현
❶ **by the following 때, 시간** 그 다음 '때, 시간'에
❷ **take A to B** A를 B로 데리고 가다
❸ **end up -ing** 결국 ~하게 되다

어휘 unexpected 예상치 못한 steep 급경사의 hit the brake 급브레이크를 잡다(밟다) land (땅에) 떨어지다 concrete 콘크리트 knock out (센 충격으로 인해) 나가떨어지다 front tooth 앞니 painful 고통스러운 scab 딱지 handful 다루기 힘든 사람

자전거 타기 필수 표현

자전거 부품
frame 틀
gears 기어
bars 핸들 (=handle bars)
basket 바구니
stabilizer 보조 바퀴 (=training wheel)
saddle 안장
wheel 바퀴

동사
accelerate 속력을 내다
hit the brake 급브레이크를 잡다(밟다)
give directions 길을 알려 주다
ride one's bike 자전거를 타다
pedal 페달을 밟다
commute 통근하다
go down a hill 언덕을 내려가다
be hospitalized 입원하다

사고 관련 표현
accident 사고
injury 부상
helmet 헬멧
race 경주

그 외
road bike 도로용 자전거 (사이클 자전거)
steel 철
shoulder (도로의) 갓길
mint condition 양호한 상태
mile 마일 *1mile = 1.6km
off-road 비포장길
pedestrian 보행자
balance 중심
bike path 자전거도로
bike rental shop 자전거 대여점
riverside 강변
along the east coast 동해를 따라서

패턴 Review

자전거 타기

다음 우리말 문장을 영어로 말해 보세요.

MP3 3_28

1. 그는 소파에서 TV를 보며 주말을 보내요.

2. 음악 대회가 우선이에요.

3. 그곳은 매우 따뜻하기 때문에 추위 걱정은 안 해도 돼요.

4. 그는 수영을 정말 잘해요.

5. 저는 춤 경연 대회에서 상을 받았어요.

6. 저는 그 사람의 정확한 생김새를 기억하지는 못해요.

7. 얼마 지나지 않아, 저는 그가 죽었다는 소식을 들었어요.

8. 그 다음 봄 즈음에는, 꽃들이 화려하게 필 거예요.

9. 그녀는 아들을 놀이공원에 데리고 갔어요.

10. 결국 그들은 결혼했어요.

---

1. He spends his weekends watching TV on the couch.
2. The music contest comes first.
3. I don't have to worry about being cold because it's very warm there.
4. He is very good at swimming.
5. I was given an award at the dance competition.
6. I can't remember the exact appearance of the person.
7. Not long after, I heard the news that he passed away.
8. By the following spring, the flowers will splendidly blossom.
9. She took her son to the amusement park.
10. They ended up getting married.

UNIT 08
주거 개선 프로젝트

출제 가능한 문제

- 즐겨 하는 주거 개선 프로젝트
- 주거 개선 프로젝트의 절차와 전후 비교
- 최근에 한 주거 개선 프로젝트
- 기억에 남는 주거 개선 프로젝트
- 주거 개선 프로젝트 시 필요한 도구
- 주거 개선 프로젝트 도중 발생한 문제점이나 사건
- 주거 개선 프로젝트의 최근 트렌드
- 할인 매장에 전화해 필요한 물건에 대해 질문
- 매장에 도착해 직면한 문제를 설명하고 해결책 제시
- Eva에게 주거 개선 프로젝트에 관해 질문 (Part 2, Unit 01 – Eva에게 질문하기 응용)

3콤보 문제 빈출 조합

Q1 최근에 한 주거 개선 프로젝트 → **Q2** 기억에 남는 주거 개선 프로젝트 → **Q3** 주거 개선 프로젝트 도중 발생한 문제점이나 사건

Q1 즐겨 하는 주거 개선 프로젝트 → **Q2** 주거 개선 프로젝트 시 필요한 도구 → **Q3** 주거 개선 프로젝트의 최근 트렌드

Q1 할인 매장에 전화해 필요한 물건에 대해 질문 → **Q2** 매장에 도착해 직면한 문제를 설명하고 해결책 제시 → **Q3** 주거 개선 프로젝트 도중 발생한 문제점이나 사건

 Practice Questions

Q1 즐겨 하는 주거 개선 프로젝트 → **Q2** 주거 개선 프로젝트의 절차와 전후 비교 → **Q3** 기억에 남는 주거 개선 프로젝트

Q1 What kind of home improvement project do you enjoy doing and what is the reason? 당신은 어떤 종류의 주거 개선 프로젝트를 즐겨 하고, 그 이유는 무엇인가요?

Q1에 답변해 보세요.

* '주거 개선'이라는 단어가 거창하게 느껴질 수 있으나, 문제에서 물어보는 것은 벽지를 바꾸거나, 집안 장식을 바꾸거나 하는 우리가 흔히 하는 작업을 의미합니다.

모범 답변

MP3 3_29

Intro I have several favorite home improvement projects and I'm glad to talk about them.
Body First of all, I love ❶replacing some old parts with new ones. I'm ❷not much of a builder. That's why I'm rather interested in simple easy home improvements such as replacing old faucets or cabinet knobs. Did you know that you can ❸make a big change in your bathroom ❹just by swapping out the faucet? Also, I'm into decorating as well. You can jazz up your place by changing your boring switch covers or applying decorative window films.
Outro Trust me. These home improvement projects are fun and insanely easy.

제가 좋아하는 몇 가지 주거 개선 프로젝트가 있는데 그것에 대해 이야기하게 되어 기쁘네요.
무엇보다도, 저는 오래된 부품을 새로운 것으로 교체하는 것을 좋아해요. 저는 만드는 재주가 있는 사람이 아니에요. 그래서 저는 오히려 오래된 수도꼭지나 찬장의 손잡이를 교체하는 것과 같이 쉽고 간단한 주거 개선에 흥미가 있어요. 수도꼭지를 교체하는 것 하나로도 화장실에 큰 변화를 줄 수 있다는 것을 아시나요? 또한, 저는 장식하는 것에도 관심이 있어요. 심심한 스위치 덮개를 바꾸거나 장식용 창문 필름을 붙이는 것으로도 당신의 집을 더 매력적으로 만들 수 있어요.
저를 믿어 보세요. 이런 주거 개선 프로젝트는 재미있고 미친듯이 쉬워요.

표현
❶ **replace A with(by) B** A를 B로 교체하다
❷ **not much of a 명사** 좋은(대단한) '명사'는 아니다
❸ **make a big change** 큰 변화를 가져오다
❹ **just by -ing** ~하기만 하면

어휘 first of all 무엇보다도 replace 교체하다 builder 만드는 사람, 건축업자 faucet 수도꼭지 knob 손잡이 swap out 교체하다 jazz up 더 매력적으로 만들다 boring 심심한 decorative 장식용의 trust 믿다 insanely 미친듯이, 유별나게

Q2 Tell me about all the steps involved in completing these home improvement projects. What steps do you usually take to prepare? How do you complete the project? 주거 개선 프로젝트를 완성하는 데 포함된 모든 단계를 말해 주세요. 당신은 보통 어떤 단계를 거쳐 준비하나요? 당신은 어떻게 프로젝트를 완성하나요?

🎙 **Q2에 답변해 보세요.**

* 일의 절차나 순서를 말할 때 You를 주어로 말하면 더 자연스럽습니다. 이 때 You는 '당신'의 의미보다는 일반 사람들을 가리키므로, 주어를 해석하지 않는 것이 자연스럽습니다.

모범 답변

MP3 3_30 🎧

Intro Umm... ❶I'm not sure if I can ❷put it into words, but let me try.
Body If you can use a wrench, you can easily install a new faucet. Before you start the job, turn off the water supply and turn on the faucet to relieve the pressure. Then just unscrew the connections from your old faucet and screw in your new faucet. A new fixture can add that extra shine you want and I think this is a good first-time DIY plumbing project to try.
Outro If you shut off the water valves and ❸follow the directions carefully, it is ❹easy as pie.

음... 제가 말로 표현할 수 있을지 모르겠지만, 한번 해볼게요.
렌치를 사용할 줄 안다면 쉽게 새 수도꼭지를 설치할 수 있어요. 작업을 시작하기 전에, 압력을 없애기 위해서 급수를 끄고 수도꼭지를 켜세요. 그러고 나서 오래된 수도꼭지의 나사를 풀고 새 수도꼭지를 껴 넣으세요. 새 제품은 당신이 원하는 광채를 더해주고, 제 생각에는 처음으로 직접 해보는 배관 프로젝트로 좋은 것 같아요.
수도 밸브를 잠그고 주의해서 지시 사항을 따르면, 식은 죽 먹기예요.

표현 ❶ **I'm not sure if** 나는 ~한지 확실하지 않다
❷ **put it into words** 말로 표현하다
❸ **follow the directions** 지시 사항을 따르다
❹ **easy as pie** 식은 죽 먹기이다

어휘 wrench 렌치 install 설치하다 turn off 끄다 (↔ turn on) water supply 급수 relieve 없애 주다 pressure 압력 unscrew 나사를 풀다 (↔ screw) fixture (욕조·변기 등) 붙박이 가구/제품 DIY(Do It Yourself) 소비자가 직접 조립하는 plumbing 배관 작업 shut off 멈추다, 잠그다 valve 밸브 directions 지시 사항 .

Q3 Let's talk about a memorable home improvement project. What kind of project was it? How did your house look before and after you did the project? Tell me about the things you did from the beginning to the end. 기억에 남는 주거 개선 프로젝트에 대해 말해 봅시다. 어떤 종류의 프로젝트였나요? 당신이 프로젝트를 하기 전과 후의 집 모습은 어떤가요? 당신이 한 일들을 처음부터 끝까지 말해 주세요.

 Q3에 답변해 보세요.

* Q1, Q2에서 답변한 프로젝트와 다른 것에 대해 말해도 상관없습니다. 같은 내용을 가지고 3문제를 답하려다 보면 다양한 어휘력을 보여주기 어렵습니다. '~을 고치다'는 〈get+고치는 물건+p.p.〉 형태로 말하는 것이 좋습니다.

모범 답변

MP3 3_31

Intro Well, it ❶wasn't exactly me who did it, but I'll tell you about it.
Body About 3 months ago, I had to get my broken window fixed because the next-door kids broke it while playing baseball. I was in panic for a while and the only person who ❷popped in my head was my best friend. So I asked him to come over and repair it because he's such a super-fixer. He first put on rubber gloves to protect his hands, and then he carefully removed the broken window. After cleaning the frame with a broom, he replaced the window with a new one. It looked perfect and ❸I was satisfied with the result. I was so relieved at last.
Outro Have you ever done any home improvement projects yourself?

뭐, 정확히 말하면 제가 한 것은 아니지만, 그것에 대해 말해 볼게요.
3달 전쯤에 저는 옆집 아이들이 야구하다가 깬 우리 집 창문을 고쳐야 했어요. 저는 잠시 공황 상태가 되었고, 제 머리에 떠오른 유일한 사람은 제 가장 친한 친구였죠. 그는 대단한 해결사여서 저는 그에게 와서 고쳐달라고 부탁했어요. 그는 처음에 손을 보호하기 위해 고무장갑을 착용했고, 그리고 나서 조심스럽게 깨진 창문을 치웠어요. 빗자루로 틀을 청소하고 난 뒤, 그는 새 것으로 창문을 교체했어요. 완벽해 보였고 저는 결과에 만족했어요. 마침내 저는 안도할 수 있었어요.
당신은 직접 주거 개선 프로젝트를 해본 적이 있나요?

표현 ❶ **not exactly A** 꼭(정확히) A인 것은 아닌
❷ **pop in one's head** 머릿속에 떠오르다
❸ **I was satisfied with A.** 나는 A에 만족했다, A가 만족스러웠다.

어휘 exactly 정확히 panic 공황 상태 super-fixer 대단한 해결사 put on 착용하다 rubber gloves 고무장갑 protect 보호하다 frame 틀 result 결과 relieve 안도하다 at last 마침내

주거 개선 프로젝트 필수 표현

동사

expand 확장하다
renovate 개조하다
remodel 개조하다
replace 교체하다
throw out 버리다
fix 고치다
redecorate 새로 장식하다
sand 사포로 닦다
turn A into B A를 B가 되게 하다
install 설치하다
remove 제거하다
rearrange 재조정하다
polish 광을 내다
build 짓다
assemble 조립하다
get rid of A A를 없애다
enlarge 확대하다
put up wallpaper 벽지를 바르다
break down the wall 벽을 허물다
double the size 크기를 두 배로 늘리다
paint the wall 벽을 칠하다
estimate (견적을) 추정하다

자주 고장나는 가구/부속품

leaky faucet 새는 수도꼭지
clogged drain 막힌 배수관
squeaky door 끼익 하는 소리가 나는 문
loose door 헐거운 문
broken window 깨진 유리창

그 외

materials 자재/재료
options 선택 사항
handy 유용한, 편리한
fixture (욕조·변기 등) 붙박이 가구/제품
flower bed 화단
fence 울타리
porch 현관
lights 전등
sink 싱크대

패턴 Review

주거 개선 프로젝트

다음 우리말 문장을 영어로 말해 보세요.

MP3 3_32

1. 우리는 헌 가구를 새 것들로 교체했어요.

2. 저는 대단한 배우는 아니에요.

3. 그 사건은 그녀의 인생에 큰 변화를 가져왔어요.

4. 커피를 주문하기만 하면 무료로 케이크 한 조각을 받을 수 있어요.

5. 제가 들어가도 되는지 확실하지 않아요.

6. 말로 표현하려고 너무 애쓰지 마세요.

7. 지시 사항을 따라 종이에 그것을 그리세요.

8. 그는 정확히 제가 예상했던 그 남자는 아니었어요.

9. 멋진 생각이 그녀의 머릿속에 떠올랐어요.

10. 저는 여름 휴가가 만족스러웠어요.

---

1. We replaced the old furniture with new ones.
2. I'm not much of an actor.
3. The incident made a big change in her life.
4. You can get a free piece of cake just by ordering coffee.
5. I'm not sure if I'm allowed to get in.
6. Don't try hard to put it into words.
7. Please follow the directions and draw it on the paper.
8. He wasn't exactly the guy who I was expecting.
9. A great idea popped in her head.
10. I was satisfied with my summer vacation.

UNIT 09
쇼핑하기

📋 출제 가능한 문제

- 자주 가는 쇼핑 장소
- 쇼핑하는 습관 I – 좋아하는 이유, 빈도수, 같이 가는 사람
- 쇼핑하는 습관 II – 가서 하는 일, 쇼핑 패턴
- 최근에 쇼핑한 경험
- 기억에 남는 쇼핑 경험
- 쇼핑 장소를 고르는 기준
- 장보기의 절차
- 최악의 장보기 경험
- 새 휴대전화 구입 위해 점원에게 질문 **(Part 2, Unit 02 – 직접 질문하기 응용)**
- 작동되지 않는 핸드폰에 대해 설명하고 해결책 제시
- Eva에게 쇼핑에 관해 질문 **(Part 2, Unit 01 – Eva에게 질문하기 응용)**

🔗 3콤보 문제 빈출 조합

Q1 자주 가는 쇼핑 장소 ➡ **Q2** 쇼핑하는 습관 I ➡ **Q3** 기억에 남는 쇼핑 경험

Q1 장보기의 절차 ➡ **Q2** 쇼핑 장소를 고르는 기준 ➡ **Q3** 기억에 남는 쇼핑 경험

Q1 새 휴대전화 구입 위해 점원에게 질문 ➡ **Q2** 작동되지 않는 핸드폰에 대해 설명하고 해결책 제시 ➡ **Q3** Q2와 유사한 경험

Q1 쇼핑하는 습관 I/II ➡ **Q2** Eva에게 쇼핑에 관해 질문

Practice Questions

Q1 쇼핑하는 습관I → **Q2** 쇼핑하는 습관II → **Q3** 최근에 쇼핑한 경험

Q1 You stated in the survey that you enjoy shopping. Why do you enjoy shopping? How often do you go shopping? Who do you usually enjoy shopping with? 당신은 설문 조사에서 쇼핑을 즐긴다고 했습니다. 왜 쇼핑을 좋아하나요? 얼마나 자주 쇼핑하러 가나요? 주로 누구와 함께 쇼핑을 하나요?

Q1에 답변해 보세요.

* not only가 문장의 제일 앞으로 오면, 의문문의 어순을 갖게 됩니다. Ex) Not only was she pretty, but also smart.(그녀는 예쁠 뿐만 아니라, 영리하기도 했다.)

모범 답변

MP3 3_33

Intro ❶I love this topic more than any other topics.
Body I usually shop at a department store near my house on the weekend. It's conveniently located, so I go there with my best friend, Sandra fairly often. Not only is she fashionable, but she also helps me not to do impulsive shopping. Moreover, she's ❷never afraid to give me honest comments. ❸It may sound like I spend a lot of money, but I do frequent window shopping as well. To me, shopping is a great way to relieve stress and it can also be a real bonding opportunity. Plus, I can keep up with the new trends.
Outro Are you interested in trendy items, too?

저는 다른 어떤 주제보다 이 주제가 마음에 드네요.
저는 주로 주말에 집 근처 백화점에서 쇼핑을 해요. 편리한 곳에 위치해 있어서 가장 친한 친구인 Sandra와 꽤 자주 가요. 그녀는 패션 감각이 좋을 뿐만 아니라, 제가 충동적인 쇼핑을 하지 않도록 도와주죠. 더욱이, 그녀는 저에게 직언을 하는 데 주저함이 없어요. 제가 많은 돈을 쓰는 것처럼 들리겠지만, 저는 아이 쇼핑도 자주 해요. 저에게는 쇼핑이 스트레스를 해소하기에 좋은 방법이고 진정한 유대감을 형성할 수 있는 기회이기도 해요. 게다가, 새로운 유행을 따라갈 수 있지요.
당신도 최신 유행 아이템에 관심이 있나요?

표현 ❶ **I love A more than any other B.** 나는 그 어떤 B보다 A가 좋다.
❷ **never afraid to 동사** ~하는 데 주저함이 없는
❸ **it may sound like 주어+동사,** 주어가 ~하는 것처럼 들리겠지만,

어휘 conveniently located 편리한 곳에 위치한 not only A, but also B A할 뿐만 아니라, B하기도 하다
impulsive 충동적인 honest comment 직언 frequent 빈번한 bonding opportunity 유대감을 쌓을 기회
keep up with A A를 따르다

Q2 Tell me about your typical shopping day from beginning to end. What kind of activities do you do while shopping? What are the things you do before and after your shopping?

당신이 쇼핑하는 일상적인 날의 처음부터 끝까지를 말해 주세요. 쇼핑하는 동안 어떤 활동들을 하나요? 쇼핑을 하기 전후에 하는 일들은 무엇인가요?

 Q2에 답변해 보세요.

* '내 대부분의 시간'은 most of my time으로 표현합니다. almost my time이라고 말하는 실수를 하지 않도록 하세요.

모범 답변

MP3 3_34

Intro ❶ As you may have noticed, I sometimes shop impulsively. So, I made some rules to follow.

Body I make a shopping list and try to stick to it. I compare prices online beforehand and plan a budget. Then I head to my favorite shopping mall. In the basement, you can see a huge grocery section where they carry fresh meat, prepared food and imported goods. Sampling food is another fun part of shopping. I usually spend most of my time on the 3rd floor where the woman's clothing section is located. I browse the stores and buy what I need.

Outro ❷ At the end of shopping, I always stop by the rooftop café and drink a cup of coffee.

당신이 이미 알아차렸겠지만, 저는 가끔 충동적으로 쇼핑해요. 그래서 저는 규칙을 만들었어요.
저는 쇼핑 목록을 만들고 그것을 따르려고 해요. 사전에 온라인으로 가격을 비교하고 예산을 세워요. 그리고 나서 제가 가장 좋아하는 쇼핑몰로 향해요. 지하에는 신선한 육류와 가공 식품 그리고 수입 상품을 취급하는 거대한 식료품 코너가 있어요. 시식용 음식은 쇼핑의 또 다른 묘미예요. 저는 주로 여성복 매장이 있는 3층에서 제 대부분의 시간을 보내요. 저는 매장을 둘러보고 제가 필요한 것을 사죠. 쇼핑의 마지막에, 저는 항상 옥상 카페에 들려서 커피 한 잔을 마셔요.

표현 ❶ **as you may have noticed,** 네가 이미 알아차렸겠지만,
❷ **at the end of 명사** '명사'의 마지막에

어휘 notice 알아차리다 stick to 따르다 beforehand 사전에 plan a budget 예산을 세우다 basement 지하 prepared food 가공 식품 imported goods 수입 상품 sampling food 시식용 음식 browse 둘러보다

Q3 Can you tell me about your recent shopping experience? When was it and where did you shop at? What kind of things did you buy? 당신의 최근의 쇼핑 경험에 대해 말해 줄래요? 언제였고, 어디에서 쇼핑했나요? 어떤 것들을 구매했나요?

 Q3에 답변해 보세요.

* 쌍으로 이루어진 명사는 pair라는 단위 표현을 붙여 말하세요. 2개 이상일 때도 단위 표현을 복수화합니다. Ex) a pair of jeans(청바지 한 벌), two pairs of jeans(청바지 두 벌)

모범 답변

MP3 3_35

Intro The last time I went shopping was a week ago.
Body It was my younger sister's birthday and I wanted to get her something. Also, she's been a good sister and I thought she deserved a nice gift from me. So, I went to my favorite store to do some shopping. You know, ❶**items there are a bit pricey, but the quality is superb.** After browsing the store, I picked a really nice pair of black shoes. Actually, it wasn't difficult for me to choose her present because I ❷**know her inside out.** When she opened the box, she ❸**jumped up and down.** She loved those shoes so much. It was good to see her happy.
Outro Doesn't it feel good to find a perfect gift for someone?

제가 마지막으로 쇼핑하러 간 것은 일주일 전이었어요.
제 여동생의 생일이어서 저는 그녀에게 무언가를 주고 싶었어요. 그리고 그녀는 그 동안 저한테 잘해 주었기 때문에 근사한 선물을 받아 마땅하다고 생각했어요. 그래서 제가 가장 좋아하는 가게에 가서 쇼핑을 했어요. 그러니까, 그곳의 상품들은 가격이 다소 비싸지만, 품질은 최고예요. 가게를 둘러본 후에, 저는 정말 멋진 검은 신발 한 켤레를 골랐어요. 사실, 저는 그녀를 속속들이 알고 있어서 그녀의 선물을 고르는 것은 어렵지 않았어요. 그녀는 상자를 열고는 기뻐서 펄쩍펄쩍 뛰었어요. 그녀는 그 신발을 너무 마음에 들어 했어요. 그녀가 행복해 하는 것을 보니 좋았어요.
누군가를 위한 완벽한 선물을 찾으면 기분이 좋지 않나요?

표현 ❶ **명사 there is(are) 형용사, but the quality is 형용사.** 그곳의 '명사'는 ~하지만, 품질은 ~하다.
❷ **know A inside out** A를 속속들이 알다
❸ **jump up and down** (기뻐서) 펄쩍펄쩍 뛰다

어휘 deserve ~를 받아 마땅하다 pricey 다소 가격이 높은 superb 최고의, 최상의

쇼핑하기 필수 표현

쇼핑 장소
a department store 백화점
online shopping mall 온라인 쇼핑몰
grocery store 슈퍼마켓
a public market 시장
a large store 대형 마트
an outlet 할인점, 아울렛
a bazaar 바자회, 상점가
a duty-free shop 면세점

가격
on sale 할인 중인
at 30% off 30퍼센트 할인가에
marked down 가격이 내려간
affordably priced 저렴한 가격의
reasonable price 합리적인 가격
at a bargain 특가로, 싼값으로
pricey 가격이 좀 나가는
a fixed price 정가

분위기
crowded 복잡한
exotic 이국적인
well-decorated 잘 꾸며진
convenient 편리한

그 외
dairy products 유제품
organic food 유기농 식품
canned food 통조림 식품
instant noodles 컵라면
woman's clothing section 여성복 코너
grocery section 식료품 코너
warranty 보증서
impulse purchase 충동 구매

동사
make a shopping list 쇼핑 목록을 만들다
make a purchase 구매하다
buy things on impulse 충동 구매하다
do some unplanned shopping
예상하지 않은 쇼핑을 하다
buy one get one free 원 플러스 원(1+1)
*원 플러스 원이라는 표현은 한국식 표현
try on 착용해 보다
look around 둘러보다
browse in the store 가게를 둘러보다
get a great deal 싼 가격에 사다
get a special discount 특별 할인가에 사다

 패턴 Review

🎤 쇼핑하기

다음 우리말 문장을 영어로 말해 보세요.

MP3 3_36

1. 저는 그 어떤 책보다도 이 소설이 좋아요.

2. 그녀는 그녀의 목표들을 성취하는 데 주저함이 없어요.

3. 제가 자랑하는 것처럼 들리겠지만, 저는 최고의 수영 선수였어요.

4. 당신은 이미 알아차렸겠지만, 그가 범인이었어요.

5. 우리는 집 근처의 카페로 향했어요.

6. 공연의 마지막에는, 불이 꺼졌어요.

7. 그곳의 음식은 꽤 비싸지만, 맛은 완벽해요.

8. 우리 어머니는 저를 속속들이 아세요.

9. 그 결과를 들었을 때, 우리는 (기뻐서) 펄쩍펄쩍 뛰었어요.

---

1. I love this novel more than any other books.
2. She is never afraid to achieve her goals.
3. It may sound like I'm bragging, but I was the best swimmer.
4. As you may have noticed, he was the criminal.
5. We headed to the café near my place.
6. At the end of the concert, lights went off.
7. Dishes there are quite expensive, but the quality is perfect.
8. My mom knows me inside out.
9. When we heard about the results, we jumped up and down.

UNIT 10
해외 여행

출제 가능한 문제

- 해외 여행을 가기 전에 하는 일들
- 해외 여행을 위해 준비해야 하는 것들
- 가보고 싶은 도시나 나라
- 처음으로 다녀온 해외 여행
- 최근에 다녀온 해외 여행
- 해외 여행 중 인상 깊었던 경험
- 친구와의 여행을 위해 여행사에 전화해 질문 **(Part 2, Unit 03 – 전화로 질문하기 응용)**
- 예약에 문제가 생긴 것을 친구에게 설명하고 대안 제시
  (Part 2, Unit 04 – 대안 제시하기 응용)
- 캐나다에 사는 Eva에게 질문 **(Part 2, Unit 01 – Eva에게 질문하기 응용)**

3콤보 문제 빈출 조합

Q1 좋아하는 여행 장소 → **Q2** 처음으로 다녀온 해외 여행 → **Q3** 기억에 남는 해외 여행

Q1 해외 여행을 가기 전에 하는 일들 → **Q2** 처음으로 다녀온 해외 여행 → **Q3** 최근에 다녀온 해외 여행

Q1 친구와의 여행을 위해 여행사에 전화해 질문 → **Q2** 예약에 문제가 생긴 것을 친구에게 설명하고 대안 제시 → **Q3** Q2와 유사한 경험

Q1 최근에 다녀온 해외 여행 → **Q2** 캐나다에 사는 Eva에게 질문

Practice Questions

Q1 해외 여행을 위해 준비해야 하는 것들 → **Q2** 최근에 다녀온 해외 여행 → **Q3** 해외 여행 중 인상 깊었던 경험

Q1 In the survey, you indicated that you travel overseas. What are the things you take with you and what do you include in your baggage when traveling overseas? 설문 조사에서 당신은 해외 여행을 다닌다고 했습니다. 해외 여행을 갈 때 함께 가져가는 것들은 무엇이고, 짐에 무엇을 넣어 가나요?

Q1에 답변해 보세요.

* 여행 가기 전 준비해야 하는 것들에 대해 묻고 있습니다. 여행을 가기 전에 하는 일에 대해 말하지 않도록 주의하세요.

모범 답변

MP3 3_37

Intro As you know, it's always exciting to pack for a trip, but I try not to overpack.

Body I pack only what I really need and leave everything else so that my trip can be light and enjoyable. That's why making a list ❶plays a big role here. As for my outfits, I pack items that are easy to coordinate with one another so that I can reduce the number of clothes. ➕My tip is that they should be neutral in color to maximize matching. I usually take my cell phone, camera and cosmetic bag. I also make sure to take a credit card ➕with an open balance, traveler's checks and some cash ❷just in case. ❸I sometimes allow myself to go traveling alone because it's such a great way to find inner peace.

Outro You should definitely try it.

알다시피, 여행을 위해 짐을 싸는 것은 늘 흥분되지만, 저는 짐을 과하게 싸지 않으려 해요.
저는 여행을 가뿐하고 즐겁게 하기 위해서 정말 필요한 것만 챙기고 나머지는 놔두고 가요. 여기서 목록을 만드는 것이 큰 역할을 해요. 옷의 경우에, 옷의 가지 수를 줄일 수 있게 서로 맞춰 입기 쉬운 옷을 싸요. +저의 팁은 최대한 어울리게 하기 위해 무채색의 옷을 고르는 거예요. 저는 주로 휴대전화와 카메라 그리고 화장품 가방을 가져가요. 저는 만일의 경우에 대비해서 +한도가 없는 신용카드와 여행자 수표 그리고 얼마 정도의 현금도 확실히 가져가요. 마음의 평화를 찾는데 좋은 방법이라 저는 가끔씩 혼자 여행을 가기도 해요.
당신도 꼭 한번 해보세요.

표현
❶ **play a big role** 큰 역할을 하다
❷ **just in case** 만일의 경우에 대비해서
❸ **I sometimes allow myself to 동사.** 나는 가끔씩 ~하기도 한다.

어휘 pack 짐을 싸다 enjoyable 즐거운 outfit 옷 coordinate with ~와 맞추다 one another 서로 maximize 극대화하다 with an open balance 한도 없는 check 수표 inner peace 마음의 평화

➕표현은 IH 이상 레벨을 원한다면 포함해서 외워 두세요. ➕표현을 빼고 말해도 무관합니다.

Q2 Please tell me about your recent overseas trip. Where did you go and when was it? Who did you go on that trip with? Describe your recent trip in detail. 당신의 최근 해외 여행에 대해 말해 주세요. 여행은 어디로, 언제 갔나요? 누구와 함께 그 여행을 갔나요? 당신의 최근 여행을 자세히 설명해 주세요.

 Q2에 답변해 보세요.

* 여행의 생생한 감동과 흥분을 그대로 전달하기 위해 형용사를 자주 사용하면 좋습니다. 고득점을 위해서는 great, nice와 같은 쉬운 어휘보다는 breathtaking, beyond my imagination과 같은 풍부한 어휘를 사용하세요.

모범 답변

MP3 3_38

Intro Okay. I'll tell you about my very special trip I took.

Body I went on a family trip to Hong Kong a year ago. This trip ❶meant so much to me because it was our first family overseas trip. We visited Disneyland and Victoria Peak. We watched a Disney show *The Lion King* and took pictures with the actors afterwards. Also, the night view from Victoria Peak was just breathtaking. It was absolutely ❷beyond my imagination. The local people were very friendly and the food was amazing. We had so many local delicacies such as sweet and sour pork, dim sum and curry fish balls. But more than anything else, ❸I still can't forget the egg tarts. I recommend you get a taste of it if you ever visit there. I really want to go back there for my next vacation and stay longer to explore the city more.

Outro Would you like to come along?

좋아요. 제가 다녀온 아주 특별한 여행에 대해 말해 볼게요.
저는 일 년 전에 홍콩으로 가족 여행을 다녀왔어요. 이 여행은 우리 가족의 첫 해외 여행이어서 저에게 의미가 무척 크죠. 우리는 디즈니랜드와 빅토리아 피크를 방문했어요. 우리는 디즈니 공연인 〈라이온 킹〉을 보고 공연 후에는 배우들과 사진을 찍었어요. 그리고 빅토리아 피크에서의 야경은 숨이 멎을듯 했어요. 그건 확실히 저의 상상 이상이었어요. 지역 주민들은 매우 친절했고 음식은 정말 맛있었어요. 우리는 탕수육, 딤섬, 그리고 카레 어묵과 같은 지역 별미를 많이 맛보았어요. 그러나 무엇보다도, 에그타르트를 아직도 잊을 수가 없네요. 만약 당신이 그곳을 방문한다면 꼭 먹어볼 것을 추천해요. 저는 정말 다음 휴가 때 다시 그곳에 가서 더 오래 머물며 그 도시를 더 탐험하고 싶어요.
당신도 함께 갈래요?

표현 ❶ **mean so much to A** A에게 무척 소중하다, 의미가 크다
❷ **beyond imagination/expectation/description** 상상/예상/표현을 뛰어넘는
❸ **I still can't forget A.** 나는 아직도 A를 잊을 수가 없다.

어휘 actor 배우 afterwards 후에 night view 야경 breathtaking (너무 아름다워서) 숨이 멎을듯한 absolutely 확실히 local delicacies 지역 별미 get a taste 맛보다 explore 탐험하다 come along 함께 가다

Q3 Have you had any unexpected moments or memorable experience while traveling overseas? If so, tell me about the incident from beginning to end. 해외 여행을 하는 동안 예상치 못한 순간이나 기억에 남을만한 경험을 했나요? 그랬다면, 그 사건의 처음부터 끝까지 말해 주세요.

 Q3에 답변해 보세요.

* 고득점을 원한다면 과거의 경험을 말할 때 가정법 과거완료를 사용해 말해 보세요.
⟨If 주어 had p.p., 주어 would/could/might have p.p.⟩(만일 '주어'가 ~했다면, '주어'가 ~했을 텐데.)

모범 답변

MP3 3_39

Intro You're right. There can be so many unexpected moments when traveling. I **❶was no exception**, either.

Body It happened while I was traveling Europe with my two other friends. It was towards the end of our trip. We were having lunch at an outdoor café in Rome and I put my cell phone on the table. Suddenly, some teenagers came to us and started asking questions. We just thought they were being chatty. **❷Turns out, they were little thieves.** Later I found out that it was a very common scheme. ➕Our trip **❸could've been much better if it hadn't happened.**

Outro You should watch out when you travel in Europe.

맞아요. 여행을 하다 보면 예상치 못한 순간들이 많지요. 저도 역시 예외는 아니었어요.
제가 친구 2명과 유럽을 여행할 때 일이 일어났어요. 여행이 끝나갈 무렵이었어요. 우리는 로마의 야외 카페에서 점심을 먹고 있었고 저는 제 휴대전화를 식탁 위에 올려 놓았어요. 갑자기 십대 몇 명이 오더니 우리에게 질문을 하기 시작했죠. 우리는 그저 그들이 수다스럽다고 생각했어요. 알고 보니, 어린 도둑들이었어요. 나중에 저는 그것이 매우 흔한 수법이었다는 것을 알게 되었지요. ➕우리의 여행은 그 사건만 아니었더라면 훨씬 더 좋았을 거예요.
당신도 유럽을 여행할 때 조심하세요.

표현
❶ **be no exception** 역시 예외가 아니다
❷ **turns out** 알고 보니
❸ **could've 동사 p.p.** ~할 수도 있었다

어휘 either 역시 (부정문에서) towards ~를 향하여 outdoor 야외 chatty 수다스러운 thief 도둑 *theft 도둑질 common scheme 흔한 수법(술수) watch out 주의를 기울이다

➕ 표현은 IH 이상 레벨을 원한다면 포함해서 외워 두세요. ➕ 표현을 빼고 말해도 무관합니다.

해외 여행 필수 표현

동사
travel 여행하다
pay a visit 가보다
go on an overseas trip 해외 여행을 가다
go backpacking 배낭 여행을 가다
go on a honeymoon 신혼 여행을 가다
go on a business trip 출장을 가다
go on a vacation 휴가를 가다
go on a package trip 패키지 여행을 가다
go sightseeing 관광을 하다
go shopping 쇼핑을 가다
drop by duty-free shops 면세점에 들리다
visit a night market 야시장을 들리다

이동 수단
fly to ~까지 비행기를 타고 가다
drive a car 자동차를 운전하다
take a ferry 배를 타다
take public transportation 대중교통을 이용하다

여행 가기 전 절차
book flights 비행기를 예약하다
make a hotel reservation 호텔을 예약하다
reserve in advance 미리 예약하다
make a passport 여권을 만들다
get a visa 비자를 받다
need a vaccination 예방 접종이 필요하다
get a shot 주사를 맞다

볼거리/즐길 거리
local food/people 지역 음식/사람들
local delicacies 지역 별미
local culinary specialty 지역 특산 음식
tourist attraction 관광 명소
downtown 시내
historical place 역사적인 장소
souvenir 기념품
handcrafts 수공예품

형용사
eye-catching 눈을 사로잡는
fascinating 황홀한
beyond description 말로 형용할 수 없는
beyond expectation 예상을 뛰어넘는
relaxing 마음을 느긋하게 해주는
disgusting 역겨운
terrifying 두려운
filthy 아주 지저분한

패턴 Review

해외 여행

다음 우리말 문장을 영어로 말해 보세요.

MP3 3_40

1. 저는 이 팀에서 큰 역할을 하고 싶어요.

2. 만일의 경우를 대비해서, 나갈 때 코트를 챙기세요.

3. 저는 가끔씩 하루 종일 잠을 자기도 해요.

4. 이 사진은 제게 무척 소중해요.

5. 그 경치는 제 상상 이상이었어요.

6. 저는 아직도 우리가 함께 춤을 추었던 그 순간을 잊을 수가 없어요.

7. 우리는 모두 시간을 엄수해야 하고 당신 역시 예외가 아니에요.

8. 알고 보니, 그것은 모조품이었어요.

9. 그녀는 제게 더 일찍 말해줄 수도 있었어요.

---

1. I want to play a big role in this team.
2. Take your coat when you go out, just in case.
3. I sometimes allow myself to sleep all day long.
4. This picture means so much to me.
5. The view was beyond my imagination.
6. I still can't forget the time when we danced together.
7. We should all be punctual and you are no exception.
8. Turns out, it was a fake.
9. She could've told me earlier.

OPIc PART 4 돌발

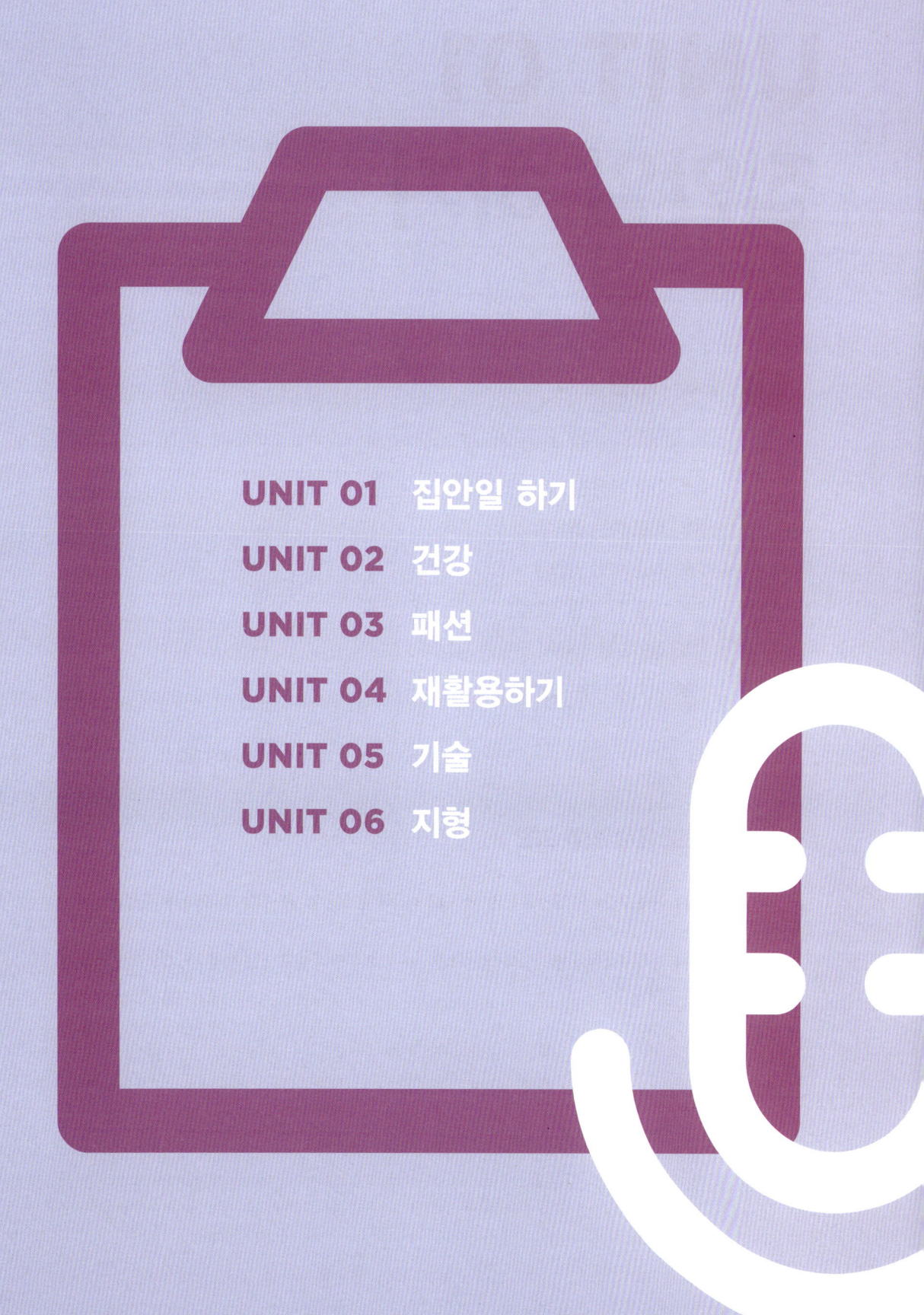

UNIT 01　집안일 하기
UNIT 02　건강
UNIT 03　패션
UNIT 04　재활용하기
UNIT 05　기술
UNIT 06　지형

UNIT 01
집안일 하기

출제 가능한 문제

- 가족 구성원의 집안일 분담
- 주로 하는 집안일
- 최근에 한 집안일
- 어릴 적 했던 집안일
- 집안일을 해내지 못했던 경험
- 기억에 남는 집안일

3콤보 문제 빈출 조합

Q1 가족 구성원의 집안일 분담 → Q2 최근에 한 집안일 → Q3 기억에 남는 집안일

Q1 가족 구성원의 (집안일에 대한) 책임 → Q2 본인이 맡고 있는 책임 → Q3 어릴 적과 현재의 책임 비교

Q Practice Questions

Q1 가족 구성원의 집안일 분담 → **Q2** 어릴 적 했던 집안일 → **Q3** 집안일을 해내지 못했던 경험

Q1 Let's talk about the house chores each family member is responsible for. What kind of house chores do you do? How often do you do your house chores? 각 가족 구성원이 맡은 집안일에 대해 말해 봅시다. 당신은 어떤 집안일을 하나요? 그 집안일을 얼마나 자주 하나요?

Q1에 답변해 보세요.

* 각 가족 구성원이 맡은 일을 나열할 때는 다양한 표현으로 바꾸어 말하세요. take care of ~ /be responsible for ~/be in charge of ~(~을 신경 쓰다/책임지다/맡다)

모범 답변

MP3 4_01

Intro ❶**Just to tell you about my family first, there are 4 in my family:** my mother, father, younger brother and myself.

Body We usually have different house chores to do. First, my mom takes care of cleaning the house and cooking. She goes grocery shopping once a week and buys fresh ingredients. That's when my father helps her. He drives her to the grocery store and helps her carry heavy things. He is mainly responsible for mowing the lawn and trimming the garden. Since my brother is busy, he doesn't ❷get to do many household chores. As for me, I'm in charge of sorting out the recyclables and taking out the trash twice a week on average. ❸I sometimes prepare simple meals voluntarily on weekends.

Outro I feel tired after doing the house chores, but it's pretty rewarding.

제 가족에 대해 먼저 말하자면, 우리 가족은 4명이에요: 어머니, 아버지, 남동생 그리고 저예요.
저희는 보통 서로 다른 집안일을 해요. 우선, 어머니는 집을 청소하고 요리하는 것을 책임져요. 한 주에 한 번 장을 보시고 신선한 재료를 사오세요. 그때 아버지가 어머니를 도와주세요. 아버지는 어머니를 차로 슈퍼마켓에 데려다 주시고, 무거운 짐을 나르는 것을 도와주세요. 아버지는 주로 잔디 깎는 것과 정원을 다듬는 일을 책임지세요. 제 남동생은 바빠서 많은 집안일을 하지는 않아요. 저에 대해 말하자면, 평균적으로 한 주에 두 번 재활용품을 분류하고 쓰레기를 내다 버리는 일을 맡아요. 저는 가끔 주말에는 자발적으로 간단한 식사를 준비하기도 해요.
집안일을 하고 나면 피곤하지만, 꽤 보람 있어요.

표현 ❶ **just to tell you about A first,** A에 대해 먼저 말하자면,
❷ **get to 동사** ~하게 되다
❸ **I sometimes 동사 voluntarily.** 나는 가끔 자발적으로 ~한다.

어휘 house chore 집안일 go grocery shopping 장을 보다 drive A to B A를 B까지 태워주다 carry 나르다
mow the lawn 잔디를 깎다 trim 다듬다 sort out 분류하다 recyclables 재활용품
take out the trash 쓰레기를 내다 버리다 voluntarily 자발적으로 rewarding 보람 있는

Q2 What kind of house chores have you done when you were a child? What specific chores were assigned to you? How did you handle them? 당신은 어릴 적 어떤 집안일을 했나요? 어떤 특정 집안일이 당신에게 할당되었나요? 그 일을 어떻게 처리했나요?

 Q2에 답변해 보세요.

* 대개 한두 가지의 간단한 집안일 외에는 답할 내용이 없는 문제이니, 길게 말해야 한다는 강박관념을 버리고 간단하게 답변하세요.

모범 답변

Intro ❶I don't recall doing a lot of house chores, but I remember doing one thing.
Body I ❷was asked to pick up my books and toys after using them. All I had to do was tidy up my room. However, I was kind of clumsy when I was young and often forgot to do what I was told to do. ❸At times like that, I was often grounded. I sometimes polished my dad's shoes, but that was just to make some pocket money.
Outro Eva, were you a good child?

제가 집안일을 많이 한 것으로 기억하지는 않지만, 한 가지는 기억이 나요.
저는 제 책과 장난감을 사용한 뒤에는 치워야 했어요. 제가 해야 했던 일은 제 방을 정리하는 것뿐이었지요. 어쨌든, 저는 어릴 때 약간 칠칠치 못해서 당부 받은 일을 종종 잊어버렸어요. 그럴 때에, 저는 자주 외출금지를 당했어요. 저는 가끔씩 아버지의 신발을 닦았는데, 그건 단지 용돈을 벌기 위해서였어요.
Eva, 당신은 착한 아이였나요?

표현 ❶ **I don't recall -ing.** 나는 ~하는 것이 기억나지 않는다.
❷ **be asked to 동사(=be told to 동사)** ~하도록 부탁받다(당부 받다)
❸ **at times like this(that)** 이럴 때에(그럴 때에)

어휘 recall 기억하다 pick up 치우다, 정리하다 tidy up 정리하다 clumsy 칠칠치 못한, 서투른
be grounded 외출금지를 당하다 polish 닦다, (닦아서) 광을 내다 pocket money 용돈

Q3 Have you ever had chores you failed to do? What was the reason? How did the result turn out? 당신이 해내지 못했던 집안일이 있나요? 그 이유는 무엇이었나요? 결과는 어떻게 되었나요?

 Q3에 답변해 보세요.

* 누군가가 시킨 일을 깜박해서 혹은 다른 일을 하느라고 못했다고 답변하면 됩니다.

모범 답변

Intro Yes, it happened when I was in middle school.

Body One day, my mom asked me to pay utility bills. She gave me three bills and I put them in my wallet. ❶I was going to pay them on my way to school, but it completely ❷slipped my mind. Moreover, it was the last day of the payment. The next day, she found out that I forgot to pay. As a result, we had to pay a late fee and she was ❸not happy about my irresponsible behavior. She cut down my allowance and I learned a big lesson.

Outro Eva, have you ever done anything silly?

네, 제가 중학생일 때 그런 일이 있었어요.
어느 날, 어머니가 저에게 공과금을 내라고 하셨어요. 어머니는 저에게 고지서 세 장을 주셨고, 저는 제 지갑에 그것들을 넣었어요. 저는 학교 가는 길에 그걸 내려고 했는데, 완전히 깜빡 잊었어요. 게다가, 그날이 납입 마지막 날이었어요. 다음날 어머니는 제가 내는 것을 잊어버린 걸 알게 되었지요. 그 결과로, 연체료를 내야 했고 어머니는 저의 무책임한 행동을 탐탁지 않아 하셨어요. 어머니는 제 용돈을 줄였고 저는 큰 교훈을 얻었어요.
Eva, 당신도 실없는 행동을 한 적이 있나요?

표현
❶ **I was going to 동사.** 나는 ~하려고 했다, ~할 생각이었다.
❷ **slip one's mind** 깜박 잊다
❸ **not happy about A** A를 탐탁지 않아 하다

어휘 one day 어느 날 utility bill 공과금 고지서 late fee 연체료 irresponsible behavior 무책임한 행동
cut down 줄이다 allowance 용돈 big lesson 큰 교훈 silly 실없는, 바보 같은

집안일 하기 필수 표현

청소 도구
a broom 빗자루
a duster 먼지떨이
a mop 걸레

동사
do housework 집안일을 하다
make the bed 침대를 정리하다
pick up toys and books
장난감과 책을 치우다
vacuum 청소기를 돌리다
replace vacuum cleaner bags
청소기의 필터를 갈다
help wipe up messes
더러운 것을 닦는 걸 돕다
sweep 쓸다
mop 대걸레로 닦다
dust 먼지를 털다
clean the bathroom 화장실을 청소하다
take out trash 쓰레기를 내다 버리다
separate the garbage 쓰레기를 분리하다
sort out the recyclable materials
재활용품을 분류하다
replace light bulbs 전구를 갈다
prepare grocery lists 장 볼 목록을 만들다
go grocery shopping 장을 보러 가다
carrying and putting away groceries
장 본 것(식료품)을 나르고 정리하다
prepare simple meals 간단한 요리를 하다
help out in cooking and preparing food 음식을 요리하고 준비하는 것을 돕다
clear and set the table
식탁을 정리하고 차리다
wash dishes 설거지하다
take laundry to the laundry room
빨래를 세탁실로 옮기다
operate the washer and dryer
세탁기와 건조기를 돌리다
fold and put away laundry
빨래를 개고 정리하다
help feed pets
애완동물에게 먹이 주는 것을 돕다
take care of pets 애완동물을 돌보다
water the plant 화초에 물을 주다
wash the car 세차하다
rake leaves 낙엽을 쓸다
trim the garden 정원을 손질하다
busy studying 공부하느라 바쁘다
pay utility bills 공과금을 내다
slip one's mind 깜빡 잊다
completely forget 완전 잊어버리다
be grounded 외출금지를 당하다
cut down one's allowance 용돈을 줄이다

 패턴 Review

집안일 하기

다음 우리말 문장을 영어로 말해 보세요.

MP3 4_04

1. 제 의견부터 먼저 얘기하자면, 저는 반대해요.

2. 저는 정말 제 조부모님을 자주 뵙게 되길 바라요.

3. 저는 가끔 어머니를 위해 자발적으로 빨래를 해요.

4. 당신에게 제 차 키를 준 기억이 없는데요.

5. 그녀는 보고서를 이달 말까지 마치도록 요청 받았어요.

6. 이럴 때면, 저는 그냥 스트레스를 받지 않으려 해요.

7. 저는 교수님을 만나러 갈 생각이었어요.

8. 그는 가끔씩 깜빡 잊어버려요.

9. 그녀는 제 승진을 탐탁지 않아 했어요.

---

1. Just to tell you about my opinion, first, I am against it.
2. I really want to get to see my grandparents often.
3. I sometimes do the laundry for my mom voluntarily.
4. I don't recall giving you my car key.
5. She was asked to finish her report by the end of this month.
6. At times like this, I just try not to get stressed.
7. I was going to visit my professor.
8. It sometimes slips his mind.
9. She was not happy about my promotion.

UNIT 02
건강

출제 가능한 문제

- 내가 건강을 위해 하는 일들
- 사람들이 건강을 위해 해야 하는 일들
- 내 주변에 건강한 사람 소개
- 건강한 음식을 사기 위해 가는 장소
- 건강을 위해 무엇을 줄이거나 끊어본 경험
- 최근에 병원을 다녀온 경험
- 다이어트 경험
- 건강상의 문제와 관련해 최근에 습득한 정보나 사안

3콤보 문제 빈출 조합

Q1 사람들이 건강을 위해 해야 하는 일들 → **Q2** 건강상의 문제를 해결하는 방법 → **Q3** 건강을 위해 무엇을 줄이거나 끊어본 경험

Q1 내가 건강을 위해 하는 일들 → **Q2** 최근에 병원을 다녀온 경험 → **Q3** 건강상의 문제와 관련해 최근에 습득한 정보나 사안

Practice Questions

Q1 내가 건강을 위해 하는 일들 → **Q2** 내 주변에 건강한 사람 소개 → **Q3** 과거와 현재의 건강에 대한 관점 비교

Q1 There are many things you can do to be healthy. What are the things you do in order to maintain your health? Provide as many details as possible. 건강해지기 위해 당신이 할 수 있는 일들이 많습니다. 당신이 건강을 유지하기 위해 하는 일들은 무엇인가요? 가능한 한 자세히 말해 주세요.

Q1에 답변해 보세요.

* 이어지는 콤보 문제에서 비슷한 내용의 답변을 해야 할 수 있으므로, 다양한 어휘와 표현을 준비해 가세요. 연구 결과나 유명한 속담을 인용하거나, 사회적인 현상 등을 덧붙여 답변하면 고득점에 유리합니다.

모범 답변

MP3 4_05

Intro There are many things I do to stay healthy. Things that are easy to remember, but hard to put into practice.

Body First, ❶I never skip meals and try to avoid oily food because maintaining a healthy eating habit is the most important thing. There's an old saying, "You are what you eat". I'm sure you've heard of it. Also, I try to work out regularly and spend at least an hour outdoors. ❷The last thing I do is to manage stress and anger. I need to be mentally healthy in order to be a real healthy person. That's why I laugh more, worry less and relax as much as possible.

Outro Eva, what do you do to ❸keep yourself healthy?

저는 건강을 유지하기 위해서 많은 것들을 해요. 기억하기는 쉽지만 실행에 옮기기는 어려운 것들이지요.
우선, 건강한 식습관을 유지하는 것이 가장 중요하기 때문에 저는 식사를 절대 거르지 않고 기름진 음식을 피하려 해요. "당신이 먹은 음식이 곧 당신이다(먹는 것을 보면 그 사람을 알 수 있다는 뜻)."라는 오래된 속담이 있어요. 당신도 들어 봤을 거예요. 그리고, 저는 규칙적으로 운동하고 적어도 한 시간은 야외에서 있으려 해요. 마지막으로 제가 하는 일은 스트레스와 화를 다스리는 것이에요. 정말로 건강한 사람이 되기 위해서는 정신적으로 건강해야 하지요. 그래서 저는 더 많이 웃고 덜 걱정하고 되도록 많이 휴식을 취하려 해요.
Eva, 당신은 건강하기 유지하기 위해서 무엇을 하나요?

표현
❶ **I never skip A.** 나는 A를 절대로 거르지 않는다.
❷ **The last thing I do is to 동사.** 내가 마지막으로 하는 것은 ~이다.
❸ **keep oneself healthy** 자신의 건강을 유지하다

어휘 put into practice 실행에 옮기다 skip 거르다 avoid 피하다 eating habit 식습관 manage 다루다, 감당하다
as much as possible 되도록

Q2 Tell me about a healthy person around you. What does he/she look like? What is his/her eating habit like? 당신 주변에 건강한 사람에 대해 말해 주세요. 그/그녀는 어떻게 생겼나요? 그/그녀의 식습관은 어떤가요?

 Q2에 답변해 보세요.

* 묘사하는 사람의 일화를 덧붙여 Q1과 답변의 내용과 겹치지 않도록 합니다. 3인칭 주어로 현재 시제로 말할 때 동사 끝에 -s를 붙여 말하는 것에 주의하세요.

모범 답변

Intro The healthiest person I know?
Body I guess it would have to be my best friend, John. We've been friends for more than 7 years and he ❶has been a big influence on me. He is tall and well built. He has broad shoulders and a six pack. ❷To begin with, he is always very careful about what he eats. He never misses breakfast and tries to eat plenty of fruits and vegetables. He also drinks at least 8 cups of water everyday. What's more, he's not only physically healthy, but also mentally healthy. ❸Maybe it's because he tries to stay positive all the time. ❹By the way, did you know that he wasn't always a healthy person? In fact, he used to be so skinny and ill all the time. However, he tried very hard to regain his health and now he's back on his feet again.
Outro Anybody can be healthy if they stick to these simple rules.

제가 아는 가장 건강한 사람이요?
제 생각엔 가장 친한 친구인 John인 것 같네요. 우리는 7년 넘게 친구 사이이고 그는 저에게 큰 영향을 미쳐 왔어요. 그는 키가 크고 체격이 좋아요. 넓은 어깨와 복근을 가지고 있지요. 우선, 그는 항상 먹는 것에 주의해요. 그는 절대 아침을 거르지 않고 충분한 과일과 야채를 먹으려고 해요. 그는 또 매일 적어도 물 8컵을 마셔요. 한 술 더 떠서, 그는 신체적으로 건강할 뿐만 아니라, 정신적으로도 건강해요. 아마도 그건 그가 항상 긍정적으로 지내려 하기 때문일 거예요. +그나저나, 그가 항상 건강한 사람은 아니었다는 걸 알고 있나요? 사실, 그는 매우 말랐고 항상 아팠어요. 어쨌든, 그는 건강을 되찾기 위해 굉장히 노력했고 이제는 다시 건강해졌어요.
이러한 간단한 규칙들을 고수한다면 누구라도 건강해질 수 있어요.

표현 ❶ **have been a big influence on A** A에 큰 영향을 미쳐 오다
❷ **to begin with,** 우선, 첫째로,
❸ **maybe it's because** 아마도 그건

어휘 influence 영향 miss 놓치다 plenty of 충분한 positive 긍정적인 all the time 항상 skinny 깡마른 ill 아픈 be(get) back on one's feet 회복하다, 자립하다 stick to A A를 고수하다

➕ 표현은 IH 이상 레벨을 원한다면 포함해서 외워 두세요. ➕ 표현을 빼고 말해도 무관합니다.

Q3 People are now more concerned about their health. How did the perspectives on health change compared to the past? What are the reasons? Provide your answer in detail.

오늘날 사람들은 그들의 건강에 더 관심이 많습니다. 과거에 비해 건강에 대한 관점이 어떻게 변했나요? 그 이유는 무엇인가요? 자세히 답변해 주세요.

 Q3에 답변해 보세요.

* 과거에 대해서만 말한다면 고득점을 받을 수 없습니다. 과거와 현재를 비교하는 데 중점을 두고 답변하세요.

모범 답변

MP3 4_07

Intro Hmm... It is a very interesting question.

Body Yes, you're right. People now have more interest in health compared to the past. Thanks to economic growth and medical science development, people are no longer concerned about daily surviving. We've become more health-conscious and now want to live longer healthy lives so that we put more effort into it. We ❶care to get regular check-ups, nutritious food and ingredients. More and more people ❷are drawn to organic, low-fat food. Many people think ❸it's worth spending money on them. Also, we live in an image-oriented world where slim is attractive so that more people desire to go on a diet in order to look slimmer.

Outro Eva, would you tell me about your opinion on it?

음... 흥미로운 질문이네요.
네, 맞아요. 이제 사람들은 과거에 비해 건강에 더 관심이 많지요. 경제 성장과 의학 발전 덕분에, 사람들은 더 이상 하루 하루 생존을 걱정하지 않아도 되죠. 우리는 더 (자신의) 건강을 의식하게 되었고 더 오래 건강한 삶을 살기를 원하기에 우리는 더 많은 노력을 하지요. 우리는 정기적인 검진을 받고 영양가 있는 음식과 재료를 섭취하도록 신경써요. 더욱 더 많은 사람들이 유기농과 저칼로리 음식에 끌려해요. 많은 이들은 그러한 것에 돈을 쓸 가치가 있다고 생각하죠. 그리고, 우리는 날씬함이 매력적이라고 느끼는 이미지 중심의 세상에 살기 때문에 더 많은 사람들은 날씬해 보이기 위해 다이어트를 하길 원해요.
Eva, 이에 관해 당신의 의견을 말해 줄래요?

표현 ❶ **care to** ~하려고 신경쓰다(노력하다)
❷ **be drawn to A** A에 끌리다
❸ **It's worth -ing.** 그것은 ~할 가치가 있다.

어휘 interest 관심 economic growth 경제 성장 medical science development 의학 발전
be concerned about A A를 걱정하다 health-conscious (자신의) 건강을 의식하는
put effort into ~에 노력을 들이다 image-oriented (보여지는) 이미지 중심의

건강 필수 표현

건강하다
stay healthy 건강을 유지하다
be healthy 건강하다
maintain one's health 건강을 유지하다

육체적 건강을 위한 행동
spend time outdoors
실외에서 시간을 보내다
do something physically active
활동적인 무언가를 하다
get enough sleep 충분한 수면을 취하다
keep regular sleep hours
일정한 수면 시간을 유지하다
sleep well every night 밤마다 잘 자다
exercise more regularly
더 정기적으로 운동하다
laugh more, worry less and relax
좀 더 웃고 덜 걱정하고 휴식을 취하다
have regular check-ups 정기검진을 받다
stop smoking 담배를 끊다
don't drink 술을 마시지 않다

정신적 건강을 위한 행동
connect with other people
다른 사람들과 교감하다
express emotions appropriately
감정을 적절하게 표현하다
take some quiet time for yourself
혼자만의 조용한 시간을 갖다
meditate 명상하다
manage stress 스트레스를 다스리다

건강을 위한 식습관
maintain healthy eating habits
좋은 식습관을 유지하다
never miss breakfast
절대 아침을 거르지 않는다
drink plenty of water 물을 충분히 마시다
take good quality vitamins
질 좋은 비타민을 먹다
eat fruits and vegetables
과일과 야채를 먹다
stay positive 긍정적으로 지내다
cut out salt 소금을 멀리하다
intake less sugar and caffeine
설탕과 카페인을 덜 섭취하다
eat a balanced diet
균형 잡힌 식단에 따라 먹다
cut down on junk food
정크 푸드(불량 식품)를 줄이다
avoid sweets 단것을 피하다

패턴 Review

건강

다음 우리말 문장을 영어로 말해 보세요.

MP3 4_08

1. 저는 아침에 조깅하는 것을 절대로 거르지 않아요.

2. 마지막으로 제가 하는 일은 서류와 책을 정돈하는 거예요.

3. 나는 제 건강을 유지하기 위해 아침을 먹어요.

4. 그녀는 제 음악에 큰 영향을 미쳐 왔어요.

5. 우선, 저는 그에게 아무것도 말하지 않았어요.

6. 그녀는 피곤해 보였어요. 아마도 그건 그녀가 어젯밤에 잠을 잘 자지 못해서일 거예요.

7. 그는 항상 그녀에게 칭찬을 해 주려고 노력해요.

8. 그녀는 그의 새로운 헤어스타일에 끌렸어요.

9. 그녀의 책은 반복해서 읽을 가치가 있어요.

---

1. I never skip jogging in the morning.
2. The last thing I do is to put the documents and books in order.
3. I try to eat breakfast to keep myself healthy.
4. She has been a big influence on my music.
5. To begin with, I said nothing to him.
6. She looked tired. Maybe it's because she didn't sleep well last night.
7. He cares to give her compliments all the time.
8. She was drawn to his new hairdo.
9. It's worth reading her book over and over again.

UNIT 03
패션

출제 가능한 문제

- 지금 입고 있는 옷 설명
- 때에 따른 의복 간의 차이점
- 요새 유행하는 패션
- 과거와 현재의 패션 비교
- 유행을 따르는 것에 관한 견해
- 격식을 차린 옷과 편안한 옷의 차이점
- 쇼핑하는 장소와 쇼핑에 대한 조언
- 최근에 하자가 있는 물건을 구매한 경험

3콤보 문제 빈출 조합

Q1 우리나라 사람들이 일할 때와 놀 때 입는 옷 → **Q2** 최근에 옷을 사러 갔던 경험 → **Q3** 최근에 하자가 있는 물건을 구매한 경험

Q1 요새 유행하는 패션 → **Q2** 유행을 따르는 것에 관한 견해 → **Q3** 과거와 현재의 패션 비교

Q Practice Questions

Q1 지금 입고 있는 옷 → **Q2** 요새 유행하는 패션 → **Q3** 과거와 현재의 패션 비교

Q1 Tell me about the outfits you're wearing now. Provide your answer in detail. 당신이 지금 입고 있는 옷에 대해 말해 주세요. 가능한 한 자세히 답변해 주세요.

 Q1에 답변해 보세요.

* 단순히 입고 있는 옷 아이템을 나열하는 것으로는 고득점을 받을 수 없습니다. 각 아이템에 대한 간단한 일화나 부연 설명을 덧붙여 말하세요. earrings/glasses/socks/gloves와 같은 복수명사 앞에 this를 붙이지 않도록 주의하세요. 현재 계절과 일치하지 않는 것을 피하기 위해 계절과 관련된 너무 구체적인 내용은 피하는 것이 좋습니다.

모범 답변

MP3 4_09

Intro What am I wearing today? I didn't expect you to ask me this.
Body The weather is picture-perfect so ❶**I thought it would be a good idea to dress lightly today.** I'm wearing a pair of faded jeans and a (short-sleeved) white t-shirt now. The jeans I'm wearing now are my all-time favorite items and I enjoy wearing them often. ❶**I was going to wear a sweatshirt with shorts, but** ❷**I decided not to put them on** since it got too warm. I'm also wearing silver earrings and a wristwatch. As far as my shoes go, I'm wearing blue loafers with neon yellow stripes on them. ❶**I normally wear semi-formal outfits because I'm an office worker, but** today I'm wearing comfortable clothes because I have a movie date this evening. I didn't want to look dressed up.
Outro Eva, how are you dressed today?

제가 오늘 무엇을 입고 있냐고요? 이런 질문을 할 줄은 몰랐네요.
날씨가 완벽해서 오늘은 가볍게 입는 것이 좋겠다고 생각했어요. 저는 지금 물 빠진 청바지와 하얀 (반팔) 티셔츠를 입고 있어요. 제가 지금 입고 있는 바지는 제가 가장 좋아하는 아이템이고 자주 즐겨 입어요. +저는 운동복 상의와 반바지를 입으려 했는데, 날이 너무 더워져서 입지 않기로 했어요. 저는 또한 은색 귀걸이와 손목시계를 하고 있어요. 신발에 관해서라면, 저는 형광 노란색 줄무늬가 있는 파란색 단화를 신고 있어요. +저는 회사원이라 평소에는 세미 정장 옷을 입지만, 오늘은 저녁에 영화관에서의 데이트가 있어서 편한 옷을 입었어요. 너무 차려 입은 것처럼 보이기 싫었거든요.
Eva, 당신은 오늘 어떻게 입었나요?

표현 ❶ **I thought it would be a good(bad) idea to 동사.** 나는 ~하는 것이 좋을(좋지 않을) 거라고 생각했다.
❷ **I decided not to 동사.** 나는 ~하지 않기로 했다.

어휘 picture-perfect 완벽한   dress lightly 가볍게 입다   faded 물 빠진   short-sleeved 반팔의
all-time favorite (지금껏) 가장 좋아하는   loafers 가죽으로 된 끈 없는 구두   neon 형광색의   dress up 차려 입다

➕ 표현은 IH 이상 레벨을 원한다면 포함해서 외워 두세요. ➕ 표현을 빼고 말해도 무관합니다.

Q2 Tell me about the trendiest outfits in your country nowadays.
요새 당신의 나라에서 최신 유행하는 옷에 대해 말해 주세요.

 Q2에 답변해 보세요.
* 학생/직장인/20대 여성/30대 남성 등 특정 부류를 정해 말하는 것이 좋습니다. 우선 말할 내용의 큰 틀을 잡아 여러 번 연습한 후, 적절한 아이템을 넣어 말하세요.

모범 답변

MP3 4_10

[Intro] ❶There is no doubt that Korean people ❷take fashion seriously because it's a way of expressing your individuality.

[Body] Cropped pants and snapbacks are quite popular nowadays. They are very comfortable to wear and easy to coordinate with other items. So you can easily see people wearing them wherever you go in Korea. Also, a combination of a formal suit and a leather backpack is popular among male office workers. ❸You might not think that it's professional, but it's really big in Korea. Men wear these backpacks to keep their hands free, so that it's not only neat but also very practical.

[Outro] These are the trendiest outfits in Korea that I can think of.

한국 사람들이 패션을 진지하게 받아들인다는 데에는 의심의 여지가 없어요. 왜냐하면 그것이 당신의 개성을 표현하는 방법이기 때문이지요.
9부 바지와 스냅백은 요즘 상당히 인기가 많아요. 입기에 매우 편하고 다른 아이템과 쉽게 맞춰 입을 수 있어요. 그래서 한국 어디에 가든 그 스타일을 한 사람들을 쉽게 볼 수 있지요. 또한, 정장과 가죽 배낭의 조합은 남성 회사원 사이에 인기가 많아요. 전문적이지 않다고 생각할 수 있지만, 한국에서는 엄청 큰 인기예요. 남자들은 양손을 자유롭게 사용하기 위해서 이러한 배낭을 메는데, 깔끔할 뿐만 아니라 실용적이지요.
이러한 것들이 제가 생각할 수 있는 한국에서 최신 유행하는 옷이에요.

표현 ❶ **There is no doubt that 주어+동사.** '주어'가 ~하는 것에는 의심의 여지가 없다.
❷ **take A seriously** A를 진지하게 받아들이다
❸ **you might not think that 주어+형용사,** 너는 '주어'가 ~하지 않다고 생각할지도 모르겠지만,

어휘 individuality 개성 cropped pants (발목이 드러나는) 9부 바지 snapback (모자 챙이 평평한) 야구 모자 combination 조합 professional 전문적인 neat 깔끔한 practical 실용적인

Q3 Fashion changes periodically. How is the fashion in the past different from the current fashion? Compare them in detail. 패션은 주기적으로 변화합니다. 과거의 패션은 현재의 패션과 어떻게 다른가요? 둘을 자세히 비교해 주세요.

Q3에 답변해 보세요.

* 과거의 특정 '때'를 정하기 힘들다면, 누구나 입어본 '교복'을 대입해 답변하세요. **Ex)** 과거엔 교복을 입어서 패션에 관심이 없었다. → 현재는 ~한 옷을 즐겨 입는다.

모범 답변

MP3 4_11

Intro When I was a student, I wasn't really into fashion because I used to wear a school uniform which was mandatory.

Body ❶**I remember wearing a white button-down shirt** and a navy blue skirt(pants) with a narrow gray tie. But ❷**as far as I remember, we all hated wearing the uniform** because we didn't think it was 'cool' and nobody wanted to wear the same thing with others, so we altered them in various ways. Come to think of it, ❸**wearing a uniform wasn't such a bad idea**. Now, I have my own style. I like wearing comfortable clothes yet not too casual. I usually wear a one-piece dress(toned down trousers) with a jacket. I make sure to add colorful accessories as a fashion statement.

Outro I may not be the trendiest person, but I still like the way I dress.

제가 학생일 때는, 의무적으로 학교 교복을 입어야 했기 때문에 저는 패션에 관심이 없었어요.
저는 하얀 버튼다운 셔츠와 남색 치마(바지)를 입고 좁은 회색 타이를 맸던 것이 기억나요. 그러나 제가 기억하는 한, 우리 모두는 교복을 싫어했는데, 우리는 교복이 '멋지지' 않다고 생각했고 아무도 다른 이와 같은 옷 입기를 원하지 않았기 때문이죠, 그래서 우리는 다양한 방법으로 옷을 수선했어요. 생각해 보니, 교복을 입는 것이 그리 안 좋은 생각은 아니었네요. 이제는, 저만의 스타일이 있어요. 저는 편하지만 너무 캐주얼하지 않은 옷을 좋아해요. 저는 주로 원피스와(색이 짙은 바지와) 재킷을 입습니다. 저는 저만의 패션 감각을 보여주기 위해 화려한 액세서리를 꼭 해요.
저는 최신 유행을 선도하는 사람은 아니지만, 제 스타일을 여전히 좋아해요.

표현 ❶ **I remember -ing.** 나는 ~하던 게 기억난다.
❷ **as far as I remember,** 내가 기억하기로는,
❸ **-ing wasn't such a bad idea** ~하는 게 그리 안 좋은 생각은 아니었다

어휘 mandatory 의무적인 narrow 가느다란, (폭이) 좁은 cool 멋진, 끝내주는 alter 수선하다 one-piece dress 원피스 toned down 색이 짙은 trousers 바지 fashion statement 패션 감각, 독특한 복장

패션 필수 표현

소재

wool 양털, 울
silk 비단, 명주실
cotton 솜, 면화
denim 데님 (청바지에 쓰이는 면직물)
fur 모피
knit 뜨개질한 옷, 니트
leather 가죽
silver 은
gold 금

의류/장신구/잡화

pants 바지
trousers 정장 바지
jeans 청바지
shorts 반바지
t-shirt 티셔츠
button-down shirt 버튼다운 셔츠
sweatshirt 추리닝(운동복) 상의
blouse 블라우스
dress 원피스
skirt 치마
jacket 재킷
suit 정장
coat 외투, 코트
cardigan 카디건
sweater 스웨터
bracelet 팔찌
necklace 목걸이
backpack 배낭
tie 넥타이
shoes 신발
socks 양말
boots 부츠, 장화

형용사

stylish(=fashionable) 유행을 따른, 멋진
chic 멋진, 세련된
latest 최근의, 최신의
trendy 최신 유행의
must-have 꼭 필요한, 반드시 가져야 하는
essential 필수적인
vintage 고전적인, 전통 있는
iconic ~의 상징(아이콘)이 되는, 우상의
timeless 유행을 타지 않는
old-fashioned 구식의, 시대에 뒤진
casual (격식을 차리지 않는) 평상시의
formal 격식을 차린, 정중한
tailored 잘 맞도록 만든, 맞춤의

그 외

sense of style 스타일 감각
well dressed 잘 차려입은
dress for the occasion 자리(경우)에 맞는 옷
off-the-rack 기성복의
go out of fashion 한물가다, 유행이 지나다

패턴 Review

패션

다음 우리말 문장을 영어로 말해 보세요.

1. 저는 당신에게 사실대로 말하는 것이 좋을 거라고 생각했어요.

2. 저는 제 직장을 포기하지 않기로 결정했어요.

3. 그가 한국에서 최고의 요리사라는 것에는 의심의 여지가 없어요.

4. 저는 그가 제 충고를 진지하게 받아들였으면 좋겠어요.

5. 당신은 그녀가 귀엽지 않다고 생각할지 모르겠지만, 그녀는 정말 사랑스러워요.

6. 저는 당신의 팀과 회의하던 게 기억나요.

7. 제가 기억하기로는, 그의 손에는 아무것도 없었어요.

8. 혼자 걷는 게 그리 안 좋은 생각은 아니었어요.

---

1. I thought it would be a good idea to tell you the truth.
2. I decided not to quit my job.
3. There is no doubt that he is the best cook in Korea.
4. I hope he takes my advice seriously.
5. You might not think that she's cute, but she's really adorable.
6. I remember having a meeting with your team.
7. As far as I remember, he had nothing in his hand.
8. Walking alone wasn't such a bad idea.

UNIT 04
재활용하기

출제 가능한 문제

- 한국에서의 재활용 절차
- 집에서 재활용하는 방법
- 과거와 현재의 재활용 방식 비교
- 관리인에게 재활용센터 이용에 대해 질문
- 파티 때문에 재활용을 못하게 된 것에 대해 설명

3콤보 문제 빈출 조합

Q1 관리인에게 재활용센터 이용에 대해 질문 → **Q2** 파티 때문에 재활용을 못하게 된 것에 대해 설명 → **Q3** 재활용으로 인해 겪은 어려움이나 사건

Q Practice Questions

Q1 한국에서의 재활용 절차 → **Q2** 집에서 재활용하는 방법 → **Q3** 과거와 현재의 재활용 방식 비교

Q1 I'd like to know how recycling is practiced in your country. What procedure do people follow in order to recycle? Is it mandatory at where you are? Provide your answer in detail.
당신의 나라에서는 재활용이 어떻게 실행되는지 알고 싶습니다. 재활용을 하기 위해 사람들은 어떤 절차를 따르나요? 당신이 있는 곳에서는 재활용이 의무인가요? 자세히 답변해 주세요.

 Q1에 답변해 보세요.

* Q1을 답변하는 데 준비해온 어휘나 표현을 전부 다 쓰지 않도록 주의하세요. 뒤이은 문제에서 비슷한 답변을 반복한다면 외워온 느낌을 주어 점수를 잘 받지 못할 수도 있습니다.

모범 답변

MP3 4_13

Intro Yes, recycling is mandatory and you can be fined if you don't recycle properly.

Body Recycled items can be disposed of in any clear plastic bag ⊕or divided by items and bound. You need to rinse before throwing out containers and they should be placed outside the building ⊕or in designated areas. There usually are separate bins for different materials ❶such as paper, plastic, metal and glass. ❷Items like batteries and fluorescent light bulbs require careful disposal so that there's a separate container for each kind. The recycled items are collected on certain days of the week.

Outro There are some steps to follow, but ❸it's not as difficult as it sounds.

네, 재활용은 의무이고 제대로 하지 않으면 벌금을 부과받을 수도 있어요.
재활용 물품은 아무 투명 비닐봉투에 넣어서 버리면 되요. +아니면 물품 별로 분류해 묶어서 버려요. 용기들은 버리기 전에 헹구어서 건물 밖에 +아니면 지정된 구역에 버려야 해요. 주로 종이, 플라스틱, 금속 그리고 유리 같은 다른 재료를 위한 분리수거 통들이 따로 있어요. 배터리와 형광등 같은 물건은 조심스럽게 버려야 해서 각각의 다른 분리 용기가 있어요. 재활용 아이템은 주의 특정한 요일에 수거되요.
따라야 할 단계가 있지만, 들리는 것만큼 어렵지는 않아요.

표현 ❶ **such as A, B, C and D** (예를 들어) A, B, C 그리고 D와 같은
❷ **items like A** A와 같은 물건
❸ **It's not as 형용사 as it 동사.** ~하는 것만큼 ~하지는 않다.

어휘 be fined 벌금을 부과받다 dispose of ~를 버리다 plastic bag 비닐봉투 divided by ~로 나뉘어 bound 묶인 rinse 헹구다 throw out 버리다 container 용기 designated 지정된 bin 쓰레기통 fluorescent light bulbs 형광등 collect 수거하다

⊕표현은 IH 이상 레벨을 원한다면 포함해서 외워 두세요. ⊕표현을 빼고 말해도 무관합니다.

PART 4 UNIT 04 201

Q2 How do you personally recycle at home and how often do you recycle? Please tell me about your typical way of recycling in detail. 당신은 어떻게 집에서 직접 재활용하고 얼마나 자주 재활용하나요? 당신만의 재활용 방법에 대해 자세히 말해 주세요.

 Q2에 답변해 보세요.

* 일반적인 재활용 절차보다는 자신의 동네나 주거 환경에 따라 달라지는 것(재활용하는 장소, 빈도수)에 초점을 맞추어 답변하세요.

모범 답변

MP3 4_14

Intro Sure, I can tell you how I recycle at home.

Body In my apartment complex, there is a monthly updated calendar on the bulletin board about recycling. Also, the calendar kindly indicates the pick-up days and specific ways to separate trash. There are 8 different kinds of categories and ❶ **all I have to do is just follow the instructions**, so it's not difficult to recycle properly. In addition, there are janitors in the basement and a help center next to the recycling area, so I can ask for help whenever I need to. At the balcony, I have boxes for the recyclables such as paper, plastic, glass and metal. ❷ **As far as food waste goes, there is a food waste disposal machine below the sink in the kitchen.** Therefore, I can throw out trash very conveniently in my apartment.

Outro Well, these are the ways ❸ **I can think of now.**

네, 제가 집에서 어떻게 재활용하는지 알려드릴게요.
우리 아파트 단지에는, 매달 게시판에 재활용에 관한 최신 일정표가 붙어요. 그리고, 그 일정표에 수거일과 쓰레기를 분리하는 구체적인 방법이 잘 나와 있어요. 8개의 종류의 분류 항목이 있고 저는 그저 지시 사항을 따르기만 하면 되어서, 분리수거를 제대로 하는 것이 어렵진 않아요. 게다가, 지하에는 관리인이 있고 재활용 구역 옆에는 지원센터가 있어서 제가 필요할 때마다 가서 도움을 요청할 수 있어요. 베란다에는 종이, 플라스틱, 유리 그리고 금속 같은 재활용을 위한 박스들이 있어요. 음식물 쓰레기에 관해서는, 부엌 싱크대 밑에 음식물 분쇄기가 있어요. 그래서 우리 아파트에서는 매우 편하게 쓰레기를 버릴 수 있지요.
뭐, 이러한 것들이 제가 지금 생각해낼 수 있는 방법들이네요.

표현 ❶ **All I have to do is 동사.** 나는 ~하기만 하면 된다.
❷ **as far as A goes,** A에 관해서라면,
❸ **I can think of** 내가 생각해낼 수 있는

어휘 complex 단지 monthly 매월의 bulletin board 게시판 indicate 나타내다 pick-up day 수거일 category 범주 instructions 지시 사항 janitor 관리인 recyclables 재활용품 food waste disposal machine 음식물 분쇄기

Q3 How has recycling changed compared to the past? What things are different and what things are the same? What are the reasons for the changes? Provide your answer in detail. 과거에 비해 재활용이 어떻게 변했나요? 어떤 것들이 다르고, 어떤 것들이 같은가요? 그 변화의 이유는 무엇인가요? 자세히 답변해 주세요.

 Q3에 답변해 보세요.

* 재활용을 하는 이유에 집중해서 말하세요. 주거 환경이 바뀌었다면 그런 부분을 강조해도 좋습니다. Ex) 단독주택에서는 지정된 곳에 버려야 함 → 아파트는 건물 내에서 처리 가능

모범 답변

MP3 4_15

Intro Well, to be honest, ❶**I don't quite remember recycling when I was young.**
Body ❷**There wasn't a single recycling program** in operation until 1995 in Korea. I guess it was because people didn't realize the importance of recycling back then. However, we now participate in recycling programs ❸**for many different reasons.** Not only can we protect the environment, but also conserve resources. Plus, recycling reduces the amount of waste sent to landfill sites as well. Today, more people are practicing recycling in order to save the planet.
Outro Eva, are you interested in environmental activities?

글쎄요, 솔직히 말하자면, 제가 어렸을 때는 재활용한 기억이 딱히 나지 않아요.
한국에서 1995년까지는 실시되는 재활용 프로그램이 하나도 없었어요. 제 생각에는 그때는 사람들이 재활용의 중요성을 깨닫지 못했기 때문인 것 같아요. 어쨌든, 우리는 이제 여러 이유로 재활용 프로그램에 참여하고 있어요. 환경을 보호할 수 있을 뿐만 아니라, 자원을 보존할 수 있기 때문이죠. 게다가, 재활용은 쓰레기 매립지로 가는 쓰레기 양도 줄여줘요. 오늘날에, 더 많은 사람들이 지구를 지키기 위해 재활용을 실천하고 있지요.
Eva, 당신은 환경 운동에 관심이 있나요?

표현 ❶ **I don't quite remember -ing.** 나는 ~한 기억이 딱히 나지 않는다.
❷ **There wasn't a single 명사.** '명사'는 하나도 없었다.
❸ **for many different reasons** 여러 이유로

어휘 honest 솔직한 in operation 실시되고 있는 realize 알아차리다 back then 그때는 participate in ~에 참여하다
protect 보호하다 environment 환경 conserve 보존하다 resources 자원 reduce 줄이다 amount 양
landfill site 쓰레기 매립지 today 오늘날에 practice 실천하다 the planet 지구 environmental activity 환경 운동

재활용하기 필수 표현

재활용품
glass 유리
paper 종이
metal 금속
plastic 플라스틱
textiles 직물, 옷감
electronics 전자제품
raw material 원자재, 원료
furniture 가구
residential waste 주거용 폐기물
industrial waste 산업 폐기물
building materials 건축 자재

동사
accommodate 공간을 제공하다, 수용하다
reproduce 재생하다
separate 분리하다
sort out 분류하다, 선별하다
waste 낭비하다, 허비하다
reduce 줄이다

그 외
mandatory 의무적인
environment 환경
ecosystem 생태계
bin 쓰레기통
trash 쓰레기
fumes 유독가스, 매연

재활용의 목적/이유
profit 이익, 이윤
disposal 처분, 처리
global warming 지구온난화
conservation (환경) 보호
greenhouse effect 온실효과
pollution 오염, 공해

재활용 수거 장소
designated area 지정된 장소
buy-back center 고물상 (재활용품을 사가는 업체)
recycling center 재활용센터
drop-off center 수거센터
landfill 쓰레기 매립지

패턴 Review

재활용하기

다음 우리말 문장을 영어로 말해 보세요.

1. 저는 사과, 딸기 그리고 바나나와 같은 온갖 과일을 좋아해요.

2. 분필과 칠판지우개 같은 물건들은 이 창고에 있어요.

3. 보이는 것만큼 위험하지는 않아요.

4. 저는 주문서를 보내기만 하면 돼요.

5. 데이트에 관해서라면, 그는 전문가예요.

6. 이 제안들이 제가 지금 생각해낼 수 있는 것들이에요.

7. 그녀와 대화를 한 기억이 딱히 나지 않아요.

8. 제 맘에 들었던 요리는 하나도 없었어요.

9. 저는 여러 이유로 혼자 여행하고 싶어요.

---

1. I like all kinds of fruit such as apples, strawberries and bananas.
2. Items like chalks and blackboard erasers are in this storage.
3. It's not as dangerous as it looks.
4. All I have to do is send in orders.
5. As far as dating goes, he is an expert.
6. These are the suggestions I can think of now.
7. I don't quite remember having a conversation with her.
8. There wasn't a single dish I liked.
9. I want to travel alone for many different reasons.

UNIT 05
기술

📋 출제 가능한 문제

- ✔ 학교나 회사에서 자주 사용하는 기술
- ✔ 매일 사용하는 기술
- ✔ 기술을 주로 사용하는 때
- ✔ 인터넷으로 주로 하는 일
- ✔ 최근에 구입한 기계
- ✔ 최근에 배운 기술 사용법
- ✔ 과거와 현재의 기술 비교
- ✔ 자주 방문하는 웹사이트
- ✔ 자주 사용하는 소프트웨어
- ✔ 기술의 장단점
- ✔ 최근 가장 이슈가 되고 있는 기술

🔗 3콤보 문제 빈출 조합

Q1 학교나 회사에서 자주 사용하는 기술 → **Q2** 기술의 장단점 → **Q3** 최근 가장 이슈가 되고 있는 기술

Q1 자주 사용하는 소프트웨어 → **Q2** 최근에 구입한 기계 → **Q3** 최근에 배운 기술 사용법

Q Practice Questions

Q1 매일 사용하는 기술 → **Q2** 자주 방문하는 웹사이트 → **Q3** 과거와 현재의 기술 비교

Q1 Tell me about the technology you use in your daily life. What is it and why do you use it often? Please provide your answer in detail. 당신이 일상에서 사용하는 기술에 대해 말해 주세요. 그것은 무엇이고, 왜 자주 사용하나요? 자세히 답변해 주세요.

 Q1에 답변해 보세요.

* 미리 답변을 준비해둔 '음악'이나 '영화 보기'와 같은 주제를 스마트폰과 함께 묶어서 발화량을 늘릴 수 있습니다. 반대로, '음악'이나 '영화 보기'에 대한 답변이 생각나지 않을 때도 주제를 스마트폰으로 전환해서 위기를 모면할 수 있습니다.

모범 답변

MP3 4_17

Intro **Without any hesitation, I would say it's my smartphone.**

Body As you know, it's like a portable computer and I can't spend a single day without it. There are so many things you can do with it. I can listen to music, watch movies, surf the web, do online banking, ❶you name it. On top of that, ❷it allows me to maintain my relationships with people I know because we often communicate through smartphone apps. Not only do we text each other, talk on the phone, but we also Tweet, Facebook, Instagram and Skype each other. Plus, I can entertain myself ❸whether I'm stuck in line at the bank or on a long road trip. I can pretty much kill time anytime anywhere.

Outro Isn't it such a fabulous device?

주저 없이, 저는 제 스마트폰이라 말할 수 있어요.
알다시피, 스마트폰은 휴대용 컴퓨터 같은 것인데 저는 그것 없이는 하루도 버틸 수 없어요. 그걸로 정말 많은 것들을 할 수 있어요. 저는 음악을 듣고, 영화를 보고, 인터넷을 하고 온라인 뱅킹을 하는데, 그밖에 무엇이든지 할 수 있지요. 그 외에, 제가 아는 사람들과 관계를 유지할 수 있게 해주는데, 우리는 스마트폰 앱으로 자주 의사소통을 하기 때문이지요. 우리는 서로 문자를 보내고 통화를 할 뿐만 아니라, Tweet, Facebook, Instagram을 하고 서로 Skype을 하기도 합니다. 게다가, 저는 은행에서 줄을 서서 기다리든 긴 여행을 하든 스마트폰으로 즐겁게 시간을 보낼 수가 있어요. 저는 언제 어디서든 시간을 때울 수 있지요.
정말 굉장한 장치 아닌가요?

표현 ❶ **you name it** 그밖에 무엇이든지
❷ **It allows me to 동사.** 그것은 내가 ~할 수 있게 해준다.
❸ **whether A or B** A이든 B이든

어휘 hesitation 주저함 portable 휴대용의 surf the web 인터넷을 하다 communicate 의사소통하다
app (=application) 응용 프로그램 text 문자를 보내다 entertain 즐겁게 하다 stuck in line 줄을 서서 기다리다
kill time 시간을 때우다 device 기구, 장치

Q2 Which websites do you often visit? How many hours do you spend surfing the web? Tell me about your Internet usage patterns in detail. 당신은 어떤 웹사이트를 자주 방문하나요? 인터넷 검색을 하는 데 몇 시간을 보내나요? 당신의 인터넷 사용 패턴에 대해 자세히 말해 주세요.

 Q2에 답변해 보세요.

* 자주 방문하는 웹사이트는 돌발 문제의 형태로 출제되지만 설문 조사 항목의 'SNS하기'와도 밀접한 관련이 있으므로, 답변을 호환하기 쉽게 준비해 놓으면 설문 조사의 선택폭도 넓어집니다.

모범 답변

MP3 4_18

Intro There are so many useful websites available, but ❶ if I were to pick just one, that would have to be Facebook.com.

Body As you know, it is one of the most widely used SNSs in the world. I can search for long-lost friends and keep in touch with family members who live far away. I can also read the latest news of my friends ❷ with ease so I don't need to visit several different websites in order to find what I want. Above all, I can make foreign friends easily so that ❸ it enables me to improve my language skills. It uses blue as its background which makes it look cool and neat. I usually Facebook for 2 to 3 hours a day posting pictures as well as reading my friends' news.

Outro Eva, could you Facebook me?

유용한 웹사이트가 정말 많지만, 꼭 하나만 골라야 한다면, 그건 Facebook.com일 거예요.
알다시피, 그것은 세계에서 가장 폭넓게 사용되는 SNS 중 하나예요. 오래 전에 소식이 끊긴 친구를 찾을 수 있고 멀리 사는 가족과 연락을 할 수 있어요. 저는 또한 친구들의 최신 소식을 손쉽게 읽을 수 있어서 제가 원하는 것을 찾기 위해 여러 다른 웹사이트를 방문하지 않아도 되죠. 무엇보다도, 쉽게 외국 친구를 만들 수 있어 제 언어 능력을 향상시킬 수 있게 해줘요. 이 사이트는 배경으로 파란색을 사용해서 시원하고 깔끔해 보이죠. 저는 주로 하루에 두세 시간을 사진을 올리고 친구들의 소식을 읽는 데 Facebook을 이용합니다.
Eva, 저를 Facebook에서 친구추가해 줄래요?

표현 ❶ **If I were to pick just one, that would have to be A.** 꼭 하나만 골라야 한다면, 그건 A일 것이다.
❷ **with ease** 손쉽게
❸ **It enables A to 동사.** 그것은 A가 ~할 수 있게 해준다.

어휘 most widely used 가장 폭넓게 사용되는   long-lost friend 오래 전에 소식이 끊긴 친구
keep in touch 연락하고 지내다   post (웹사이트에 사진·글을) 올리다

Q3 How has technology changed from the past to the present? What was the technology you used to like in the past? How is it different from the technology you use today? 기술은 과거에서 오늘날까지 어떻게 변화했나요? 과거에 당신이 좋아했던 기술은 무엇인가요? 당신이 오늘날 사용하는 기술과 어떻게 다른가요?

 Q3에 답변해 보세요.

* 스마트폰이나 컴퓨터에 대한 답변을 만들어 두면 활용도가 높습니다.

모범 답변

MP3 4_19

Intro Technology is a very important part of our lives and it is changing ❶ at a rapid pace.

Body Computers are used in our homes, schools, businesses, ⊕ and its impact on our daily lives can be felt. Can you ❷ imagine spending a day without your smartphone? Technology has made communication faster and easier ⊕ and allowed us to do business efficiently. We can find answers to any questions or locate far off places with the touch of a button! It's true that technology definitely improved our lives, but there are some things I miss about the old days. I still remember my very first CD player I had. It was always in my backpack and my friends and I used to lend CDs to each other. Today, ❸ there's no need to go out and buy a CD when you can just download it.

Outro Can you relate to what I'm saying?

기술은 우리 삶에서 매우 중요한 부분이고 빠른 속도로 변하고 있지요.
컴퓨터는 우리의 가정, 학교, 사무실에서 사용 되고 있어요. +그리고 우리의 일상생활에 미치는 영향을 느낄 수 있지요. 당신은 스마트폰 없이 하루를 보내는 게 상상이 되나요? 기술은 의사소통을 빠르고 쉽게 만들었어요. +그리고 우리가 사업을 효율적으로 하도록 해줘요. 우리는 어떤 질문에 대한 답도 찾을 수 있고 혹은 버튼을 누르는 것 하나로 매우 먼 곳의 장소의 정확한 위치를 찾을 수 있어요! 기술이 우리의 삶을 향상시켜준 것은 분명 사실이지만, 저는 예전의 몇몇 것들이 그립기도 해요. 저는 여전히 제 첫 CD 플레이어를 기억해요. 그건 늘 제 배낭 안에 있었고, 친구들과 저는 서로에게 CD를 빌려주기도 했었어요. 요즘에는 그냥 다운로드 하면 되니까 나가서 CD를 살 필요가 없지요.
당신은 제가 말하는 것에 공감할 수 있나요?

표현 ❶ **at a rapid pace** 아주 빠른 속도로
❷ **imagine -ing** ~하는 것을 상상하다
❸ **There is no need to 동사.** ~할 필요가 없다.

어휘 impact 영향 efficiently 효율적으로 locate (~의) 정확한 위치를 찾아내다 far off 매우 먼 improve 개선되다 the old days 예전 to each other 서로에게 relate to ~에 공감하다

⊕ 표현은 IH 이상 레벨을 원한다면 포함해서 외워 두세요. ⊕ 표현을 빼고 말해도 무관합니다.

기술 필수 표현

기기의 종류
desktop computer 데스크톱 (탁상용) 컴퓨터
laptop computer 노트북 컴퓨터
smartphone 스마트폰
tablet PC 태블릿 PC
printer 프린터
copy machine 복사기
fax machine 팩스기
projector 영사기
scanner 스캐너
refrigerator 냉장고
microwave 전자레인지

장점/기능/특징
useful functions 유용한 기능들
high efficiency 고효율성
large capacity 대용량
high resolution 고화질
high pixel density 고화소
touch pad 터치패드
face-to-face communication 대면 의사소통
flat 납작한
compact 소형의, (휴대가) 간편한
state-of-the art 최신식의
cutting edge 최신식의
the latest model 최신 모델
water-resistant 방수가 되는
big screen 커다란 스크린
user-friendly 사용하기 쉬운
economical 경제적인
the most widely used 가장 많이 사용되는

동사
use my time effectively 시간을 효율적으로 사용하다
talk on the messenger 메신저로 이야기하다
surf/use the Internet/be on the Internet 인터넷을 하다
create an email account 이메일 계정을 만들다
check/send emails 이메일을 확인하다/보내다
reply 회신하다
upload files 파일을 업로드하다
post pictures 사진을 올리다
post a comment 댓글을 달다
delete 삭제하다
be addicted to ~에 중독되다
do online (grocery) shopping 온라인 (식품) 쇼핑을 하다
do online banking 온라인 뱅킹을 하다

패턴 Review

기술

다음 우리말 문장을 영어로 말해 보세요.

MP3 4_20

1. 과일, 야채, 유제품, 빵, 그밖에 모든 것이 있어요.

2. 그것은 제 일에 집중할 수 있게 해줘요.

3. 당신은 이것을 입을 건지 버릴 건지 결정해야 해요.

4. 꼭 하나만 골라야 한다면, 그건 빨간 것일 거예요.

5. 손쉽게 위치를 찾을 수 있어요.

6. 그것은 제가 잠을 잘 잘 수 있게 해줘요.

7. 의학 기술은 아주 빠른 속도로 발전하고 있어요.

8. 저는 그를 직접 만나는 것을 상상했어요.

9. 카페에 갈 필요가 없어요.

---

1. It has fruit, vegetables, dairy products, bread, you name it.
2. It allows me to focus on my work.
3. You should decide whether you wear it or throw it away.
4. If I were to pick just one, that would have to be the red one.
5. You can find the location with ease.
6. It enables me to sleep well.
7. Medical technology is developing at a rapid pace.
8. I imagined meeting him in person.
9. There's no need to go to the café.

UNIT 06
지형

📋 출제 가능한 문제

- ✔ 우리나라의 지형
- ✔ 추천할 만한 장소
- ✔ 지형이 특이한 곳
- ✔ 지형적으로 유사한 이웃 나라
- ✔ 이웃 나라가 언론의 조명을 받는 이유
- ✔ 최근에 가 본 장소
- ✔ Eva에게 캐나다의 지형에 관해 질문

🔗 3콤보 문제 빈출 조합

Q1 지형적으로 유사한 이웃 나라 → **Q2** 지형에 따라 할 수 있는 활동들 → **Q3** 최근에 가본 장소

Q1 우리나라의 지형 → **Q2** Eva에게 캐나다 지형에 관해 질문

Q Practice Questions

Q1 우리나라의 지형 → **Q2** 추천할 만한 장소 → **Q3** 지형이 특이한 곳

Q1 Please tell me about the geography of your country. Are there many rivers, mountains and beaches in your country?
당신 나라의 지형에 대해서 말해 주세요. 강과 산 그리고 해변이 많은가요?

🎤 **Q1에 답변해 보세요.**

* 지형 문제는 말할 내용을 머릿속에서 완벽히 정리해 놓아야 막히지 않고 말할 수 있어요. 발음에 신경 써야 할 단어는 여러 번 연습해 두세요. geography[쥐아-그로fi], peninsula[퍼닌술라], mountainous[마운터너스], coast[코우스트], autumn[어럼]

모범 답변
MP3 4_21

Intro Oh, I didn't know you are interested in geography.

Body South Korea which is located in East Asia ❶**is surrounded by seas** since it's a peninsula. The East Sea has a simple coastline, so there are many beautiful beaches with fine sand along the east coast, whereas most of the beaches on the West Sea offer convenient transportation. You can enjoy a day trip if you leave from Seoul. The Korean peninsula is mainly mountainous along its east coast, ➕so most of its river water flows west. Around those rivers, there are many popular tourist resorts and resting places. Especially in fall, trees on the mountains turn red and yellow and a lot of people go on trips to enjoy the autumn colors.

Outro ❷**I recommend you** ❸**pay a visit to** Korea in fall.

아, 당신이 지형에 관심이 있는지 몰랐어요.
동아시아에 위치한 대한민국은 반도라서 바다로 둘러싸여 있어요. 동해는 단순한 해안선을 갖고 있어서 동쪽 해안을 따라 고운 모래를 가진 아름다운 해변이 많은 반면에, 서해의 해변 대부분은 편리한 교통수단을 제공해요. 서울에서 출발하면 당일 여행을 즐길 수 있지요. 한국 반도는 동쪽 해안을 따라 주로 산악 지대예요. ➕그래서 대부분의 강은 서쪽으로 흐르지요. 그 강들 주위에는, 인기 있는 휴양 관광지와 휴식처가 많아요. 특히 가을에는, 산의 나무들이 단풍이 들어 많은 사람들이 단풍을 즐기러 여행을 떠나요.
저는 당신이 가을에 한국을 방문할 것을 추천해요.

표현 ❶ **be surrounded by A** A로 둘러싸여 있다
❷ **I recommend you 동사.** 나는 네가 ~할 것을 추천한다.
❸ **pay a visit to A** A를 방문하다

어휘 peninsula 반도 coastline 해안선 fine sand 고운 모래 a day trip 당일 여행 mountainous 산악의 flow 흐르다 turn red and yellow 단풍이 들다 autumn colors 단풍

➕표현은 IH 이상 레벨을 원한다면 포함해서 외워 두세요. ➕표현을 빼고 말해도 무관합니다.

PART 4 UNIT 06 213

Q2 I'm sure there are many nice places to visit in your country. If you are to recommend a hot spot, where would it be and why would you recommend that place? 당신 나라에는 가볼 만한 좋은 장소가 많을 거라고 생각해요. 유명한 관광지를 추천해 준다면 어디이고, 왜 그 지역을 추천하나요?

 Q2에 답변해 보세요.

* 영어가 아닌 고유명사는 채점자에게 의미가 잘 전달되도록, Busan City(부산), Gwangan Bridge(광안대교)와 같이 뒤에 city, town, bridge, mountain을 붙여 주세요.

모범 답변
MP3 4_22

Intro Boy, you are really into this kind of topics, aren't you?
Body ❶Without any hesitation, I would recommend you Busan City, the 2nd largest city of Korea. Haeundae, which is the most famous beach in Busan, is a must-see spot for tourists. You can enjoy exciting watersports such as sailing, windsurfing, water-skiing and snorkeling in summer. At night, the colorful lights from Gwangandaegyo Bridge are mesmerizing and young people ❷flock to the area for its delicious food and romance. Both Busan Fireworks Festival and Busan International Film Festival held in October are attractive reasons why you should pay a visit.
Outro Eva, ❸have you been to Busan?

맙소사, 당신은 정말 이 주제에 빠져 있군요. 그렇지 않나요?
한 치의 망설임 없이, 저는 한국에서 두 번째로 큰 도시인 부산을 추천해요. 부산에서 가장 유명한 바닷가인 해운대는 관광객이 꼭 봐야 하는 장소예요. 여름에는 보트 타기, 윈드서핑, 수상 스키 그리고 스노클링과 같은 신나는 수상 스포츠를 즐길 수 있어요. 밤에는 광안대교의 화려한 불빛이 완전 넋을 빼놓고 젊은이들은 맛있는 음식과 로맨스를 위해 이곳으로 모여들어요. 10월에 열리는 부산 불꽃 축제와 부산국제영화제 둘 다 당신이 이곳을 방문해야 할 매력적인 이유죠.
Eva, 당신은 부산에 가본 적이 있나요?

표현 ❶ **without any hesitation** 한 치의 망설임 없이
❷ **flock to A** A로 모여들다
❸ **Have you been to A?** A에 가본 적이 있나요?

어휘 boy 어머나, 맙소사 must-see spot 꼭 봐야 하는 장소 mesmerizing 완전 넋을 빼놓는 attractive 매력적인

Q3 Have you ever been to a geographically unique area in your country? Where was it? What did the area look like? Describe the area in detail. 당신은 당신 나라에서 지형적으로 독특한 지역에 가 본 적이 있나요? 그것은 어디였나요? 그 지역은 어떤 모습을 하고 있었나요? 그 지역을 자세히 묘사해 주세요.

🎤 **Q3에 답변해 보세요.**

* Outro에서 사회적인 이슈나 그에 대한 자신의 의견을 덧붙인다면 고득점을 받을 확률이 높아집니다.

모범 답변

MP3 4_23 🎧

Intro Yes, I've been to Gangwon Province which is one of Korea's most beautiful tourist attractions.

Body Gangwon Province which is a mountainous area introduces very unique geographical features. There are a lot of thickly forested mountain chains ❶adjacent to the East Sea, so the sea is located right in front of the mountains. Also, the seashore is surrounded by majestic cliffs and dense woods. Therefore, you can ❷enjoy the scenery of the mountains and the ocean at the same time. ➕In addition, a cruise ship-shaped hotel on the cliff in Jeongdongjin area is ❸a worthwhile visiting spot as well. Due to its unique geographical features, the province is attracting many tourists from other countries.

Outro I hope we can conserve this beautiful nature for future generations.

네, 저는 한국의 가장 아름다운 관광 명소 중 하나인 강원도에 가본 적이 있어요.
산악 지역인 강원도는 독특한 지리적 특징이 있어요. 숲이 울창한 산맥이 많이 동해에 인접해 있어서, 바다가 산 바로 앞에 위치해 있지요. 또한, 해안가는 장엄한 절벽과 우거진 숲으로 둘러싸여 있어요. 그래서, 산과 바다의 경치를 동시에 즐길 수 있지요. +게다가, 정동진에 있는 절벽 위 유람선 모양의 호텔도 가볼 만한 가치가 있는 장소예요. 강원도는 독특한 지형적 특징 때문에, 다른 나라의 많은 관광객들을 끌어 모으고 있지요.
저는 이 아름다운 자연을 후세대를 위해 보존할 수 있기를 바라요.

표현
❶ **adjacent to A** A에 인접한
❷ **enjoy the scenery of A** A의 경치를 즐기다
❸ **a worthwhile visiting spot** 가볼 만한 가치가 있는 장소

어휘 province 주, 도 tourist attraction 관광 명소 feature 특징으로 삼다 thickly forested 숲이 울창한 seashore 해변 majestic 장엄한 cliff 절벽 dense woods 우거진 숲 attract 끌어 모으다 future generations 후세대들

➕표현은 IH 이상 레벨을 원한다면 포함해서 외워 두세요. ➕표현을 빼고 말해도 무관합니다.

지형 필수 표현

지형/장소

coast 연안, 해안
port 항구
lighthouse 등대
sea 바다
beach 해변
ocean 대양, 해양
cliff 낭떠러지, 절벽
mudflats 개펄
sand dune 모래 언덕
cave 동굴
river 강
lake 호수
hill 언덕
mountain range 산맥, 산악 지방
peak 산꼭대기, 봉우리
forest 숲, 삼림
seawall 방파제 (=breakwater)
continent 대륙
island 섬
peninsula 반도
region 지방, 지역
desert 사막
valley 계곡, 골짜기
volcano 화산
boundary 경계
dome 돔, 반구형 지붕, 반구형 모양의 것

그 외

sand 모래
pebble 조약돌
climate 기후
border 국경, 테두리, 경계
settlement 정착
site 장소, 현장
territory 영토
explore 탐험하다, 답사하다
culture 문화
tourism 관광업
accommodation 숙소, 시설
resort 리조트, 휴양지

패턴 Review

지형

다음 우리말 문장을 영어로 말해 보세요.

MP3 4_24

1. 그 산은 강으로 둘러싸여 있어요.

2. 당신이 그 기사를 읽기를 추천해요.

3. 우리는 당신의 호텔을 방문할 거예요.

4. 한 치의 망설임 없이, 그는 걸어 나갔어요.

5. 많은 사람들이 해변가로 모여들었어요.

6. 그의 집에 가본 적이 있나요?

7. 버스 정류장은 우리 집과 인접해 있어요.

8. 에펠탑의 꼭대기에서는 파리의 풍경을 즐길 수 있어요.

9. 센트럴파크는 뉴욕에서 가볼 만한 가치가 있는 장소예요.

---

1. The mountain is surrounded by rivers.
2. I recommend you read the article.
3. We will pay a visit to your hotel.
4. Without any hesitation, he walked out.
5. Many people flocked to the beach.
6. Have you been to his place?
7. The bus stop is adjacent to my house.
8. You can enjoy the scenery of Paris on top of the Eiffel Tower.
9. Central Park is a worthwhile visiting spot in New York.

부록 I

돌공 지진으로부터
그대를 구해줄 표현들

1. 잠깐 시간이 필요한 경우

할 말은 생각나지만, 시간을 끌 때 유용합니다. Intro에 자신 없을 경우에는 질문을 되물으세요.

- **Well, let me think...** 음... 생각 좀 해볼게요.

- **Give me a second.** 잠깐만 시간을 주세요.

- **Hold on, I'm thinking I'm thinking.** 잠시만요, 지금 생각중이에요.

- **I don't know.** 글쎄요.

- **What do I do before going to the movies? I do just like what others do.**
  제가 영화 보러 가기 전에 무엇을 하냐고요? 다른 사람들이 하는 걸 하지요.

2. 어려운 문제가 출제된 경우

어려운 문제나 돌발 문제로 공황 상태가 왔다면 살짝 화를 내거나 감정에 호소해 보세요.

- **Why do you ask me this kind of question?** 왜 제게 이런 문제를 묻는 거죠?

- **Are you kidding me?** 장난해요?

- **Do you really think I remember? Seriously, I can't remember.**
  제가 진짜 기억할 거라고 생각하는 거예요? 진짜로, 기억이 안 나요.

- **Wow, this is way too tough for me.** 와, 이건 진짜 저에겐 너무 어렵네요.

- **Gee... I haven't thought about it at all.** 아이고... 이런 건 전혀 생각해 본 적이 없어요.

- **Umm... This is a tricky question, but let me give it a try.**
  음... 이건 좀 까다로운 문제네요, 하지만 한번 해 볼게요.

3. 준비해 간 답변과 딱 맞지 않는 문제가 출제된 경우

다른 사람들의 습관을 물어볼 때 주어를 '나'로 바꾸어 나에 대한 이야기를 하세요.
또한, 도저히 문제에 답변할 수 없을 때에는 준비해 간 답변 중 가장 비슷한 것으로 대신합니다.

- Well, I don't know about other people, but in my case, I try to eat healthy food.
  글쎄요, 다른 사람들에 대해선 잘 모르겠고요, 제 경우에는요, 건강한 음식을 먹으려 해요.

- Instead of going to the movies, can I tell you about the musical that I recently went to? 'Cause I didn't get a chance to watch a movie lately.
  영화 보러 가는 얘기 대신 최근에 다녀온 뮤지컬에 대해서 말해도 될까요? 왜냐면 최근에는 영화 볼 기회가 없었거든요.

*밑줄 부분을 바꿔가며 말하세요.

4. 다음 문제로 넘어가고 싶은 경우

다음 문제로 넘기기 전에는 답하려고 노력했다는 느낌을 주는 것이 좋습니다.
1, 2번의 표현들을 말한 후 다음 문제로 넘기는 것도 좋은 방법입니다.

- You know what…? I haven't seriously given a thought about it. I'll have to pass this one.
  있잖아요… 이것에 대해서는 심각하게 생각해 본 적이 없어요. 이 문제는 넘겨야겠네요.

- OMG… It's really noisy around me so I couldn't hear your question. Can I move on?
  세상에… 제 주위가 너무 시끄럽네요. 당신 질문을 못 들었어요. 다음 질문으로 넘어가도 될까요?

- You know what? I guess I've been really fortunate. No, I've never had any similar experiences before. Well, have you ever experienced anything like this?
  있잖아요, 아마도 제가 참 운이 좋았나 봐요. 아뇨. 저는 전에 그런 비슷한 경험을 해본 적이 없어요. 음, 혹시 당신은 그런 비슷한 경험을 한 적이 있나요?

주제별 답변 필수 패턴

📰 PART 1 설문 조사 – 서술

자기소개

go by the name of A
A라고도 불리다

I go by the name of Jane.
저는 Jane이라고도 불려요.

When it comes to A,
A에 대해서(관해서)라면,

When it comes to my future, I want to be a researcher.
제 미래에 대해서라면, 저는 연구원이 되고 싶어요.

People say ~.
사람들은 ~하다고 한다.

People say I look like my father.
사람들은 제가 아버지와 닮았다고 해요.

I'm into A.
나는 A에 빠져있다.

I'm into taking pictures.
저는 사진 찍기에 빠져있어요.

as much as time allows
시간이 허락하는 한

I go swimming as much as time allows.
저는 시간이 허락하는 한 수영하러 가려 해요.

인물 묘사

One's name is ~.
~의 이름은 ~이다.

His name is June.
그의 이름은 June이에요.

I've known A for 기간.
A를 안지는 ~이 되다.

I've known my best friend for 10 years.
제 가장 친한 친구를 안지는 10년이 되었어요.

as time goes by, (=as time passes by,) 시간이 지날수록,

As time went by, my English teacher became stricter.
시간이 지나고 보니, 제 영어 선생님은 더 엄격해지셨어요.

turn out to be ~
~로 판명이 나다, ~로 밝혀지다

He turned out to be married.
그는 기혼자로 밝혀졌어요.

That's what I 동사 about A.
A의 그런 점을 나는 ~한다.

That's what I hate about her.
그녀의 그런 점을 나는 싫어해요.

장소 묘사

It's located in an area/district/ neighborhood/town.
그곳은 ~한 지역/구역/동네/도시에 위치해 있다.

It's located in a business district.
그곳은 상업 구역에 위치해 있어요.

on the ~(서수) floor of a ~(기수)-story building ~층 건물의 ~층에

I take a class on the 3rd floor of a 10-story building. 저는 10층 건물의 3층에서 수업을 들어요.

When you walk into ~, you'll see ~.
~에 들어서면, ~이 보인다.

When you walk into the park, you'll see a beautiful lake.
그 공원에 들어서면, 아름다운 호수가 보여요.

This is where 주어+동사.
이곳은 '주어'가 ~하는 곳이다.

This is where you can take a rest.
이곳은 당신이 쉴 수 있는 곳이에요.

on both sides of ~
~의 양쪽에

There are lamps on both sides of the couch. 소파의 양쪽에 램프들이 있어요.

사물 묘사

It features ~.
~가 특징이다.

It features dual monitors.
듀얼모니터가 특징이에요.

as A as B
B만큼 A하다

It's as soft as silk.
실크만큼 부드러워요.

although ~, still ~.
~하긴 하지만, 여전히 ~하다.

Although I'm sad, I'll still try it.
슬프기는 하지만, 전 여전히 시도할 거예요.

Whenever I+동사, it reminds me of A.
~할 때마다 A가 생각나다.

Whenever I listen to that song, it reminds me of you. 그 노래를 들을 때마다 당신이 생각나요.

in good condition
상태가 좋은

My old fridge is still in good condition.
제 오래된 냉장고는 여전히 상태가 좋아요.

일상생활 말하기

It depends on 명사.
'명사'에 따라 다르다.

It depends on the weather.
날씨에 따라 달라요.

head to A
A로 향하다

I'm heading to school.
저는 학교에 가는 중이에요.

I make sure to 동사.
나는 반드시 ~하도록 한다.

I make sure to open the window.
저는 반드시 창문을 열어 놓도록 해요.

This gives me a little time to 동사.
그것은 ~할 약간의 시간을 준다.

This gives me a little time to make a call.
그것은 전화를 걸 약간의 시간을 줘요.

It's (not) fun -ing.
~하는 것은 재미있다(재미없다).

It's fun talking with him.
그와 얘기하는 것은 재미있어요.

경험 이야기하기

be supposed to 동사
~하기로 되어 있다

I was supposed to go there alone.
저는 거기에 혼자 가기로 되어 있어요.

get a hold of A
A의 행방을 찾다, A에게 연락을 하려고 노력하다

I couldn't get a hold of Tom.
저는 Tom의 행방을 찾지 못했어요.

I noticed that ~.
나는 ~를 알아차렸다.

I noticed that my bag was gone.
저는 제 가방이 없어진 것을 알아차렸어요.

in fact,
실은,

I'm not close to her. In fact, I barely know her. 저는 그녀와 친하지 않아요. 실은, 잘 알지도 못해요.

Have you ever 동사 p.p.?
~해본 적이 있니?

Have you ever talked to him?
그와 얘기해 본 적이 있나요?

절차 설명하기

There are several things/steps.
몇 가지 일/단계가 있다.

There are several steps before cooking.
요리를 하기 전에 몇 가지 단계가 있어요.

after I'm done,
마치고 나면,

After I'm done with this project, I'll go on a trip. 이 프로젝트를 마치고 나면, 저는 여행을 갈 거예요.

share (one's) thoughts
(~의) 생각/의견을 나누다, 이야기를 하다

I love sharing thoughts with my co-workers.
저는 동료들과 의견을 나누는 것을 좋아해요.

over coffee/lunch
커피를 마시면서/점심을 먹으면서

Would you like to talk about it over lunch?
점심을 먹으면서 이것에 대해 이야기할까요?

have A 동사
A가 ~하게끔 시키다(하다)

I will have Tom fax it.
제가 Tom이 그걸 팩스로 보내게끔 시킬게요.

비교하기

It is difficult to 동사.
~하기가 어렵다.

It is difficult to make decisions.
결정을 하기가 어려워요.

get distracted
정신이 산만해지다

I finished my assignment without getting distracted. 저는 정신이 산만해지지 않고 과제를 마쳤어요.

tend to 동사
~하는 경향이 있다

She tends to eat fast.
그녀는 빨리 먹는 경향이 있어요.

get one's work done
일을 끝마치다

I want to get my work done before this weekend. 저는 이번 주말 전에 제 일을 끝마치고 싶어요.

be good for 명사
'명사'에 좋다

Jogging is good for your health.
조깅은 건강에 좋아요.

PART 2 롤 플레이

Eva에게 질문하기

I didn't know that 주어+동사.
'주어'가 ~하는지 몰랐어요.

I didn't know that you live in Canada.
저는 당신이 캐나다에 사는지 몰랐어요.

How often do you usually 동사?
당신은 얼마나 자주 ~하나요?

How often do you usually exercise?
당신은 얼마나 자주 운동하나요?

In my case, I usually 동사.
제 경우에는, 대체적으로 ~해요.

In my case, I usually take the subway.
제 경우에는, 대체적으로 지하철을 타요.

Who do you usually 동사 with?
당신은 주로 누구와 함께 ~하나요?

Who do you usually cook with?
당신은 주로 누구와 함께 요리를 하나요?

Why don't we 동사?
우리 ~하면 어때요?

Why don't we go together?
우리 같이 가면 어때요?

직접 질문하기

Can you recommend me A?
제게 A를 추천해 주실래요?

Can you recommend me something new?
제게 뭔가 새로운 것을 추천해 주실래요?

It's a bit too 형용사.
좀 너무 ~하네요.

It's a bit too heavy for me.
제가 들기엔 좀 너무 무겁네요.

Do you have anything 비교급?
좀 더 ~한 게 있나요?

Do you have anything more durable?
좀 더 내구성이 좋은 게 있나요?

have A in stock
A의 재고가 있다

Could you check if you have it in stock?
재고가 있는지 확인해 주시겠어요?

Why don't I 동사?
한번 ~해 볼까요?, 내가 ~하는 것은 어때?

Why don't I call him?
제가 한번 그에게 전화해 볼까요?

전화로 질문하기

Hello, is this A?
여보세요, 거기 A죠?

Hello, is this Café B?
여보세요, 거기 카페 B죠?

I'd like to 동사.
~하고 싶습니다.

I'd like to reserve a room.
방을 예약하고 싶습니다.

Is A available?
A가 있나요?, A를 사용할 수 있나요?

Is delivery service available?
배달 서비스가 있나요?

under(in) the name of A
A의 이름으로

I have a reservation under the name of Foster. Foster의 이름으로 예약했어요.

I look forward to 명사/동명사.
~를 기대하다.

I look forward to the party.
파티가 기대돼요.

대안 제시하기

I'm so sorry to tell you this but ~
이런 얘기하게 되어 정말 미안한데

I'm so sorry to tell you this but I can't come to your party.
이런 얘기하게 되어 정말 미안한데 너의 파티에 못 갈 것 같아.

How about -ing?
~하는 것은 어떨까?

How about telling Ted about it?
Ted한테 이것에 대해 말하는 것은 어떨까?

Is it O.K. if I 동사?
내가 ~해도 괜찮을까?

Is it O.K. if I bring it to you tomorrow?
내가 내일 그것을 가져다 줘도 괜찮을까?

I was thinking maybe we could 동사.
우리가 ~하면 어떨지 생각해 봤어.

I was thinking maybe we could visit there tomorrow.
내일 우리가 거기에 방문하면 어떨지 생각해 봤어요.

check out A
A에 구경하러 가다

Did you check out the new store across the street? 길 건너에 있는 새 가게에 구경하러 가 봤나요?

불만 제기하기

I'm calling to 동사.
~하려고 전화했어요.

I'm calling to ask you some questions.
질문을 좀 하려고 전화했어요.

exchange it to A
A로 교환하다

I want to exchange it to a larger one.
좀 더 큰 것으로 교환하고 싶어요.

get a refund
환불을 받다

I want to get a refund right now.
당장 환불을 받고 싶어요.

as soon as possible
최대한 빨리

Could you call me as soon as possible?
최대한 빨리 전화해 주시겠어요?

I want you to 동사.
당신이 ~해주길 바란다.

I want you to redo this for me.
당신이 저를 위해 이걸 다시 해주길 바라요.

PART 3 설문 조사 – 주제

음악 듣기

I can't go a single day without A.
나는 A 없이는 하루도 못 버틴다.

I can't go a single day without coffee.
저는 커피 없이는 하루도 못 버텨요.

make me want to 동사
내가 ~하고 싶게 만들다

You make me want to cry.
당신은 제가 울고 싶게 만들어요.

be fond of A
A를 좋아하다

I'm fond of classical music.
저는 클래식 음악을 좋아해요.

as I told you,
말했듯이,

As I told you, cooking is my hobby.
말했듯이, 요리는 제 취미예요.

The first thing I do is 동사.
내가 가장 먼저 하는 일은 ~하는 것이다.

The first thing I do is make coffee.
가장 먼저 하는 일은 커피를 내리는 거예요.

keep A company
A의 곁에 있어 주다, A의 친구가 되어 주다

Could you keep me company for a while?
잠시만 제 곁에 있어 줄 수 있나요?

don't remember exactly ~.
정확히 ~인지는 기억나지 않는다.

I don't remember exactly when it happened. 정확히 언제 일어난 일인지는 기억나지 않아요.

get one's mind off of A
A를 잠시 잊다

I tried to get my mind off of her.
저는 그녀를 잊으려 노력했어요.

be stressed out
스트레스를 받다

When I'm stressed out, I go jogging.
저는 스트레스를 받을 때, 조깅하러 가요.

영화 보기

the best way to 동사
~하는 최선의 방법
It's the best way to master Chinese.
이것이 중국어를 숙달할 수 있는 최선의 방법이에요.

deal with A
A를 다루다
It deals with the use of the machine.
이것은 그 기계의 사용법을 다루고 있어요.

Do you want me to 동사?
내가 ~할까?, 내가 ~하길 원하니?
Do you want me to go there for you?
거기에 당신 대신 제가 갈까요?

It's about A.
A에 관한 이야기이다.
It's about a brave boy without arms.
이것은 팔이 없는 한 용감한 소년에 관한 이야기예요.

face A
A에 직면하다
She was facing a crisis.
그녀는 위기에 직면해 있었어요.

relate to A
A에 공감하다
I can so relate to your story.
저는 당신의 이야기에 완전히 공감해요.

star in A
A에서 주연을 맡다
She starred in a few independent films.
그녀는 몇몇 독립영화의 주연을 맡았어요.

take on a role of A
A의 역할을 맡다
He took on a role of a serial killer.
그는 연쇄살인마 역할을 맡았어요.

strive to 동사
~하려고 분투하다(노력하다)
She strove to win the contest.
그녀는 대회에서 이기려고 분투했어요.

콘서트/공연 보기

have similar tastes in 명사
'명사'에 비슷한 취향을 가지다
We have similar tastes in movies.
우리는 영화에 비슷한 취향을 가지고 있어요.

We rarely have any problems when -ing.
우리는 ~할 때 문제가 거의 없다.
We rarely have any problems when choosing a place.
우리는 장소를 고를 때 문제가 거의 없어요.

to the fullest extent
최대한
I want to enjoy my vacation to the fullest extent. 저는 제 휴가를 최대한 즐기고 싶어요.

get to A
A에 도착하다
Give me a call when you get to the concert hall. 콘서트홀에 도착하면 전화해 줘요.

It was a long-awaited 명사 for me.
그것은 내가 오래 기다리던 '명사'였다.
It was a long-awaited trip for me.
그것은 제가 오래 기다리던 여행이었어요.

give(receive) a standing ovation
기립 박수를 보내다(받다)
We all gave him a standing ovation.
우리 모두는 그에게 기립 박수를 보냈어요.

You should definitely 동사.
당신은 꼭 ~해야 한다.

on a regular basis
정기적으로

get rid of stress
스트레스를 없애다

You should definitely try it.
꼭 시도해 봐야 해요.

I go to rock festivals on a regular basis.
저는 록페스티벌에 정기적으로 가요.

I go jogging to get rid of stress.
저는 스트레스를 없애기 위해 조깅하러 가요.

공원/해변에 가기

It's well known for its A.
A로 유명하다.

This is a perfect spot to 동사 (for 명사). ~하기에(~에) 완벽한 장소이다.

It's usually crowded with A.
주로 A로 붐빈다.

give a tour of A
A를 구경시켜 주다

here and there
여기저기

on the spot
그 자리에서/즉석에서

I have fond memories of A.
나는 A에 대한 좋은 추억이 있다.

The last time I 과거 동사 was ~.
내가 마지막으로 ~했던 적은 ~이다.

I felt as if 주어+동사.
나는 마치 '주어'가 ~한 것처럼 느껴졌다.

A is another fun part of B.
A는 B의 또 다른 묘미이다.

It's well known for its artificial lake.
이곳은 인공호수로 유명해요.

This is a perfect spot to kill time.
시간을 때우기에 완벽한 장소예요.

It is usually crowded with sea lions.
이곳은 주로 바다사자들로 붐벼요.

Give me a tour of your dormitory when you can. 가능할 때 기숙사 구경 좀 시켜줘요.

There are benches here and there.
벤치들이 여기저기 있어요.

You can purchase the ticket on the spot.
그 자리에서 표를 구매할 수 있어요.

I have so many fond memories of him.
저는 그에 대한 좋은 추억이 정말 많아요.

The last time I saw him was this morning.
제가 마지막으로 그를 본 것은 오늘 아침이에요.

I felt as if I was hit by a car.
저는 마치 제가 차에 치인 것처럼 느껴졌어요.

Camping is another fun part of going there.
캠핑은 그곳에 가는 또 다른 묘미예요.

수영/조깅/걷기/요가

advantages of A
A의 장점들

give it a try
시도하다, 한번 해보다

There are quite a few advantages of living in a city. 도시에 사는 것에는 몇 가지 장점들이 있어요.

I want you to give it a try this time.
이번엔 당신이 한번 해봤으면 좋겠어요.

just then
바로 그때

Just then, he walked in.
바로 그때, 그가 들어왔어요.

at first
처음에는

He was shy at first, but soon we became friends.
그는 처음에는 낯을 가렸지만, 곧 우린 친구가 되었어요.

now that 주어+동사,
이제 '주어'가 ~하니,

Now that you know, I'm gonna tell you the truth. 이제 당신이 아니, 진실을 말해 줄게요.

have a cramp
쥐가 나다

I sometimes have leg cramps.
저는 가끔 다리에 쥐가 나요.

have a near-death experience
죽을 뻔한 경험을 하다

Have you ever had a near-death experience? 당신은 죽을 뻔한 경험을 한 적이 있나요?

I would rather not 동사.
나는 ~하고 싶지 않다.

I would rather not see him now.
저는 지금 그를 보고 싶지 않아요.

요리하기

in order to 동사
~하기 위해서는

In order to get there, you need to take the subway. 그곳에 가기 위해서는 지하철을 타야 해요.

All you have to do is 동사.
~하기만 하면 된다.

All you have to do is tell me.
제게 말하기만 하면 돼요.

come over (to one's place)
(누구의 집에) 놀러 오다

James came over to my place yesterday.
James가 어제 우리 집에 놀러 왔었어요.

I think of A that I want to 동사.
내가 ~하고 싶은 A를 생각한다.

I think of a restaurant that I want to go to.
제가 가고 싶은 식당을 생각해요.

I usually 동사 online.
나는 주로 온라인으로 ~한다.

I usually shop online.
저는 주로 온라인으로 쇼핑을 해요.

while A is(are) being 동사 p.p.
A가 ~되어가는 동안에

While the cake was being baked, I called him. 케이크가 구워지는 동안에 그에게 전화를 했어요.

A was perfect along with B.
B와 더불어 A는 완벽했다.

The tiramisu was perfect along with the espresso. 에스프레소와 더불어 티라미수는 완벽했어요.

It was my first(last) time -ing.
그건 내가 처음으로(마지막으로) ~한 것이었다.

It was my first time traveling overseas.
그건 제가 처음으로 간 해외 여행이었어요.

자전거 타기

spend one's weekend(s) -ing ~하면서 주말을 보내다	She spends her weekends working on the project. 그녀는 프로젝트 작업을 하면서 주말을 보내요.
A comes first. A가 우선이다.	Your health comes first. 당신의 건강이 우선이에요.
I don't have to worry about A. A에 대해 걱정하지 않아도 된다.	I don't have to worry about the price when I eat there. 거기서 먹을 때는 가격에 대해 걱정하지 않아도 돼요.
be good at A A를 잘하다	I'm super good at driving. 저는 운전을 정말 잘해요.
I was given A. 나는 A를 받았다.	I was given the result the next day. 저는 그 다음날 결과를 받았어요.
I can't remember the exact 명사. 나는 정확한 '명사'를 기억하지 못한다.	I can't remember the exact location of it. 저는 그곳의 정확한 위치를 기억하지 못해요.
not long after 얼마 지나지 않아	Not long after, I realized that I had lost my phone. 얼마 지나지 않아, 저는 전화기를 잃어버린 것을 깨달았어요.
by the following 때, 시간 그 다음 '때, 시간'에	By the following day, I already felt better. 그 다음날 즈음에는 벌써 좀 나아진 것 같았어요.
take A to B A를 B로 데리고 가다	I'd like to take you to the restaurant. 저는 당신을 그 식당에 데리고 가고 싶어요.
end up -ing 결국 ~하게 되다	I ended up taking the test. 저는 결국 시험을 보게 되었어요.

주거 개선 프로젝트

replace A with(by) B A를 B로 교체하다	I replaced the old door with a new one. 저는 예전 문을 새 것으로 교체했어요.
not much of a 명사 좋은(대단한) '명사'는 아니다	He's not much of a dog lover. 그는 대단한 개 애호가는 아니에요.
make a big change 큰 변화를 가져오다	You can make a big change if you try harder. 당신이 좀 더 노력 한다면 큰 변화를 가져올 수 있어요.
just by -ing ~하기만 하면	You can fix it just by gluing. 그건 풀칠만 하면 고칠 수 있어요.
I'm not sure if ~. 나는 ~한지 확실하지 않다.	I'm not sure if I can repair it. 제가 이걸 고칠 수 있을지 확실하지 않아요.

put it into words 말로 표현하다	It's difficult to put it into words. 그걸 말로 표현하기 어려워요.
follow the directions 지시 사항을 따르다	If you follow the directions, it's very easy. 지시 사항을 따르면 매우 쉬워요.
easy as pie 식은 죽 먹기이다	The test was easy as pie. 시험은 식은 죽 먹기였어요.
not exactly A 꼭(정확히) A인 것은 아닌	It wasn't exactly clear what happened. 무슨 일이 있었는지 꼭 명백하진 않았어요.
pop in one's head 머릿속에 떠오르다	Nothing popped in my head at that time. 그때 머릿속에 아무것도 떠오르지 않았어요.
I was satisfied with A. 나는 A에 만족했다, A가 만족스러웠다.	I was satisfied with the new room. 저는 새 방이 만족스러웠어요.

쇼핑하기

I love A more than any other B. 나는 그 어떤 B보다 A가 좋다.	I love this movie more than any other movies. 저는 그 어떤 영화보다도 이 영화가 좋아요.
never afraid to 동사 ~하는 데 주저함이 없는	He's never afraid to try new things. 그는 새로운 것을 시도하는 데 주저함이 없어요.
it may sound like 주어+동사, 주어가 ~하는 것처럼 들리겠지만,	It may sound like I'm lying, but I'm not. 제가 거짓말하는 것처럼 들리겠지만, 아니에요.
as you may have noticed, 네가 이미 알아차렸겠지만,	As you may have noticed, I'm in love with him. 당신이 이미 알아차렸겠지만, 저는 그와 사랑에 빠졌어요.
at the end of 명사 '명사'의 마지막에	At the end of the movie, he runs away. 영화의 마지막에 그는 도망쳐요.
명사 there is(are) 형용사, but the quality is 형용사. 그곳의 '명사'는 ~하지만, 품질은 ~하다.	Bags there are quite expensive, but the quality is good. 그곳의 가방들은 꽤 비싸지만, 품질은 좋아요.
know A inside out A를 속속들이 알다	I read that book so many times so I know it inside out. 저는 그 책을 하도 많이 읽어서 속속들이 알아요.
jump up and down (기뻐서) 펄쩍펄쩍 뛰다	When I heard the news, I jumped up and down. 그 소식을 들었을 때, 저는 펄쩍펄쩍 뛰었어요.

해외 여행

play a big role 큰 역할을 하다	He plays a big role in my life. 그는 제 인생에서 큰 역할을 해요.
just in case 만일의 경우에 대비해서	I take my umbrella when going out just in case. 저는 만일의 경우에 대비해서 밖에 나갈 때 우산을 챙겨요.
I sometimes allow myself to 동사. 나는 가끔씩 ~하기도 한다.	I sometimes allow myself to take a long break. 저는 가끔씩 아주 오래 휴식을 취하기도 해요.
mean so much to A A에게 무척 소중하다, 의미가 크다	You mean so much to him. 그에게 당신은 무척 소중한 사람이에요.
beyond imagination/expectation/description 상상/예상/표현을 뛰어넘는	His work was beyond my expectation. 그의 작품은 제 예상을 뛰어넘었어요.
I still can't forget A. 나는 아직도 잊을 수가 없다.	I still can't forget the sublime scenery from the mountain. 저는 아직도 그 산에서 봤던 웅장한 풍경을 잊을 수가 없어요.
be no exception 역시 예외가 아니다	You are no exception. 당신 역시 예외가 아니에요.
turns out 알고 보니	Turns out, he was married. 알고 보니 그는 기혼이었다.
could've 동사 p.p. ~할 수도 있었다	I could've called you earlier. 당신에게 좀 더 일찍 전화할 수도 있었어요.

PART 4 돌발

집안일 하기

just to tell you about A first, A에 대해 먼저 말하자면,	Just to tell you about the result first, I failed. 결과에 대해 먼저 말하자면, 저는 실패했어요.
get to 동사 ~하게 되다	I'm so glad to get to know you. 저는 당신을 알게 되어서 기뻐요.
I sometimes 동사 voluntarily. 나는 가끔 자발적으로 ~한다.	I sometimes wash dishes voluntarily. 저는 가끔 자발적으로 설거지를 해요.
I don't recall -ing. 나는 ~하는 것이 기억나지 않는다.	I don't recall reading that book. 저는 그 책을 읽은 것이 기억나지 않아요.

be asked to 동사 (=be told to) 동사
~하도록 부탁받다(당부 받다)

He was asked to submit the report.
그는 보고서를 제출하도록 요청 받았어요.

at times like this(that)
이럴 때에(그럴 때에)

At times like this, I don't give advice.
이럴 때는 저는 조언을 하지 않아요.

I was going to 동사.
나는 ~하려고 했다, ~할 생각이었다.

I was going to tell you.
당신에게 말해 줄 생각이었어요.

slips one's mind
깜빡 잊다

I had to wash my dad's car, but it slipped my mind.
저는 아버지의 차를 세차해야 했는데 깜빡 잊었어요.

not happy about A
A를 탐탁지 않아 하다

I'm not very happy about the score.
저는 점수가 정말 탐탁지 않아요.

건강

I never skip A.
나는 A를 절대로 거르지 않는다.

I never skip breakfast.
저는 아침을 절대로 거르지 않아요.

The last thing I do is to 동사.
내가 마지막으로 하는 것은 ~이다.

The last thing I do is to e-mail the documents to myself. 제가 마지막으로 하는 것은 제게 서류들을 이메일로 보내는 거예요.

keep oneself healthy
자신의 건강을 유지하다

Jane does yoga to keep herself healthy.
Jane은 자신의 건강을 유지하기 위해 요가를 해요.

have been a big influence on A
A에 큰 영향을 미쳐 오다

'90s pop music has been a big influence on me. 90년대의 가요는 제게 큰 영향을 미쳐 왔어요.

to begin with,
우선, 첫째로,

To begin with, I don't know him.
우선, 저는 그를 몰라요.

maybe it's because
아마도 그건

He never looked scared. Maybe it's because he was brave. 그는 전혀 겁나 보이지 않았어요. 아마도 그건 그가 용감했기 때문일 거예요.

care to 동사
~하려고 신경쓰다(노력하다)

I care to see her twice a week.
저는 그녀를 일주일에 두 번은 보려고 노력해요.

be drawn to A
A에 끌리다

I was drawn to that new café.
저는 그 새로 생긴 카페에 끌렸어요.

It's worth -ing.
그것은 ~할 가치가 있다.

It's worth watching that movie again.
그 영화는 한 번 더 볼 가치가 있어요.

패션

I thought it would be a good(bad) idea to 동사.
나는 ~하는 것이 좋을(좋지 않을) 거라고 생각했다.

I thought it would be a good idea to let him know.
저는 그에게 알리는 것이 좋을 거라고 생각했어요.

I decided not to 동사.
나는 ~하지 않기로 했다.

I decided not to travel alone.
저는 혼자 여행하지 않기로 했어요.

There is no doubt that 주어+동사.
'주어'가 ~하는 것에는 의심의 여지가 없다.

There is no doubt that he took my phone.
그가 제 전화기를 가져갔다는 것에는 의심의 여지가 없어요.

take A seriously
A를 진지하게 받아들이다

I take this test seriously and am doing my best now.
저는 이 시험을 진지하게 받아들이고 지금 최선을 다하고 있어요.

you might not think that 주어+형용사,
너는 '주어'가 ~하지 않다고 생각할지도 모르겠지만,

You might not think that it's funny, but it's actually hilarious. 당신은 그게 안 웃기다고 생각할지도 모르겠지만, 사실 완전 웃겨요.

I remember -ing.
나는 ~하던 게 기억난다.

I remember going on a picnic with my dad.
아버지와 피크닉 가던 게 기억 나요.

as far as I remember,
내가 기억하기로는,

As far as I remember, he wasn't there.
내가 기억하기로는, 그는 거기에 없었어요.

-ing wasn't such a bad idea
~하는 게 그리 안 좋은 생각은 아니었다

Taking this test wasn't such a bad idea.
이 시험을 치는 게 그리 안 좋은 생각은 아니었어요.

재활용하기

such as A, B, C and D
(예를 들어) A, B, C 그리고 D와 같은

I love warm colors such as red, yellow, orange and peach. 저는 빨강, 노랑, 오렌지 그리고 복숭아색과 같은 따뜻한 색을 좋아해요.

items like A
A와 같은 물건

Items like these are hard to find.
이런 물건들은 찾기가 어려워요.

It's not as 형용사 as it 동사.
~하는 것만큼 ~하지는 않다.

It's not as heavy as it looks.
이건 보이는 것만큼 무겁지는 않아요.

All I have to do is 동사.
나는 ~하기만 하면 된다.

All I have to do is tell him in advance.
저는 그에게 미리 얘기하기만 하면 돼요.

as far as A goes,
A에 관해서라면,

As far as money goes, I'm not interested.
돈에 관해서라면, 저는 관심 없어요.

I can think of
내가 생각해낼 수 있는

These are some of the cities I can think of.
이 도시들이 제가 생각해낼 수 있는 거예요.

I don't quite remember -ing.
나는 ~한 기억이 딱히 나지 않는다.

I don't quite remember doing any house chores. 저는 집안일을 한 기억이 딱히 나지 않아요.

There wasn't a single 명사.
'명사'는 하나도 없었다.

There wasn't a single person I knew.
제가 아는 사람은 한 명도 없었어요.

for many different reasons
여러 이유로

People do yoga for many different reasons.
사람들은 여러 이유로 요가를 해요.

기술

you name it
그밖에 무엇이든지

They have coffee, tea, soft drinks. You name it.
그들은 커피, 차, 청량음료 등 그밖에 무엇이든지 팔아요.

It allows me to 동사.
그것은 내가 ~할 수 있게 해준다.

It allows me to travel more often.
그것은 제가 더 자주 여행을 할 수 있게 해줘요.

whether A or B
A이든 B이든

I want to play fair whether I win or lose.
저는 이기든 지든 정직하게 승부하고 싶어요.

If I were to pick just one, that would have to be A.
꼭 하나만 골라야 한다면, 그건 A일 것이다.

If I were to pick just one, that would have to be France.
꼭 하나만 골라야 한다면, 그건 프랑스일 거예요.

with ease
손쉽게

I can search for the right information with ease. 옳은 정보를 손쉽게 찾을 수 있어요.

It enables A to 동사.
그것은 A가 ~할 수 있게 해준다.

It enables users to be connected.
그것은 사용자끼리 연결될 수 있게 해줘요.

at a rapid pace
아주 빠른 속도로

K-pop industry is developing at a rapid pace. K-pop 산업은 아주 빠른 속도로 발전하고 있어요.

imagine -ing
~하는 것을 상상하다

I can't imagine staying up all night.
밤을 새는 것은 상상할 수 없어요.

There's no need to 동사.
~할 필요가 없다.

There's no need to worry if you are ready.
당신이 준비가 되었다면 걱정할 필요가 없어요.

지형

be surrounded by A
A로 둘러싸여 있다
The lake is surrounded by tall trees.
그 호수는 큰 나무들로 둘러싸여 있어요.

I recommend you 동사.
나는 네가 ~할 것을 추천한다.
I recommend you cook it.
저는 당신이 그걸 요리할 것을 추천해요.

pay a visit to A
A를 방문하다
I paid a visit to Milan last year.
저는 작년에 밀라노를 방문했어요.

without any hesitation
한 치의 망설임 없이
Without any hesitation, she started talking.
한 치의 망설임 없이 그녀는 말하기 시작했어요.

flock to A
A로 모여들다
Many people began to flock to the scene.
많은 사람들이 그 장소에 모여들기 시작했어요.

Have you been to A?
A에 가본 적이 있나요?
Have you been to New York before?
당신은 전에 뉴욕에 가본 적이 있나요?

adjacent to A
A에 인접한
There are 4 restaurants adjacent to the park. 그 공원 근처에는 4개의 식당이 있어요.

enjoy the scenery of A
A의 경치를 즐기다
You get to enjoy the gorgeous mountain scenery. 아름다운 산의 경치를 즐길 수 있어요.

a worthwhile visiting spot
가볼 만한 가치가 있는 장소
The temple is a worthwhile visiting spot in that town.
그 사원은 그 동네에서 가볼 만한 가치가 있는 장소예요.

OPIc 모의고사

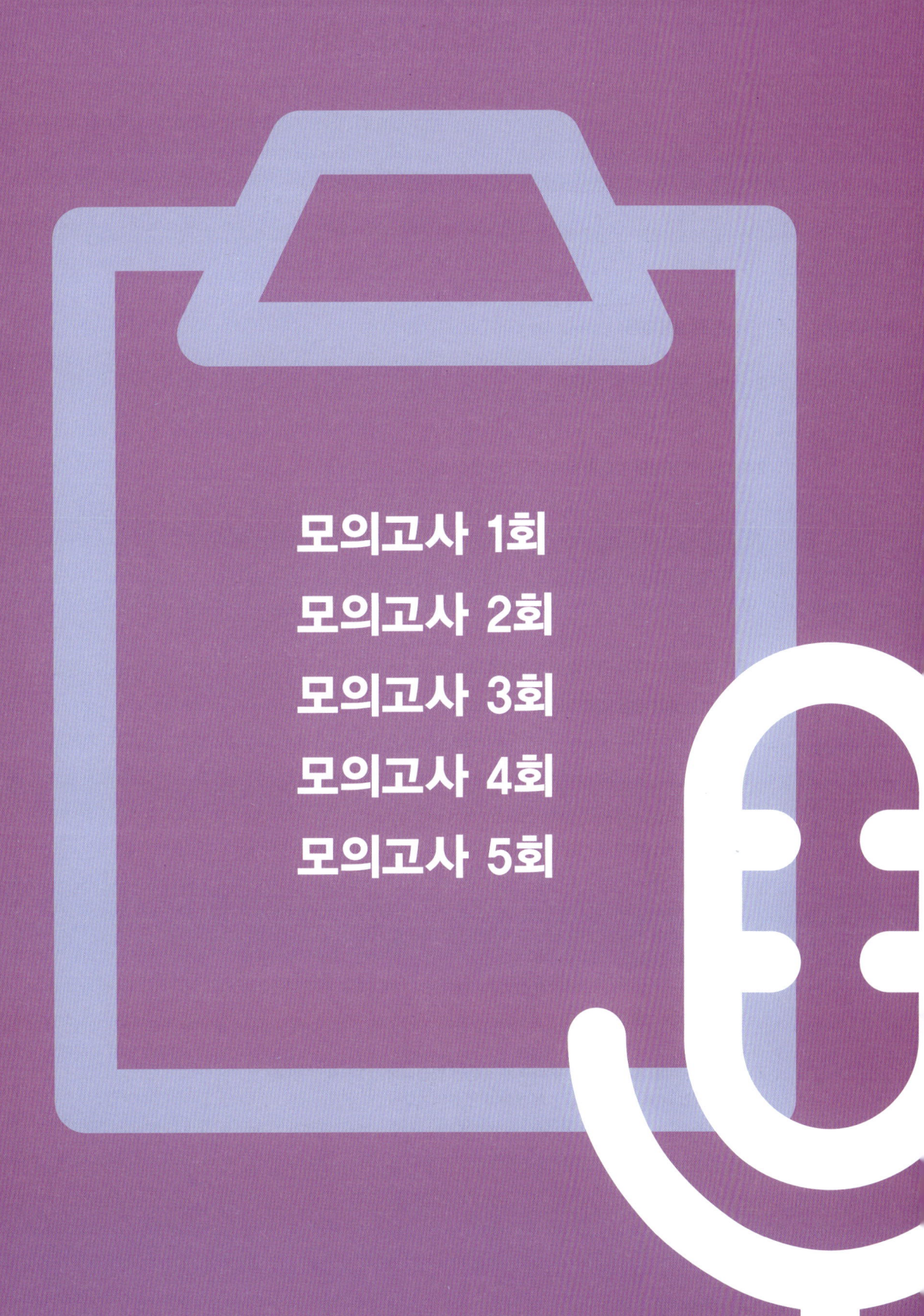

모의고사 1회
모의고사 2회
모의고사 3회
모의고사 4회
모의고사 5회

모의고사 1회

1 설문지 선택

Background Survey

1 현재 귀하는 어느 분야에 종사하고 계십니까?
☑ 일 경험 없음

2 현재 귀하는 학생이십니까?
☑ 아니오

2-1 예전에 들었던 강의의 목적은 무엇이었습니까?
☑ 학위 취득

3 현재 귀하는 어디에 살고 계십니까?
☑ 개인 주택이나 아파트에 홀로 거주

4~7번 문항에서 12개 이상을 선택하세요.

4 귀하는 여가 활동으로 주로 무엇을 하십니까? (2개 이상 선택)
☑ 콘서트 보기　　☑ 해변 가기
☑ 공원 가기　　　☑ 카페/커피전문점에 가기

5 귀하의 취미나 관심사는 무엇입니까? (1개 이상 선택)
☑ 음악 감상하기　☑ 요리하기
☑ 주거 개선

6 귀하는 주로 어떤 운동을 즐기십니까? (1개 이상 선택)
☑ 수영　　　　　☑ 조깅
☑ 걷기　　　　　☑ 요가
☑ 운동을 전혀 하지 않음

7 귀하는 어떤 휴가나 출장을 다녀온 경험이 있습니까? (1개 이상 선택)
☑ 해외 여행　　　☑ 집에서 보내는 휴가

² 난이도 선택

Self-Assessment

본 Self-Assessment에 대한 응답을 기초로 개인 맞춤형 문항이 출제됩니다.
본인과 비슷한 실력과 비슷한 수준을 선택하세요.

1차
☑ **난이도 4** 나는 나 자신, 일상, 일/학교와 취미에 대해 간단한 대화를 할 수 있습니다. 나는 이 친근한 주제와 일상에 대해 간단한 문장들을 만들 수 있습니다.

2차
☑ **난이도 4** 나는 나 자신, 일상, 일/학교와 취미에 대해 간단한 대화를 할 수 있습니다. 나는 이 친근한 주제와 일상에 대해 간단한 문장들을 만들 수 있습니다.

³ 시험 시작

Start Test

지금부터 ACTFL OPIc을 시작하겠습니다.
귀하의 말하기 능력을 최대한 발휘하기 위해 질문에 대해 자세하고 빠짐없이
답변하여 주시기 바랍니다.

감독관의 시험 시작 안내가 있을 때까지 잠시 대기하여 주시기 바랍니다.

Start Test

모의고사 1회

01   Let's start the interview now. Please tell me about yourself.

02   I would like to know about the house you live in now. What does it look like? Please give me a full description of your house.

03   How many rooms are there in your house? Tell me about the most special room to you among the rooms. Why is it so special to you?

04   Tell me about the problems that happened at your home. What were those problems and how did you resolve the matter?

05   You indicated that you often travel overseas for vacation. Where do you go and what do you like to see? Give me a good description.

06   Please tell me about a memorable place while traveling overseas. Where was it and why was it so memorable?

07   Let's talk about your first trip. Where did you go and who did you go there with? Tell me about your experience in detail.

08   Let me give you a situation and ask you to act out. There is a new food store opened in your neighborhood. Call your friend and ask 3 or 4 questions about the store.

09 I'm sorry, but there's a problem for you to resolve. You bought some items from the food store, but you've noticed that some of the items are missing. Call the store and make a complaint.

10 This is the end of the situation. Things can go wrong when you go shopping. Have you ever had any similar experiences where you had some problems with the products you bought? If so, tell me what happened from beginning to end.

11 In the survey, you stated that you like swimming. Could you describe the swimming pool you often go to? Where is it and what does it look like?

12 How did you first become interested in swimming? There can be someone who motivated you like your teacher or parents. If there's anyone who encouraged you, tell me about that person.

13 Have you ever had a memorable experience while swimming? If so, tell me about the incident in detail.

14 Who do you spend time with most? Is it your friend or relative? Where do you usually hang out with him/her?

15 Ask me 3 or 4 questions about my best friend.

모의고사 2회

1 설문지 선택

Background Survey

1 현재 귀하는 어느 분야에 종사하고 계십니까?
   ☑ 일 경험 없음

2 현재 귀하는 학생이십니까?
   ☑ 네

2-1 현재 귀하가 강의를 듣는 목적은 무엇입니까?
   ☑ 어학 수업

3 현재 귀하는 어디에 살고 계십니까?
   ☑ 개인 주택이나 아파트에 홀로 거주

4~7번 문항에서 12개 이상을 선택하세요.

4 귀하는 여가 활동으로 주로 무엇을 하십니까? (2개 이상 선택)
   ☑ 영화 보기   ☑ 카페/커피전문점에 가기
   ☑ 공원 가기   ☑ 게임 하기(비디오, 카드, 보드, 휴대폰 등)

5 귀하의 취미나 관심사는 무엇입니까? (1개 이상 선택)
   ☑ 음악 감상하기   ☑ 사진 촬영하기

6 귀하는 주로 어떤 운동을 즐기십니까? (1개 이상 선택)
   ☑ 수영   ☑ 조깅
   ☑ 요가   ☑ 헬스
   ☑ 걷기

7 귀하는 어떤 휴가나 출장을 다녀온 경험이 있습니까? (1개 이상 선택)
   ☑ 집에서 보내는 휴가

2 난이도 선택

Self-Assessment

본 Self-Assessment에 대한 응답을 기초로 개인 맞춤형 문항이 출제됩니다.
본인과 비슷한 실력과 비슷한 수준을 선택하세요.

1차
☑ **난이도 4** 나는 나 자신, 일상, 일/학교와 취미에 대해 간단한 대화를 할 수 있습니다. 나는 이 친근한 주제와 일상에 대해 간단한 문장들을 만들 수 있습니다.

2차
☑ **난이도 4** 나는 나 자신, 일상, 일/학교와 취미에 대해 간단한 대화를 할 수 있습니다. 나는 이 친근한 주제와 일상에 대해 간단한 문장들을 만들 수 있습니다.

3 시험 시작

Start Test

지금부터 **ACTFL OPIc**을 시작하겠습니다.
귀하의 말하기 능력을 최대한 발휘하기 위해 질문에 대해 자세하고 빠짐없이
답변하여 주시기 바랍니다.

감독관의 시험 시작 안내가 있을 때까지 잠시 대기하여 주시기 바랍니다.

Start Test

모의고사 2회

01   Let's start the interview now. Please tell me about yourself.

02   I'd like to ask you about where you live. What is your neighborhood like? Where is it located? What kind of amenities are there in your neighborhood? Tell me about the places around your house in detail.

03   Describe one of your neighbors in detail. What does he/she look like and how did you first meet him/her?

04   Have you ever had any unforgettable memory in your neighborhood? Why was it so memorable? Please tell me what happened in detail.

05   Now, let's talk about your language school. Where is it located and what does it look like? Describe the language school you go to in detail.

06   Tell me about your first visit to your language school. When was it? Who were you with? What did you do?

07   How did you first become interested in English and how did you choose your level when signing up for your class?

08   In the survey, you stated that you enjoy going to the café. Tell me about your favorite café in detail.

09 When do you usually go to the café and what do you usually do there? Please describe your typical day at the café.

10 How did you first find that café? What made you visit there so often?

11 Let me give you a situation and ask you to act out. You want to sign up for a yoga class which your friend is taking. Ask your friend 2 or 3 questions about the class in order to get some information you need.

12 I'm sorry, but there's a problem for you to resolve. Unfortunately, you can't go to the yoga class because something came up. Call the center and give 2 or 3 alternatives.

13 Have you ever signed up for a yoga class before? If so, tell me about the procedure when signing up for a yoga class.

14 Please tell me about your favorite piece of furniture. What does it look like?

15 I bought a new piece of furniture. Ask me 3 or 4 questions about it.

모의고사 3회

1 설문지 선택

Background Survey

1. 현재 귀하는 어느 분야에 종사하고 계십니까?
   ☑ 사업/회사

2. 현재 귀하는 학생이십니까?
   ☑ 아니오

2-1. 예전에 들었던 강의의 목적은 무엇이었습니까?
   ☑ 학위 취득

3. 현재 귀하는 어디에 살고 계십니까?
   ☑ 개인 주택이나 아파트에 홀로 거주

4~7번 문항에서 12개 이상을 선택하세요.

4. 귀하는 여가 활동으로 주로 무엇을 하십니까? (2개 이상 선택)
   ☑ 공연 보기   ☑ 공원 가기
   ☑ 콘서트 보기 ☑ 해변 가기

5. 귀하의 취미나 관심사는 무엇입니까? (1개 이상 선택)
   ☑ 음악 감상하기   ☑ 요리하기

6. 귀하는 주로 어떤 운동을 즐기십니까? (1개 이상 선택)
   ☑ 수영   ☑ 조깅
   ☑ 걷기   ☑ 요가
   ☑ 운동 수업 수강하기

7. 귀하는 어떤 휴가나 출장을 다녀온 경험이 있습니까? (1개 이상 선택)
   ☑ 해외 출장   ☑ 해외 여행

2 난이도 선택

Self-Assessment

본 Self-Assessment에 대한 응답을 기초로 개인 맞춤형 문항이 출제됩니다.
본인과 비슷한 실력과 비슷한 수준을 선택하세요.

1차
☑ **난이도 4** 나는 나 자신, 일상, 일/학교와 취미에 대해 간단한 대화를 할 수 있습니다. 나는 이 친근한 주제와 일상에 대해 간단한 문장들을 만들 수 있습니다.

2차
☑ **난이도 4** 나는 나 자신, 일상, 일/학교와 취미에 대해 간단한 대화를 할 수 있습니다. 나는 이 친근한 주제와 일상에 대해 간단한 문장들을 만들 수 있습니다.

3 시험 시작

Start Test

지금부터 **ACTFL OPIc**을 시작하겠습니다.
귀하의 말하기 능력을 최대한 발휘하기 위해 질문에 대해 자세하고 빠짐없이
답변하여 주시기 바랍니다.

감독관의 시험 시작 안내가 있을 때까지 잠시 대기하여 주시기 바랍니다.

Start Test

모의고사 3회

01   Let's start the interview now. Please tell me about yourself.

02   What kind of state-of-the-art technology do people in your country use most?

03   What kind of technology do you usually use and why?

04   Technology changes rapidly. How is it different from the technology in the past? How has it affected our daily lives?

05   What is your favorite music genre? Tell me about your favorite singer in detail.

06.   How has your taste in music changed over the last few years? What kind of music did you like in the past?

07   Tell me about the most memorable concert you've ever seen. When was it and who did you go to the concert with?

08   You indicated in the survey that you enjoy cooking. Why do you like cooking? Who do you like to cook for? How did you become interested in cooking?

09 Please tell me about the dish you like to cook. What ingredients do you use? How do you make the dish?

10 Some things can go wrong when you cook. Have you ever had an unexpected experience while cooking? Tell me about the worst cooking experience you ever had. What went wrong and how did you resolve the situation?

11 I'm going to give you a situation and ask you to act out. You are in New York now and want to rent a car. Ask the car rental agent and ask 3 or 4 questions to get some information you need.

12 I'm sorry, but there's a problem for you to resolve. The car rental agent says that your driver's license doesn't look valid in New York and he refuses to lend you a car. Persuade the agent and rent a car.

13 Now, let's talk about the biggest holiday in your country. How do people celebrate the holiday? Do people eat special food on that day? Please tell me in detail.

14 Tell me how you spent your last holiday. What did you do and who did you celebrate the holiday with?

15 Please ask me 3 or 4 questions about the holidays in my country.

모의고사 4회

1 설문지 선택

Background Survey

1. 현재 귀하는 어느 분야에 종사하고 계십니까?
   ☑ 사업/회사

2. 현재 귀하는 학생이십니까?
   ☑ 아니오

2-1. 예전에 들었던 강의의 목적은 무엇이었습니까?
   ☑ 어학 수업

3. 현재 귀하는 어디에 살고 계십니까?
   ☑ 개인 주택이나 아파트에 홀로 거주

4~7번 문항에서 12개 이상을 선택하세요.

4. 귀하는 여가 활동으로 주로 무엇을 하십니까? (2개 이상 선택)
   ☑ 영화 보기   ☑ 콘서트 보기
   ☑ 공연 보기   ☑ SNS에 글 올리기

5. 귀하의 취미나 관심사는 무엇입니까? (1개 이상 선택)
   ☑ 음악 감상하기   ☑ 요리하기
   ☑ 신문 읽기

6. 귀하는 주로 어떤 운동을 즐기십니까? (1개 이상 선택)
   ☑ 수영   ☑ 조깅
   ☑ 자전거   ☑ 걷기

7. 귀하는 어떤 휴가나 출장을 다녀온 경험이 있습니까? (1개 이상 선택)
   ☑ 집에서 보내는 휴가

2 난이도 선택

Self-Assessment

본 Self-Assessment에 대한 응답을 기초로 개인 맞춤형 문항이 출제됩니다.
본인과 비슷한 실력과 비슷한 수준을 선택하세요.

1차
☑ **난이도 5** 나는 친근한 주제와 가정, 일/학교, 개인과 사회적 관심사에 대해 자신 있게 대화할 수 있습니다. 나는 일어난 일과 일어나고 있는 일, 일어날 일에 대해 합리적으로 자신 있게 말할 수 있습니다. 필요한 경우 설명도 할 수 있습니다. 일상생활에서 예기치 못한 상황이 발생하더라도 임기응변으로 대처할 수 있습니다.

2차
☑ **난이도 6** 나는 개인적, 사회적 또는 전문적 주제에 나의 의견을 제시하여 토론할 수 있습니다. 나는 다양하고 어려운 주제에 대해 정확하고 다양한 어휘를 사용하여 자세히 설명할 수 있습니다.

3 시험 시작

Start Test

지금부터 **ACTFL OPIc**을 시작하겠습니다.
귀하의 말하기 능력을 최대한 발휘하기 위해 질문에 대해 자세하고 빠짐없이
답변하여 주시기 바랍니다.

감독관의 시험 시작 안내가 있을 때까지 잠시 대기하여 주시기 바랍니다.

Start Test

모의고사 4회

01 Let's start the interview now. Please tell me about yourself.

02 Who do you usually talk to on the phone? When do you usually talk to that person? Tell me about your phone usage patterns in detail.

03 Tell me about the recent phone call you had. Who did you talk to and what did you talk about?

04 Do you remember the very first time you talked on the phone? When was it and who did you talk to at that time? What was it that you talked about? Please tell me about your very first phone call experience in detail.

05 There can be some issues with your neighbors. What kind of problems do people face when dealing with neighbors?

06 Have you ever had any problems with your neighbors? What caused the problem and how did you resolve the matter?

07 I'm going to give you a situation and ask you to act out. You want to watch a movie. Call the movie theater and reserve tickets.

08 I'm sorry, but there's a problem for you to resolve. There's something wrong with the tickets you reserved. Call the theater and explain. Come up with some suggestions as well.

09 This is the end of the situation. Have you ever had any similar experiences when making a reservation before?

10 Have any incidents happened in your neighborhood? Perhaps, a problem or an accident? If so, please tell me about it in detail.

11 Have any festivals or community events occurred in your neighborhood? When was it and where was it held at?

12 Please tell me about your experience when you participated in one of those festivals or community events. What kind of event was it and how did you get to be a part of it?

13 How do people in your country spend their vacations? How is it different than the past? How has it been changed over the few years?

14 How do vacations affect our lives? What are the benefits of taking a vacation and why is it important to take a vacation? Please tell me in detail.

15 I'm planning to go on a vacation. Ask me 3 or 4 questions.

모의고사 5회

1 설문지 선택

Background Survey

1 현재 귀하는 어느 분야에 종사하고 계십니까?
   ☑ 사업/회사

2 현재 귀하는 학생이십니까?
   ☑ 아니오

2-1 예전에 들었던 강의의 목적은 무엇이었습니까?
   ☑ 어학 수업

3 현재 귀하는 어디에 살고 계십니까?
   ☑ 개인 주택이나 아파트에 홀로 거주

4~7번 문항에서 12개 이상을 선택하세요.

4 귀하는 여가 활동으로 주로 무엇을 하십니까? (2개 이상 선택)
   ☑ 영화 보기   ☑ 공원 가기
   ☑ 공연 보기   ☑ 카페/커피전문점에 가기
   ☑ 콘서트 보기

5 귀하의 취미나 관심사는 무엇입니까? (1개 이상 선택)
   ☑ 음악 감상하기   ☑ 주거 개선

6 귀하는 주로 어떤 운동을 즐기십니까? (1개 이상 선택)
   ☑ 수영   ☑ 조깅
   ☑ 걷기

7 귀하는 어떤 휴가나 출장을 다녀온 경험이 있습니까? (1개 이상 선택)
   ☑ 국내 여행   ☑ 해외 여행

2 난이도 선택

Self-Assessment

본 Self-Assessment에 대한 응답을 기초로 개인 맞춤형 문항이 출제됩니다.
본인과 비슷한 실력과 비슷한 수준을 선택하세요.

1차
☑ **난이도 6** 나는 개인적, 사회적 또는 전문적 주제에 나의 의견을 제시하여 토론할 수 있습니다. 나는 다양하고 어려운 주제에 대해 정확하고 다양한 어휘를 사용하여 자세히 설명할 수 있습니다.

2차
☑ **난이도 6** 나는 개인적, 사회적 또는 전문적 주제에 나의 의견을 제시하여 토론할 수 있습니다. 나는 다양하고 어려운 주제에 대해 정확하고 다양한 어휘를 사용하여 자세히 설명할 수 있습니다.

3 시험 시작

Start Test

지금부터 ACTFL OPIc을 시작하겠습니다.
귀하의 말하기 능력을 최대한 발휘하기 위해 질문에 대해 자세하고 빠짐없이
답변하여 주시기 바랍니다.

감독관의 시험 시작 안내가 있을 때까지 잠시 대기하여 주시기 바랍니다.

Start Test

모의고사 5회

01   Let's start the interview now. Please tell me about yourself.

02   Please tell me about the bank you usually go to. Where is it and what does it look like?

03   Tell me about the last experience you had at a bank. When was it and who were you with? What happened that day?

04   How are banks nowadays different from the banks in the past? How have they been changed over the last few years?

05   Now, let's talk about the weather. What kind of weather does your country have?

06   How is the current weather different than the weather when you were young? What kind of changes are there and what are the reasons?

07   Have you ever experienced any unforgettable memory due to severe weather? When was it and what happened?

08   In the survey, you stated that you enjoy doing home improvement projects. What kind of home improvement projects have you done?

09   When you did the home improvement project, what steps did you take? Please tell me about the procedure from the beginning to the end.

10   You can sometimes face something frustrating or shocking when doing home improvement projects. Has this kind of experience ever happened to you before? If so, tell me everything in detail.

11   I'm going to give you a situation and ask you to act out. You want to borrow an MP3 player from your friend. Call him/her and ask for a favor.

12   I'm sorry, but there's a problem you need to resolve. The MP3 player you borrowed is broken. Call your friend and suggest some alternatives.

13   What kind of housing do you live in? Do you live in an apartment or a house? Please tell me in detail.

14   How has housing changed compared to the past? What kind of housing do people prefer nowadays?

15   Has there been any housing issues on TV lately? Perhaps, shortage of housing or maybe there are too many houses available?

OPIc 모의고사

모범 답변 및 해석

모의고사 1회

모의고사 2회

모의고사 3회

모의고사 4회

모의고사 5회

모의고사 1회

MP3 5_02

> **01** **Let's start the interview now. Please tell me about yourself.**
> 이제 인터뷰를 시작하죠. 당신에 대해 이야기해 주세요.

P1 U1 자기소개

Hi, Eva. Nice meeting you. You know, I'm a bit nervous now, but I'll do my best. Wish me luck! My name is Jin-Hee and I'm in my mid-20s. I also go by the name of Jin. I'm a junior at Gang Dong University majoring in Business Administration and Management. I only have two more semesters left. I want to get a decent job after I graduate. I was born in Busan city and now I live in an apartment with my parents. We get along pretty well because we have a lot in common. When it comes to my personality, I'm very active and optimistic. People say I have a good sense of humor, too! Also, I'm into movies nowadays, so I go to movies once or twice a week. It's the best way to relieve my stress! Now, could you tell me about yourself, too?

안녕하세요, Eva. 만나서 반가워요. 실은 지금 조금 긴장되지만 최선을 다할게요. 저에게 행운을 빌어주세요! 제 이름은 진희이고 20대 중반이에요. 저는 Jin이라고도 불려요. 저는 강동 대학교에서 경영학을 전공하는 3학년생이에요. 두 학기만을 남겨두고 있어요. 졸업 후에는 괜찮은 직업을 갖고 싶어요. 저는 부산시에서 태어났고 지금은 부모님과 아파트에서 살고 있어요. 저희는 공통점이 많아서 상당히 잘 지내요. 제 성격에 대해서라면, 저는 굉장히 활동적이고 긍정적이에요. 사람들은 제가 유머 감각이 있다고도 해요! 또, 저는 요즘 영화에 빠져서 일주일에 한두 번씩 영화를 보러 가요. 스트레스를 날리는 데는 이게 최고에요! 이제 당신에 대해서도 말해 줄래요?

> **02** **I would like to know about the house you live in now. What does it look like? Please give me a full description of your house.**
> 당신이 지금 살고 있는 집에 대해 알고 싶습니다. 어떻게 생겼나요? 당신의 집을 자세히 묘사해 주세요.

P1 U3 장소 묘사

Well... Let me think. O.K. I'll describe my house to you. It's an old apartment located in a quiet residential area. I live on the 17th floor of a 20-story building. There are 3 bedrooms, 2 bathrooms, a living room and a balcony. When you walk into my house, you'll see my room on the right. In the center, there is a living room and this is where I spend time with my family. There are various items in the living room such as a TV, a round table and a leather couch. Also, 4 colorful cushions are on the couch and 2 speakers are placed on both sides of the TV. At the corner, a tall white colored air conditioner is standing. The dining room is between the living room and the kitchen. My mom loves this kitchen because it has been recently renovated to her taste. Eva, what does your place look like?

음... 생각해볼게요. 좋아요. 당신에게 우리 집을 묘사해 볼게요. 우리 집은 조용한 주택가에 위치한 오래된 아파트예요. 저는 20층 아파트의 17층에 살아요. 3개의 침실과, 2개의 화장실, 거실과 베란다가 있어요. 집에 들어서면 오른쪽에 제 방이 보여요. 중앙에는 거실이 있는데, 이곳이 제가 가족과 함께 시간을 보내는 곳이에요. 거실에는 TV, 둥근 탁자와 가죽 소파 같은 다양한 물건들이 있어요. 그리고 4개의 화려한 색의 쿠션이 소파 위에 있고 TV 양쪽에는 2개의 스피커가 있어요. 구석에는, 하얀 색의 큰 에어컨 한 대가 서 있어요. 식당은 거실과 부엌 사이에 있어요. 최근에 어머니 취향대로 개조되었기 때문에 저희 엄마는 이 부엌을 무척 좋아하세요. Eva, 당신의 집은 어떻게 생겼나요?

03 How many rooms are there in your house? Tell me about the most special room to you among the rooms. Why is it so special to you?
당신의 집에는 방이 몇 개 있나요? 방들 중 당신에게 가장 특별한 방에 대해 말해 주세요. 왜 그 방이 당신에게 특별한가요?

P1 U3 장소 묘사

There are 3 bedrooms in my house and the one near the front door is my room. It is my very first own room so it means a lot to me. It is a rectangular room and has a desk, a closet, a bed and a dresser. There is a single bed on the left side of the room and the closet is on the right side. My desk is located between the bed and the closet and this is where I spend most of my time. I usually study and do my assignments there. There is a laptop computer on my desk at all times because I often use it to write papers or surf the web. I also keep my humidifier by the bed to keep myself hydrated. My room is pretty small, but it feels very cozy. What is your room like?

우리 집에는 3개의 침실이 있는데 현관문 가까이에 있는 방이 제 방이에요. 이 방은 제 생애 처음으로 갖게 된 저만의 방이어서 저에게는 큰 의미가 있어요. 직사각형 모양의 방이고 책상, 장롱, 침대 그리고 서랍장이 있어요. 방의 왼쪽에는 일인용 침대가 하나 있고 오른쪽에는 장롱이 있어요. 제 책상은 침대와 장롱 사이에 위치해 있는데, 이곳이 제가 대부분의 시간을 보내는 곳이에요. 저는 주로 거기에서 공부하거나 과제를 해요. 보고서를 쓰거나 인터넷을 검색하는 데 자주 사용하기 때문에 노트북은 항상 제 책상 위에 있어요. 저는 또 수분을 유지하기 위해 침대 옆에 가습기를 둬요. 제 방은 꽤 작지만, 매우 아늑하죠. 당신의 방은 어떤가요?

04 Tell me about the problems that happened at your home. What were those problems and how did you resolve the matter?
당신의 집에서 일어났던 문제에 대해 말해 주세요. 그 문제는 무엇이었고, 어떻게 그 문제를 해결했나요?

P3 U8 주거 개선

I don't want to recall the problem that happened at my home but I will tell you about it. It was about a month ago. One day, I noticed a leaky faucet in my bathroom, but I didn't care to fix it because I was too lazy. Instead, I put it aside and went out for drinks. When I came back, the floor was flooded and I was in panic for a while. Ever since that incident, I make sure to check the faucet regularly whether it leaks or not. Eva, I recommend you check it before it's too late!

우리 집에서 일어났던 문제를 떠올리기는 싫지만 그것에 대해 말해 볼게요. 대략 한달 전쯤이었어요. 하루는, 욕실의 수도꼭지에서 물이 새는 걸 발견했는데, 전 게을러서 고치는 것에 연연하지 않았어요. 대신, 저는 미뤄두고 술을 마시러 나갔지요. 집에 돌아와 보니, 바닥은 물바다가 되었고 저는 한동안 공황 상태에 빠졌어요. 그런 일이 있고 나서는, 저는 정기적으로 수도꼭지에서 물이 새는지 안 새는지 확인해요. Eva, 너무 늦기 전에 당신도 확인할 것을 추천해요!

05   You indicated that you often travel overseas for vacation. Where do you go and what do you like to see? Give me a good description.
당신은 종종 휴가로 해외 여행을 간다고 했습니다. 어디로 가고, 무엇을 보는 것을 좋아하나요? 잘 묘사해 주세요.

P3 U10 해외 여행

Well, I'm not sure if you know, but I'm an art lover. So, whenever I travel overseas, I make sure to spend time visiting museums. I love the calm atmosphere of the museums and admiring masterpieces and relics. I also enjoy appreciating the interior design and decoration. Each museum has different design concepts and themes. Therefore, giving attention to them is another pleasure to me. Eva, why don't we hang out and visit museums someday, if that's O.K. with you?

음, 당신이 알지 모르겠지만, 저는 미술 애호가예요. 그래서 저는 해외 여행을 갈 때마다, 박물관을 방문하는 데 꼭 시간을 보내요. 저는 박물관의 차분한 분위기를 좋아하고 걸작과 유물들을 감상하는 것을 좋아해요. 저는 또한 실내 인테리어와 장식을 감상하는 것도 좋아해요. 각각의 박물관은 각기 다른 디자인 컨셉과 주제를 가지고 있어요. 그래서, 그것들을 관심 있게 보는 것은 저에게 또 다른 즐거움을 줘요. Eva, 당신이 괜찮다면, 우리 언제 만나서 박물관에 가는 게 어때요?

06   Please tell me about a memorable place while traveling overseas. Where was it and why was it so memorable?
해외 여행 중 기억에 남는 장소에 대해 말해 주세요. 어디였고, 왜 그렇게 기억에 남았나요?

P3 U10 해외 여행   **P1 U6 경험 이야기하기**

I sure have a memorable trip. My first backpacking trip in Europe was a solo adventure. I never intended to backpack for five weeks through Europe by myself. I spent months trying to convince my friends to come with me, but none of my friends could come along. I was a little worried at first, but I soon found that traveling alone was one of the best things I'd ever done. I met so many great new friends on a bike tour in Munich. I also did some crazy things like jumping off jagged rocks into rushing water in Switzerland. I would never have been that adventurous if I hadn't gone on that trip. Of course I had some downsides, but I still recommend solo traveling to anyone. I guarantee you that you'll love it, too!

네, 당연히 기억에 남는 여행이 있지요. 유럽으로의 제 첫 배낭 여행은 혼자 하는 모험이었어요. 저는 절대 혼자서 유럽을 5주동안 여행할 의도는 없었어요. 몇 달 동안이나 제 친구들에게 함께 가자고 설득했지만, 친구들 중 어느 누구도 따라올 수 있는 사람이 없었어요. 처음엔 좀 걱정이 되었지만, 곧 저는 혼자 하는 여행이 제가 지금까지 했던 일 중에 가장 잘한 일이라는걸 알게 되었죠. 뮌헨에서 자전거로 여행 하던 중에 정말 멋진 새로운 친구들을 만났어요. 그리고 스위스에서 저는 뾰족한 바위에서 빠르게 흐르는 물로 뛰어드는 것 같은 미친 짓도 했지요. 아마 그 여행을 가지 않았다면 절대 저는 그만큼 모험심을 갖지 못했을 거예요. 물론 좀 안 좋은 면도 있었지만, 저는 여전히 누구든 혼자 여행해 볼 것을 추천해요. 저는 당신도 정말 좋아할 거라고 장담해요!

07
Let's talk about your first trip. Where did you go and who did you go there with? Tell me about your experience in detail. 당신의 첫 여행에 대해 말해 봅시다. 어디를 갔고, 그곳에 누구와 함께 갔나요? 당신의 경험에 대해 자세히 말해 주세요.

P3 U10 해외 여행

My first trip was to Boracay with my family when I was in elementary school. I've always had fantasies about traveling abroad by airplane and my dream came true that day. When we got off, the weather was just picture-perfect and the minute I arrived, I knew right off the bat that I was gonna like this place. The scenery was beyond my imagination and it had various tourist attractions and tasty local delicacies such as fried rice and chicken soup. But what impressed me the most was the pure and clean sea of Boracay. I was able to see all different kinds of tropical fish swimming through the sea without actually going into the water. After spending a fantastic week there, I just wanted to live there. The joy the place gave me lingered for a long time. Eva, how was your first overseas trip?

저의 첫 여행은 제가 초등학교에 다닐 때 가족과 함께 간 보라카이예요. 저는 비행기를 타고 해외 여행을 가는 것에 늘 환상을 가지고 있었는데 그날 제 꿈이 이루어졌어요. 우리가 비행기에서 내렸을 때, 날씨는 흠잡을 데 없이 완벽했고 그곳에 도착하자마자, 저는 곧바로 이곳을 좋아하게 될 거라는 걸 알았죠. 경치는 제 상상 이상이었고 그곳에는 다양한 관광 명소들과 볶음밥과 치킨 수프 같은 맛있는 지역 별미들이 있었어요. 그러나 저를 가장 감명시킨 것은 보라카이의 맑고 깨끗한 바다였어요. 실제로 물에 들어가지 않아도 온갖 다양한 종류의 열대 물고기가 바다를 헤엄치는 것을 볼 수 있었어요. 그곳에서 환상적인 한 주를 보내고 나니, 그냥 그곳에서 살고 싶었어요. 그 장소가 제게 준 기쁨은 저에게 오랫동안 남았지요. Eva, 당신의 첫 해외 여행은 어땠나요?

08
Let me give you a situation and ask you to act out. There is a new food store opened in your neighborhood. Call your friend and ask 3 or 4 questions about the store. 상황극을 드릴테니 연기해 주세요. 당신의 동네에 새 식료품점이 개점했습니다. 당신의 친구에게 전화해 그 가게에 대해 서너 가지 질문을 해주세요.

P2 U3 전화로 질문하기

Hey, buddy! How have you been? Listen, I've got some questions for you. Actually, my friends are visiting my place this weekend and I'm planning to cook for them. So I need to buy some ingredients and I was wondering if you've been to the new food store that just opened. Oh, you have? I'm not sure whether that store is a good choice or not. How's their food? You got some recommendations? O.K. I'll try it. What about the prices? As I'm a student, the price should be reasonable. Oh, that doesn't sound too bad! Are they having any opening events? 30% discount? Nice! One last thing. Do they offer delivery service, too? Well, sounds like there's no reason for me not to go there. Thanks a lot! See ya!!

안녕, 친구! 그 동안 잘 지냈니? 있잖아, 너에게 몇 가지 질문할 게 있어. 실은, 내 친구들이 이번 주말에 우리 집에 오시는데 내가 그들을 위해 요리를 하려고 해. 그래서 재료를 사야 하는데 혹시 이제 막 문을 연 새 식료품점에 네가 가봤나 궁금해서. 아, 가봤어? 그 매장이 좋은 선택인지 아닌지 잘 모르겠어. 거기 식품은 어때? 추천할 만한 게 있니? 알았어. 한번 먹어 볼게. 가격은 어때? 내가 학생이라서, 가격이 적정해야 해. 아, 나쁘지 않은 것 같은데! 개점 행사는 없니? 30% 할인? 좋은데! 마지막으로 하나만. 거기서 배달 서비스도 하니? 음, 거기 가지 않을 이유가 없는 것 같네. 정말 고마워! 나중에 보자!!

> **09** I'm sorry, but there's a problem for you to resolve. You bought some items from the food store, but you've noticed that some of the items are missing. Call the store and make a complaint.
> 유감스럽게도, 당신이 해결해야 할 문제가 있습니다. 당신이 식료품점에서 물건을 좀 샀는데 몇 가지 품목이 빠져있는 것을 알게 되었습니다. 매장에 전화해 불만을 제기하세요.

P2 U5 불만 제기하기

Hi, is this Kim's food store? I'm calling to make a complaint. I bought some items from your store and asked for delivery yesterday. As I received it today, there's a problem with it. I noticed that two items are missing. I certainly bought an automatic can opener and a bottle of wine but I can't find them anywhere in the shopping bag. They are both on my receipt so it sure isn't my mistake. I'm really upset and disappointed with the service. I need to use them in 3 hours so I want you to send me two items in time. Also, it'll be nice if you can provide discount coupons for the next purchase. Please take care of this as soon as possible.

안녕하세요, 거기 Kim의 식료품점이죠? 불만을 제기하려고 전화했어요. 어제 제가 당신의 가게에서 물건을 좀 사서 배달해 달라고 요청했는데요. 오늘 받고 보니, 문제가 있네요. 두 가지 물품이 빠져있어요. 제가 분명 자동 깡통 따개와 와인 한 병을 샀는데 장바구니 어디에서도 찾을 수가 없네요. 둘 다 제 영수증에는 있는 걸로 봐서 제 실수는 확실히 아니에요. 저는 굉장히 언짢고 서비스에 실망했어요. 둘 다 3시간 이내에 사용해야 하니 늦지 않게 두 가지 물품을 보내주길 바라요. 그리고, 다음 구매에 쓸 수 있는 할인 쿠폰을 주시면 좋겠네요. 이 일을 최대한 빨리 처리해 주세요.

> **10** This is the end of the situation. Things can go wrong when you go shopping. Have you ever had any similar experiences where you had some problems with the products you bought? If so, tell me what happened from beginning to end. 이제 상황극은 끝났습니다. 쇼핑을 할 때 일이 틀어지는 경우가 있지요. 당신이 구매했던 물건에 문제가 있었던 것과 비슷한 경험을 겪어본 적이 있나요? 그렇다면, 무슨 일이 있었는지 처음부터 끝까지 말해 주세요.

P2 U5 불만 제기하기

Yes, I once bought a cell phone at an electronics shop called Blue Tech. But the phone I bought didn't work properly. When I tapped on the screen, it didn't respond and it just froze right there. It sometimes even got turned off by itself, too! How could they sell such a defective phone? I was very upset and I asked for an exchange of the product. They took care of it in one day and provided me a 20% discount coupon for my next purchase. Eva, have you had any similar situation?

네, 저는 Blue Tech라는 전자 제품 가게에서 휴대전화를 하나 산 적이 있어요. 그런데 제가 산 휴대전화가 제대로 작동되지 않았어요. 제가 화면을 두드려도, 반응을 보이지 않고 그냥 얼어 있었죠. 가끔씩은 저절로 꺼지기도 했어요! 그들은 어떻게 이런 결함 있는 휴대전화를 팔 수가 있는 거죠? 저는 굉장히 언짢았고 이 상품을 교환해줄 것을 요구했죠. 그들은 하루 안에 일을 처리했고 저에게 다음 구매에 사용할 수 있는 20% 할인 쿠폰을 주었어요. Eva, 당신도 이와 비슷한 상황을 겪어본 적이 있나요?

11

In the survey, you stated that you like swimming. Could you describe the swimming pool you often go to? Where is it and what does it look like? 당신은 설문 조사에서 수영하는 것을 좋아한다고 했습니다. 당신이 자주 가는 수영장을 묘사해줄 수 있나요? 어디에 있고, 어떻게 생겼나요?

`P3 U5 수영/조깅/걷기/요가`   `P1 U3 장소 묘사`

O.K. I'll describe the swimming pool I usually visit. It's only a 10-minute walk from my home, so it's very convenient to come and go. This building is very easy to find because it has a big red sign on top of the building. When you step into the entrance, you can see a large lounge and a long reception desk in the middle of the lounge. There are many comfortable chairs, tables and two vending machines. The door which leads to the swimming pool is on the right side. Although there are other swimming pools in that area, this one is my favorite because it's less crowded than other places. In addition, the receptionist is really kind. I usually go there once a week to keep myself healthy. Eva, do you enjoy swimming like I do?

좋아요. 제가 주로 가는 수영장을 묘사해 볼게요. 이곳은 우리 집에서 걸어서 겨우 10분 거리에 있기 때문에, 오가는 것이 매우 편리해요. 이 건물은 꼭대기에 큰 빨간색 간판이 있어서 찾기가 매우 쉬워요. 입구에 들어서면, 큰 라운지가 보이고 라운지 중간에는 긴 접수처가 있어요. 그곳에는 편안한 의자와 테이블이 많고 두 개의 자판기가 있어요. 수영장으로 통하는 문은 오른쪽에 있지요. 비록 그 지역에 다른 수영장들이 있지만, 이곳은 다른 곳보다 덜 붐벼서 제가 가장 좋아해요. 게다가, 접수 담당자가 정말 친절해요. 저는 건강을 유지하기 위해 거기에 일주일에 한 번씩 가요. Eva, 당신도 저처럼 수영을 좋아하나요?

12

How did you first become interested in swimming? There can be someone who motivated you like your teacher or parents. If there's anyone who encouraged you, tell me about that person. 당신은 어떻게 처음 수영에 관심을 가지게 되었나요? 선생님이나 부모님처럼 당신에게 동기를 유발한 사람이 있을 수 있습니다. 당신을 격려해준 사람이 있다면, 그 사람에 대해 말해 주세요.

`P3 U5 수영/조깅/걷기/요가`   `P4 U2 건강`

Alright. I have a friend named Jason. We've known each other for 7 years. He is such a healthy person and he's been a big influence on me. There are many things he does to stay healthy. First, He never skips meals and makes sure to eat plenty of fruits or vegetables. Also, he tries to work out regularly and enjoys various activities. Swimming is one of them. I was quite chubby 3 years ago so he recommended swimming to me. Thanks to Jason, I started to enjoy swimming regularly. That's how I became interested in swimming. Do you enjoy any sports yourself?

좋아요. 저는 Jason이라는 친구가 있어요. 우리가 서로 안지는 7년이 되었어요. 그는 매우 건강한 사람이고 저에게 큰 영향을 미쳐 왔어요. 그는 건강을 유지하기 위해 많은 것들을 해요. 우선, 그는 절대 끼니를 거르지 않고 충분한 양의 과일과 야채를 먹으려 해요. 그리고, 그는 정기적으로 운동하려 하고 다양한 운동을 즐겨요. 수영은 그 중 하나이죠. 저는 3년 전에 꽤 통통해서 그가 저에게 수영을 추천해 주었어요. Jason 덕분에, 저는 정기적으로 수영을 즐겨 하기 시작했어요. 그렇게 저는 수영에 관심을 갖게 되었지요. 당신도 즐기는 운동이 있나요?

13 **Have you ever had a memorable experience while swimming? If so, tell me about the incident in detail.** 당신은 수영하다가 기억에 남는 경험을 한 적이 있나요? 그렇다면, 그 사건에 대해 자세히 말해 주세요.

`P3 U5 수영/조깅/걷기/요가`

Well, I had a terrible experience while I was swimming. It was one hot summer day. I went swimming with my family and we had so much fun until that incident happened to me. My brother and I were swimming to the deep end. Suddenly, I had a cramp in my leg. I couldn't move at all and I was drowning, but nobody came to rescue me. I just remember paddling my feet so hard to survive. I had a near-death experience that day. I can never forget that day. Oh, Eva. I would rather not talk about it further. Can we move on?

음, 저는 수영하다가 끔찍한 경험을 한 적이 있어요. 어느 뜨거운 여름날이었어요. 저는 가족과 수영을 하러 갔고 저에게 그 사건이 일어나기 전까지 우리는 정말 재미있었어요. 남동생과 저는 깊은 쪽을 향해 수영을 했어요. 갑자기, 제 다리에 쥐가 났지요. 저는 전혀 움직일 수 없었고 물에 빠지고 있었지만, 아무도 저를 구하러 오지 않았어요. 살아남기 위해 힘껏 물장구를 친 기억만 나요. 저는 그날 거의 죽을 뻔했어요. 저는 절대로 그날을 잊을 수가 없어요. 아, Eva. 그 일에 대해 더 이상은 이야기하고 싶지 않네요. 넘어가도 될까요?

14 **Who do you spend time with most? Is it your friend or relative? Where do you usually hang out with him/her?** 당신은 누구와 가장 많은 시간을 보내나요? 친구인가요, 아니면 친척인가요? 그/그녀와 주로 어디서 시간을 보내나요?

`P1 U2 인물 묘사`

I mostly spend my time with my best friend Lina. She is in her mid-20s. I've known her for more than 6 years. We graduated from the same high school and university. I usually meet her at the café near our university and we spend time chatting over coffee. She's medium height and rather slim. She has long, straight hair and a cute dimple on her left cheek. She's got an oval face and big round eyes. When I met her in the classroom on the first day, she looked a bit cold at first, but I was so wrong. As time passed by, she turned out to be warm and humorous. We also have a lot in common. That's why I like her a lot. Eva, would you like to meet her? I bet you'll like her, too.

저는 제 대부분의 시간을 저의 가장 친한 친구인 Lina와 보내요. 그녀는 20대 중반이에요. 그녀를 안지는 6년이 넘었어요. 우리는 같은 고등학교와 대학을 졸업했어요. 저는 주로 그녀를 우리 대학 근처의 카페에서 만나고 우리는 커피를 마시면서 수다를 떨면서 시간을 보내죠. 그녀는 평균 키에 날씬한 편이에요. 긴 생머리이고 왼쪽 뺨에 귀여운 보조개가 있어요. 계란형 얼굴에 크고 둥근 눈을 가지고 있어요. 첫날 교실에서 그녀를 만났을 때는 약간 차가워 보였지만, 제가 완전히 잘못 안 거였어요. 시간이 지나고 보니, 따뜻하고 재미있는 사람이었어요. 우리는 또 많은 공통점도 가지고 있어요. 그래서 저는 그녀를 매우 좋아해요. Eva, 그녀를 만나 볼래요? 내가 장담하건대 당신도 그녀를 좋아하게 될 거예요.

> **15** Ask me 3 or 4 questions about my best friend.
> 저의 가장 친한 친구에 대해 서너 가지 질문을 해주세요.

P2 U1 Eva에게 질문하기

Oh, sure. I'll ask you some questions about your best friend. How long have you known each other? In my case, I've known my best friend for 6 years. Where did you meet her? Really? What a coincidence!! I met my friend in high school, too!! Do you two have a lot in common? Hey! Why don't we get together and hang out next time, if that's O.K. with you? I'm sure it will be fun!

아! 네. 당신의 가장 친한 친구에 대해서 몇 가지 질문을 할게요. 서로 알게 된지 얼마나 되었나요? 제 경우에, 저는 가장 친한 친구를 안 지 6년이 되었어요. 당신은 그녀를 어디서 만났나요? 정말이요? 이런 우연이!! 저도 제 친구를 고등학교에서 만났어요!! 둘은 공통점이 많나요? 저기! 당신이 괜찮다면, 다음에 만나서 함께 어울리면 어때요? 재미있을 거예요!

모의고사 2회

MP3 5_04

> **01** Let's start the interview now. Please tell me about yourself.
> 이제 인터뷰를 시작하죠. 당신에 대해 이야기해 주세요.

P1 U1 자기소개

Hello, Eva. I'm glad to meet you. It's such a nice day, isn't it? I'll introduce myself to you. My name is Nu-Ri and I'm 28 years old. I'm currently working as a team manager at WD company and this is my 4th year. My co-workers call me 'Aunt N' because I listen to their concerns and relate to them often. I'm sensible and reliable, so being a team manager fits my character. It is sometimes tiring, but I find my job very rewarding. As for my marital status, I'm single. I'm dating someone though. I'm really interested in yoga these days, so I try to do yoga as much as time allows. Well, that's about it. Hope you liked my story. Shall we move on to the next question?

안녕하세요, Eva. 만나서 반가워요. 날씨가 참 좋네요, 그렇지 않나요? 제 소개를 할게요. 제 이름은 누리이고 28살이에요. 저는 현재 WD 회사에서 팀장으로 일하고 있고 입사 4년차예요. 제 동료들은 제가 자주 그들의 고충을 들어주고 공감을 해줘서 저를 'N 이모'라 불러요. 저는 합리적이고 믿음직해서 팀장 일이 제 성격에 맞아요. 때때로 지치지만, 제 일이 매우 보람차다고 생각해요. 제 혼인여부에 대해 말하자면, 저는 미혼이에요. 하지만 만나는 사람은 있어요. 요즘 저는 요가에 매우 흥미를 가지고 있어서 시간이 허락하는 한 요가를 하려고 해요. 음, 이상이에요. 제 이야기가 즐거웠길 바라요. 다음 질문으로 넘어갈까요?

> **02** I'd like to ask you about where you live. What is your neighborhood like? Where is it located? What kind of amenities are there in your neighborhood? Tell me about the places around your house in detail. 당신이 어디에 사는지 묻고 싶습니다. 당신의 동네는 어떤가요? 어디에 위치해 있나요? 당신의 동네에는 어떤 생활 편의 시설이 있나요? 당신 집 주변 장소에 대해 자세히 말해 주세요.

P1 U3 장소 묘사

Sure thing! I live in an apartment and my place is located on the 10th floor of a 30-story building in the financial district. It's in the heart of Seoul and I love the busy, active atmosphere of the area. It takes 10 minutes from the subway station and a bus stop, so it's very convenient to go somewhere. There are lots of cafés that are open 24/7, convenience stores and restaurants around my apartment. Also, a big complex shopping mall which has a department store, a hotel, a theater, a market and a large book store is right across from my house. I really love my neighborhood because of its convenience. Eva, what about your place?

물론이죠! 저는 아파트에 살고 있고 우리 집은 금융가에 있는 30층 건물의 10층에 위치해 있어요. 서울의 중심부에 있는데 저는 그 지역의 북적이고 활동적인 분위기를 좋아하죠. 집에서 지하철역과 버스 정류장까지 10분 걸려서 어디론가 가기에 매우 편리해요. 우리 집 주변에는 24시간 영업하는 카페, 편의점 그리고 식당이 많아요. 그리고, 백화점, 호텔, 극장, 대형 슈퍼마켓, 대형 서점이 있는 큰 복합 쇼핑몰이 우리 집 바로 건너편에 있어요. 편리함 때문에 저는 우리 동네를 매우 좋아해요. Eva, 당신의 집은 어떤가요?

> **03** Describe one of your neighbors in detail. What does he/she look like and how did you first meet him/her? 당신의 이웃 한 명을 자세히 묘사해 주세요. 그/그녀는 어떻게 생겼고, 당신은 그/그녀를 처음에 어떻게 만났나요?

P1 U2 인물 묘사

Sure, let me tell you about my neighbor who lives next door. His name is Mike Lee. He is in his mid-50s and I've known him for almost 3 years. He is tall and average weight. He has short, brown hair and a mustache. He has slender eyes and always wears glasses which make him look pretty smart as well. To tell you the truth, he is my boss. I first met him at my job interview. When I first met him, he seemed very uptight and unapproachable. He also looked very strict, too. However, as time went by, he turned out to be very kind and generous. He always pays attention to employees' concerns and that's what I respect about him. I'm so lucky to have him as my boss and a neighbor.

물론이죠. 제 옆집에 사는 이웃에 대해 얘기할게요. 그의 이름은 Mike Lee예요. 그는 50대 중반이고 그를 안지는 거의 3년 정도가 되가네요. 그는 키가 크고 보통 체형이에요. 그는 짧은 갈색 머리이고 수염이 있어요. 그의 눈은 (옆으로) 길고, 늘 안경을 착용하는데 그를 꽤 똑똑하게 보이게 해요. 사실을 말하자면, 그는 제 상사예요. 저는 그를 면접에서 처음 만났습니다. 처음 그를 만났을 때, 그는 굉장히 자의식이 강하고 다가가기 어려워 보였어요. 그는 또한 아주 엄격해 보이기도 했어요. 하지만 시간이 지나고 보니, 그는 아주 친절하고 관대한 사람이었어요. 그는 항상 직원들의 고충에 귀를 기울이는데, 저는 그의 그런 점을 존경해요. 그를 상사이자 이웃으로 만나게 되어 참 운이 좋다고 생각해요.

04 Have you ever had any unforgettable memory in your neighborhood? Why was it so memorable? Please tell me what happened in detail. 당신은 동네에서 잊지 못할 경험을 한 적이 있나요? 왜 그렇게 기억에 남았나요? 무슨 일이 있었는지 자세히 말해 주세요.

P1 U6 경험 이야기 하기

Yes, I once had a very memorable experience about 3 months ago. I was supposed to meet my boyfriend in front of my apartment's elevator on the first floor but he didn't show up quite a while. I called his number, but he didn't answer the phone. While I was trying to get a hold of him, I noticed that he was standing in front of the convenience store. I ran towards him and gave him a big hug from the back. Oh my god... Guess what? It wasn't my boyfriend. In fact, he was a total stranger. I had to apologize to him and it was really embarrassing. Have you ever experienced anything like this?

네, 저는 3개월 전 쯤에 매우 기억에 남는 경험을 한 적이 있어요. 저는 제 남자친구와 우리 집 아파트 일층의 엘리베이터 앞에서 만나기로 했는데, 그가 한동안 나타나지 않았어요. 그의 번호로 전화했는데 그는 전화를 받지 않았죠. 그의 행방을 찾으려 노력할 때, 그가 편의점 앞에 서 있는 것을 알아차렸어요. 저는 그쪽으로 달려가서 뒤에서 그를 안아 주었지요. 이런 세상에... 왠 줄 아세요? 제 남자친구가 아니었어요. 실은, 그는 전혀 모르는 사람이었어요. 저는 그에게 사과를 해야 했고 정말 창피했어요. 당신은 이런 경험을 한 적이 있나요?

05 Now, let's talk about your language school. Where is it located and what does it look like? Describe the language school you go to in detail. 이제, 당신의 어학원에 대해 말해 봅시다. 어디에 위치해 있고, 어떻게 생겼나요? 당신이 다니는 어학원을 자세히 묘사해 주세요.

설문 조사 - 어학원 **P1 U3 장소 묘사**

O.K. I'll describe my language school. It's located near Gangnam station so it only takes 5 minutes on foot. It's very easy to find my language school because you can see a large yellow sign on the first floor. After walking just a few steps from the main entrance, there is a big lobby with reception desks. You can get some information about class schedule, instructors and register for the classes there, too. There are many comfortable chairs and some free refreshments for visitors. On the right side, a bulletin board with notices, posters, and timetables is posted on the wall. In addition, both the receptionists and teachers are really friendly and professional. I go there to take English speaking class 3 days a week and I enjoy my class 'cause my teacher is very funny. Eva, how is your language school teacher?

좋아요. 제 어학원을 묘사해 볼게요. 이곳은 강남역 근처에 있어서 걸어서 5분밖에 안 걸려요. 일층에 큰 노란색 간판이 보여서 쉽게 찾을 수 있어요. 정문에서 몇 걸음만 들어서면, 접수처들이 있는 큰 로비가 있어요. 수업 시간표와 강사에 관한 정보를 얻을 수 있고 거기서 수업 등록도 할 수 있어요. 그곳에는 편안한 의자가 많고 방문자를 위한 무료 다과가 조금 있어요. 오른쪽에는, 공지와 포스터 그리고 시간표가 있는 게시판이 벽에 걸려 있어요. 게다가, 접수 담당자들과 선생님들이 정말 친절하고 전문적이에요. 저는 그곳에 주 3일 영어 회화 수업을 받으러 가는데 제 선생님이 굉장히 재미있어서 수업이 즐거워요. Eva, 당신의 어학원 선생님은 어떤가요?

> **06** Tell me about your first visit to your language school. When was it? Who were you with? What did you do? 당신이 어학원에 처음 방문했던 날에 대해 말해 주세요. 언제였나요? 누구와 함께였나요? 당신은 무엇을 했나요?

설문 조사 - 어학원

Okay. My friend Jin-A and I went to AJ language school to take an English class 6 years ago. We took that class for about 5 months. I'll tell you what we did in class. We sat in circles not like other classes. We usually started off with singing pop songs which was my favorite time. In addition, there was a TA in the room 24/7 so I could always ask him questions. We always enjoyed group activities and they were fun. I usually practiced with my partner or other classmates. And a 10 min-break followed. During the break, I often chatted with my friends to just chill. My teacher gave us a new topic on a daily basis and made us have discussions. At the end of the class, he always gave us homework to do. These are the regular things we did in class. Do you go to a language school, Eva?

좋아요. 저와 제 친구 Jin-A는 6년 전에 영어 수업을 들으러 AJ 어학원에 다녔어요. 우린 그 수업을 약 5개월 정도 들었어요. 우리가 수업 시간에 무엇을 했는지 말해 볼게요. 다른 수업들과는 다르게 우리는 원형으로 앉았어요. 우리는 보통 제가 가장 좋아하는 시간이었던 팝송 부르기로 (수업을) 시작했어요. 게다가, 강의실에는 항상 조교가 있어서 언제든지 그에게 질문을 할 수 있었지요. 우리는 항상 그룹 활동을 즐겼는데 재미있었어요. 저는 보통 제 파트너나 다른 반 친구들과 연습을 했어요. 그리고 10분 쉬는 시간이 뒤따랐죠. 쉬는 시간에는, 저는 자주 친구들과 머리를 식히기 위해 잡담을 나눴어요. 제 선생님은 매일 새로운 주제를 주어 우리가 토론을 하게 했죠. 수업 마지막에는, 항상 숙제를 내주셨어요. 이런 것들이 우리가 정기적으로 수업에서 했던 거예요. Eva, 당신은 어학원에 다니나요?

> **07** How did you first become interested in English and how did you choose your level when signing up for your class? 당신은 어떻게 처음 영어에 흥미를 가지게 되었고, 수업에 등록할 때 어떻게 당신의 수준을 선택했나요?

설문 조사 - 어학원

Well, I never had an interest in English, but I started studying it thanks to my friend. One day, he dragged me to an English academy and we registered for the same beginner's English speaking class. On the first day, I met my teacher Amy. Oh my god! She was gorgeous!! Since then, I never missed her class and concentrated hard on studying. Thanks to her, I was able to improve my English speaking proficiency and pronunciation. Eva, who is your favorite language school teacher?

음, 저는 영어에 전혀 흥미가 없었는데, 친구 덕분에 공부를 시작했어요. 어느 날, 그가 저를 영어 학원에 끌고 갔고 우리는 같은 영어 회화 초급반에 등록했어요. 첫날, 제 선생님인 Amy를 만났어요. 세상에! 그녀는 굉장히 멋졌어요!! 그때 이후로, 저는 그녀의 수업에 절대 빠지지 않고 공부에 매우 집중했습니다. 그녀 덕분에, 제 영어 회화 실력과 발음을 향상시킬 수 있었어요. Eva, 당신이 가장 좋아하는 어학원 선생님은 누구인가요?

08

In the survey, you stated that you enjoy going to the café. Tell me about your favorite café in detail. 설문 조사에서 당신은 카페에 가는 것을 좋아한다고 했습니다. 당신이 가장 좋아하는 카페에 대해서 자세히 말해 주세요.

설문 조사 - 카페 | **P1 U3 장소 묘사**

I usually go to a small café near my house. It is not a chain coffee shop like Starbucks, but I love the atmosphere and the taste of the coffee they provide. When you walk into the café, the first thing you can see is a huge wooden table in the center. The café is always filled with a nice selection of music and the smell of freshly brewed coffee. The foamy rich cappuccino and their crispy lemon pie go together amazingly, and without any doubt, they have the best cupcakes in the neighborhood. Eva, if you come over near my place give me a call. I'll treat you at the café.

저는 주로 우리 집 근처의 작은 카페에 가요. 스타벅스와 같은 커피 체인점은 아니지만, 그 카페의 분위기와 거기서 파는 커피 맛을 좋아해요. 카페에 들어서면, 처음 보이는 것은 중앙의 큰 나무 탁자예요. 그 카페는 늘 좋은 선곡과 갓 내린 커피의 향으로 가득 차 있어요. 거품이 풍부한 카푸치노와 바삭바삭한 레몬 파이는 놀랄 만큼 잘 어울리고, 의심의 여지 없이, 그들은 동네에서 가장 맛있는 컵케이크를 팔아요. Eva, 만약 우리 집 근처에 놀러 오면 저에게 전화해 주세요. 제가 그 카페에서 대접할게요.

09

When do you usually go to the café and what do you usually do there? Please describe your typical day at the café. 당신은 주로 언제 그 카페에 가고, 주로 거기서 무엇을 하나요? 카페에서의 당신의 일상적인 하루를 설명해 주세요.

설문 조사 - 카페 | **P1 U5 일상생활 말하기**

I usually head down to my favorite café at least twice a week. I bring my laptop computer and spend about 2 to 3 hours working or meet my friends to just chillax. Sometimes I spend my time reading some articles and books all day long. I usually order well roasted espresso and a piece of New York cheesecake, but when I'm exhausted or stressed out I go with rich-flavored café latte with devil's chocolate cake. Eva, when you visit my town, give me a call. I'll take you there and we'll have a lot of fun.

저는 평소 적어도 일주일에 두 번 제가 가장 좋아하는 카페로 향해요. 저는 노트북을 들고 가서 두세 시간 동안 일하거나 제 친구들을 만나서 느긋이 있어요. 때때로 저는 기사나 책을 읽으며 하루 종일 시간을 보내요. 저는 보통 잘 볶아진 에스프레소와 뉴욕 치즈케이크 한 조각을 주문하는데, 녹초가 되거나 스트레스가 쌓였을 때에는 풍미가 풍부한 카페라떼와 악마의 초콜릿 케이크를 선택하죠. Eva, 우리 동네에 방문하면 저에게 전화해 주세요. 제가 그곳으로 안내할게요, 그리고 우리는 아주 즐거운 시간을 보낼 거예요.

10 **How did you first find that café? What made you visit there so often?** 당신은 처음에 그 카페를 어떻게 알게 되었나요? 무엇이 당신을 자주 방문하게 했나요?

설문 조사 – 카페

I found that place just by chance. Come to think of it, it was pure luck. It was not long after I moved to my neighborhood. I needed a place to drink coffee and write my paper. After several visits, it soon became my favorite coffee place. It's not big or flashy, but it's very clean and spaciously designed. The workers are chatty and genuine, but most of all, they're well trained. Everything is extremely efficient but unhurried and relaxed. They also provide a complimentary mini-biscuit or chocolate with your coffee. Everything about the café is just my cup of tea!

저는 그 장소를 우연히 알게 되었어요. 지금 생각해보니, 순전히 운이었네요. 제가 이 동네로 이사를 온지 얼마 되지 않아서였어요. 저는 커피를 마시고 보고서를 작성할 장소가 필요했어요. 몇 번의 방문 후에, 그 카페는 곧 제가 가장 좋아하는 카페가 되었죠. 이곳은 크거나 호화롭지는 않지만, 매우 청결하고 널찍하게 설계되어 있어요. 직원들은 수다스럽고 진솔한데, 무엇보다도, 그들은 잘 훈련되어 있어요. 모든 것이 극히 효율적이지만 느긋하고 여유가 있어요. 그들은 또 무료 미니 비스킷이나 초콜릿을 커피와 함께 제공해요. 그 카페의 모든 것이 완전 제 취향이에요!

11 **Let me give you a situation and ask you to act out. You want to sign up for a yoga class which your friend is taking. Ask your friend 2 or 3 questions about the class in order to get some information you need.** 상황극을 드릴테니 연기해 주세요. 당신은 친구가 다니는 요가 수업에 등록하려 합니다. 당신이 필요한 수업 관련 정보를 얻기 위해 친구에게 두세 가지 질문을 하세요.

P3 U5 수영/조깅/걷기/요가 **P2 U2 직접 질문하기**

Hey, Soo!! I was looking for you today. You know, I wanna sign up for a yoga class but I'm a complete novice, so I was hoping you could give me some information about it. How long have you been doing yoga? 10 years? Wow! That's such a long time! Where is your yoga center located? Yes, I know there! One last thing! Can you recommend me a class? I hope it's not that intense. O.K., I will check out that class. Thanks a lot!! See you later!

안녕, Soo! 오늘 널 찾아 다녔어. 있잖아, 내가 요가 수업을 등록하고 싶은데 내가 완전 초보라서, 너에게 정보를 좀 얻고 싶어. 너는 요가 한 지 얼마나 됐니? 10년? 와! 정말 오래됐네! 너의 요가 센터는 어디에 있니? 응, 나 거기 알아! 마지막으로 하나만! 나한테 수업을 하나 추천해 줄래? 너무 강도가 세지는 않았으면 해. 좋아, 그 수업을 알아 볼게. 정말 고마워!! 나중에 보자!

12 **I'm sorry, but there's a problem for you to resolve. Unfortunately, you can't go to the yoga class because something came up. Call the center and give 2 or 3 alternatives.**
유감스럽게도, 당신이 해결해야 할 문제가 있습니다. 안타깝게도, 당신은 일이 생겨서 요가 수업에 가지 못하게 되었습니다. 센터에 전화해서 두세 가지의 대안을 제시하세요.

> **P3 U5 수영/조깅/걷기/요가**   **P2 U4 대안 제시하기**

Hello, this is Nu-Ri who enrolled in Ms. Jang's beginner's yoga class a week ago. Well, I have a class on next Tuesday, but my mom is in the hospital and I have to take care of her. Therefore, I don't think I can take the class. I was hoping if I could take the same class on next Thursday instead. Is it doable? Oh, thank you. Also, I want to tell Ms. Jang about my situation myself. Could you have her call me back, please? I really appreciate your help. Have a nice day!

안녕하세요, 저는 지난 주에 장 선생님의 초급 요가 수업에 등록한 누리예요. 실은, 다음 주 화요일에 수업이 있는데 저희 어머니가 병원에 입원하셔서 제가 돌봐 드려야 해요. 그래서, 수업을 들을 수 없을 것 같아요. 대신 제가 다음 주 목요일에 같은 수업을 들을 수 있으면 좋겠어요. 괜찮을까요? 아, 고마워요. 그리고, 제가 직접 제 상황을 장 선생님께 말하고 싶은데요. 선생님께 저에게 전화해 달라고 전해 주시겠어요? 도와줘서 정말 고마워요!

13
Have you ever signed up for a yoga class before? If so, tell me about the procedure when signing up for a yoga class. 당신은 전에 요가 수업에 등록해본 적이 있나요? 있다면, 요가 수업에 등록하는 절차에 대해 말해 주세요.

> **P3 U5 수영/조깅/걷기/요가**   **P1 U7 절차 설명하기**

Of course I have. I can tell you that the steps are pretty simple. First, you need to google some yoga centers in your area. If the center is too far, you'll most likely become lazy after a few days. Therefore, the location of the center is pretty important. Once you make a decision, you should go straight to the center you chose and have a consulting session with a yoga instructor. The instructor usually suggests the proper level for you. After that, you need to sign up for a class. All you have to do is stick to the class schedule and enjoy it to the fullest extent. Simple, isn't it?

네, 물론 있어요. 단계들은 꽤 간단하다고 말할 수 있어요. 먼저, 지역 내 요가 센터들을 검색해요. 만약 센터가 너무 멀면, 아마 며칠 후부터 게을러지게 되거든요. 따라서, 센터의 위치가 상당히 중요하죠. 결정을 하고 나면, 선택한 센터로 바로 가서 요가 강사와 상담 시간을 가져야 해요. 대부분의 경우 강사가 본인의 레벨에 맞는 반을 제안해 줘요. 그 후에는, 수업을 등록해야 해요. 이제 수업 스케줄을 지키고 최대한 즐기기만 하면 돼요. 간단하죠?

14
Please tell me about your favorite piece of furniture. What does it look like? 당신이 가장 좋아하는 가구 한 점에 대해 말해 주세요. 어떻게 생겼나요?

> **P1 U4 사물 묘사**

Sure, let me tell you about the table I have. It's a dark gray dining table. It has a marble table top with European-style metal legs. It features round edges. This piece is as solid as steel. I got this table a few years ago. It was originally my aunt's, but she passed it on to me. She said that she bought it in the same year she got married. Although it has minor wear, it's still in good condition. Whenever I use this table, it reminds me of her. Do you have a great piece of furniture with a story?

물론이에요, 제가 갖고 있는 탁자에 대해 이야기할게요. 어두운 회색 탁자예요. 대리석 상판과 유럽 스타일의 금속 다리가 있어요. 둥근 마무리가 특징이에요. 이 탁자는 강철만큼 강해요. 저는 몇 년 전에 이 탁자를 받았어요. 원래 저희 이모 것이었는데, 저에게 물려주셨어요. 이모께서는 당신이 결혼한 해에 그 탁자를 사셨다고 말씀하셨어요. 비록 약간 닳았지만, 여전히 상태가 좋아요. 저는 이 탁자를 사용할 때마다, 그녀가 생각나요. 당신은 사연이 있는 멋진 가구가 있나요?

> **15** I bought a new piece of furniture. Ask me 3 or 4 questions about it. 저는 새 가구 한 점을 샀습니다. 저에게 서너 가지를 질문해 주세요.

P2 U1 Eva에게 질문하기

Wow! I didn't know that you bought a new piece of furniture. What did you buy? Really? What a coincidence!! I have that one, too! Why did you choose that chair? You're right. It sure is very comfortable. Where did you get it? Hey! Why don't we get together and visit the furniture store next time, if that's O.K. with you?

와! 저는 당신이 새로운 가구 한 점을 산지 몰랐어요. 무엇을 샀나요? 정말요? 이런 우연이!! 저도 그거 있어요! 당신은 왜 그 의자를 선택했나요? 맞아요. 그거 정말 편하죠. 어디서 샀나요? 저기! 당신이 괜찮다면, 다음에 만나서 함께 그 가구점에 가보는 게 어때요?

모의고사 3회

> **01** Let's start the interview now. Please tell me about yourself. 이제 인터뷰를 시작하죠. 당신에 대해 이야기해 주세요.

P1 U1 자기소개

Sure, I'll be more than happy to tell you about me. I'm Ju-Ho and 32 years old. I graduated from college 3 years ago and I'm looking for a job which is related to my major. Job hunting takes a lot of effort, so I do my best to achieve my goal. I think of myself as an open-minded person. Thanks to my bright personality, I have many friends. I love hanging out with them and we often drink beer on weekends. I think it's because I come from a big family. There are 6 in my family: parents, 2 younger brothers, an elder sister and myself. However, I live apart from them now because I moved out last year. Eva, do you have a big family like I do?

좋아요, 기꺼이 저에 관해 이야기할게요. 저는 주호이고 32살이에요. 저는 3년 전에 대학을 졸업했고 제 전공과 관련된 직업을 찾고 있어요. 구직 활동은 많은 노력을 필요로 해서 제 목표를 성취하기 위해 최선을 다하고 있어요. 저는 제가 열린 사고를 가진 사람이라 생각해요. 제 밝은 성격 덕분에 저는 친구가 많아요. 저는 그들과 노는 것을 좋아하고 우리는 주말에 자주 맥주를 마셔요. 제 생각에는 제가 대가족 출신이기 때문인 것 같아요. 우리 가족은 6명인데요: 부모님, 2명의 남동생, 누나와 제가 있어요. 하지만 제가 작년에 독립해서 지금은 혼자 살고 있어요. Eva, 당신도 저처럼 식구가 많나요?

02   What kind of state-of-the-art technology do people in your country use most?

당신 나라의 사람들은 어떤 종류의 최첨단 기술을 가장 많이 사용하나요?

P4 U5 기술

I'm so glad you asked that. People like to use all different types of devices nowadays, but in my country, smartphones top them all. People use smartphones everywhere. We use them when chatting with friends, playing games, taking pictures, and surfing the web. It's like a tiny portable computer. We can also watch TV in real time so there's no time to get bored. Most of the smartphones are relatively easy to use. Although it takes a while to get used to it, it doesn't take that long. Furthermore, there are various applications available in the market, so we can easily create our own personal device. Some people are addicted to smartphones, but I try not to use it too much because I need a life! Eva, do you also use a smartphone?

당신이 그걸 물어봐 줘서 기쁘네요. 오늘날 사람들은 온갖 다른 종류의 기기들을 사용하길 좋아하지만, 우리나라에선 그 중에서도 스마트폰이 단연 최고예요. 어딜 가나 사람들은 스마트폰을 사용해요. 우린 친구들과 채팅할 때, 게임할 때, 사진을 찍을 때, 그리고 웹 서핑을 할 때 스마트폰을 사용해요. 그건 마치 작은 휴대용 컴퓨터 같아요. 우린 또한 실시간으로 TV를 볼 수 있어서 지루할 틈이 없죠. 대부분의 스마트폰은 상대적으로 사용하기 쉬워요. 적응하는 데 시간이 약간 걸리지만, 그리 오래 걸리지는 않아요. 뿐만 아니라, 다양한 응용프로그램들이 마켓에 있어서, 쉽게 자기만의 기기로 만들 수 있어요. 어떤 사람들은 스마트폰에 중독되기도 하지만, 저는 그걸 너무 많이 사용하지 않으려고 노력해요, 저도 제 삶이 필요하니까요! Eva, 당신도 스마트폰을 사용하나요?

03   What kind of technology do you usually use and why?

당신은 어떤 종류의 기술을 평소에 사용하고, 그 이유는 무엇인가요?

P4 U5 기술

Well... Without any hesitation, I would say it's my laptop computer. Of course, my smartphone is always there to support me, but I still prefer to work on the computer. That's because the functions of a computer make it possible for me to perform many tasks that are impossible to process with a smartphone. There are so many things I do with it. I write papers, create Power Point presentations, and even record my personal music albums. I usually bring it to a café and work there at least twice a week because the atmosphere of a café makes me concentrate better on my work. My laptop provides on-demand access to information, experts, knowledge, and more. It is light and convenient, but powerful enough for most tasks. It is like my personal assistant. I can't imagine my life without it. How about you, Eva? What kind of technology do you usually use?

음... 주저 없이, 저는 제 노트북 컴퓨터라 말할 수 있어요. 물론, 제 스마트폰이 항상 저를 돕기 위해 있긴 하지만, 저는 여전히 컴퓨터로 일하는 것을 선호해요. 스마트폰으로는 처리할 수 없는 많은 일들을 가능하게 하는 제 컴퓨터의 기능들 때문이에요. 저는 그것으로 많은 일들을 해요. 저는 문서를 작성하고, 파워포인트 발표 자료를 만들고, 심지어 저의 개인 음악 앨범들을 녹음하기도 해요. 저는 평소에 일주일에 두 번은 그것을 카페에 가지고 가서 일을 하곤 해요, 카페의 분위기가 제가 일에 더 잘 집중하게 만들어 주기 때문이죠. 제 노트북은 언제든지 정보, 전문가, 지식 그리고 그 이상의 것들에 접속할 수 있어요. 그것은 가볍고 편리하지만, 대부분의 일을 하기에 충분히 강력해요. 그것은 마치 저의 개인 조수 같지요. 노트북 컴퓨터가 없는 저의 삶은 상상할 수가 없어요. Eva, 당신은 어떤가요? 당신은 평소에 어떤 기술을 사용하나요?

> **04** Technology changes rapidly. How is it different from the technology in the past? How has it affected our daily lives?
> 기술은 빠르게 변화합니다. 과거의 기술과 비교했을 때 어떻게 다른가요? 그것이 우리의 일상에 어떤 영향을 미쳤나요?

P4 U5 기술

As you mentioned, technology is changing at a rapid pace and its impact on our daily lives can be felt. I can't imagine spending a day without my smartphone. Technology has made communication faster and easier and allowed us to do business efficiently. We can find answers to any questions or locate far-off places with the touch of a button! It's true that technology definitely improved our lives, but there are some things I miss about the old days. I no longer write post cards or letters. Why mail picture postcards to friends and family during my vacation, when I can just easily take photos with my smartphone and send them instantly with a text or share them on Instagram? I don't go to the library and do research anymore because I can get all the necessary information online. Today, there's no need to go out and buy a CD when you can just download it. Eva, can you relate to what I'm saying?

당신이 말한 것처럼, 기술은 빠른 속도로 변화하고 있고, 우리의 일상생활에 미치는 영향을 체감할 수 있어요. 저는 제 스마트폰이 없는 하루는 상상할 수도 없어요. 기술은 소통을 더 빠르고 쉽게 만들었고, 우리가 사업을 효율적으로 하도록 해줬어요. 우리는 어떤 질문에 대한 답이라도 찾을 수 있고 혹은 버튼을 누르는 것 하나로 멀리 떨어진 장소의 정확한 위치를 찾아낼 수 있어요! 기술이 우리의 삶을 향상시켜준 것은 분명 사실이지만, 저는 예전의 몇몇 것들이 그립기도 해요. 저는 더 이상 엽서나 편지를 쓰지 않아요. 그냥 쉽게 스마트폰으로 사진을 찍어서 바로 글과 함께 보내거나 그것들을 인스타그램에 공유할 수 있는데, 왜 친구들과 가족들에게 휴가 동안에 사진 엽서를 보내겠어요? 저는 필요한 모든 정보를 온라인에서 얻을 수 있기 때문에 더 이상 도서관에 가서 자료 조사를 하지 않아요. 오늘날에는 그냥 음악을 다운로드 하면 되기에 나가서 CD를 살 필요가 없지요. Eva, 당신은 제가 말하는 것에 공감할 수 있나요?

> **05** What is your favorite music genre? Tell me about your favorite singer in detail. 당신이 가장 좋아하는 음악 장르는 무엇인가요? 당신이 가장 좋아하는 가수에 대해 자세히 말해 주세요.

P3 U1 음악 듣기

Sure, I'll tell you about my favorite music. You know, music is such a big part of my life. I can't go a single day without music. I love listening to rock and jazz music most. Rock music cheers me up when I feel down because the beats of the music make me want to get up and do something energetic. I'm also fond of jazz music because it produces lively beats and refreshes my mind. I especially love the song titled "Whiplash" which is a movie soundtrack from *Whiplash*. Have you ever seen that movie? The song is very rhythmical. As for my favorite rock band, I'd pick Maroon 5. Their music gets rid of my stress instantly. Eva, what kind of music do you like?

물론이에요, 제가 가장 좋아하는 음악에 대해 이야기할게요. 그러니까, 음악은 제 인생에 중대한 부분을 차지해요. 저는 음악 없이는 하루도 버틸 수 없어요. 저는 록 음악과 재즈 음악을 듣는 것을 가장 좋아해요. 록 음악은 기분이 가라앉을 때 저를 기분 좋게 해주는데, 음악의 비트가 일어서서 활동적인 무언가를 하고 싶게 만들기 때문이에요. 저는 또 재즈 음악을 아주 좋아하는데요, 그 음악은 생기 넘치는 비트를 만들어 머리를 맑게 해주거든요. 저는 특히 〈위플래쉬〉라는 영화 삽입곡인 "위플래쉬"라는 곡을 좋아해요. 혹시 그 영화를 본 적이 있나요? 그 노래는 정말 리드미컬해요. 제가 가장 좋아하는 록 밴드를 말하자면, 저는 Maroon 5를 꼽겠어요. 그들의 음악은 제 스트레스를 즉각 없애줘요. Eva, 당신은 어떤 종류의 음악을 좋아하나요?

06 How has your taste in music changed over the last few years? What kind of music did you like in the past? 지난 몇 년간 당신의 음악 취향은 어떻게 바뀌었나요? 과거에 당신은 어떤 종류의 음악을 좋아했나요?

P3 U1 음악 듣기

I'm so glad to tell you about that. I don't remember exactly how or when, but I remember getting my very first CD player. When I was in middle school, my dad bought me a CD player and a music album for my birthday. There were so many different kinds of music in the CD and it was something I had never experienced before. At that time, I was so into Korean pop music just like other teenagers. However, my taste has changed somewhat as I got older. I still like K-pop music, but now I pay more attention to the lyrics. I sometimes listen to soft ballad as well. Before I go to bed, sometimes it gets my mind off of things just lying there in my bed listening to peaceful music when I'm stressed out. Eva, do you listen to music when you are stressed out, too?

당신에게 그걸 이야기하게 되어 정말 기쁘네요. 언제 어떻게 였는지 정확하게 기억나지 않지만, 저의 첫 CD플레이어를 갖게 된 것은 기억나요. 제가 중학생 때 아버지께서 제 생일 선물로 CD플레이어와 음반 하나를 사 주셨어요. 그 음반에는 여러 다른 종류의 음악들이 들어있었고 그것은 제가 전에는 경험해 보지 못한 것이었어요. 그때 당시에는 저도 다른 십대들과 마찬가지로 한국 가요에 빠져 있었어요. 어쨌든, 저의 취향은 제가 나이가 들면서 다소 변했어요. 여전히 한국 가요를 좋아하지만 지금은 가사에 더 주의를 기울여요. 가끔씩 부드러운 발라드 음악을 듣기도 해요. 스트레스를 받을 때면 자기 전에 침대에 누워서 평화로운 음악을 들으며 때로는 상황을 잠시 잊고 머리를 식혀요. Eva, 당신도 스트레스를 받으면 음악을 듣나요?

07 Tell me about the most memorable concert you've ever seen. When was it and who did you go to the concert with? 당신이 이제껏 본 것 중 가장 기억에 남는 콘서트에 대해 말해주세요. 언제였고, 누구와 함께 그 콘서트에 갔었나요?

P3 U3 공연/콘서트 보기   **P3 U1 음악 듣기**

Alright, I'll tell you about my recent concert experience. I went to a concert by Michael W. Smith last summer. It was held at Seoul Olympic Stadium. I've been a huge fan of him for more than 5 years and it was a long-awaited concert for me. I went there with my church people because they were also crazy about him. He put on such a great show and everything about it was beyond my imagination. I was most impressed when he sang with tears in his eyes. The performance was out of this world! I just can't explain it with words. The splendid lighting was absolutely incredible and the beautifully decorated stage was outstanding. His stage was so energetic and the hall was full of excitement throughout the concert. At the end of the concert, everyone gave him a standing ovation. Eva, we had a one-of-a-kind experience that we will never forget. You should definitely go to his concert next time.

좋아요, 제 최근 콘서트 경험에 대해 이야기할게요. 저는 지난 여름에 Michael W. Smith의 콘서트에 다녀왔어요. 서울 올림픽 경기장에서 열렸지요. 저는 5년 넘게 그의 열혈 팬이어서 제가 오래 기다려온 콘서트였어요. 저는 마찬가지로 그에게 빠져있는 교회 사람들과 함께 갔어요. 그는 정말 굉장한 쇼를 보여주었고 모든 것이 제 상상 초월이었어요. 저는 그가 눈물을 흘리면서 노래할 때 가장 감동받았어요. 그 공연은 차원이 달랐어요! 말로는 어떻게 설명할 수가 없네요. 화려한 조명은 정말로 대단했고 아름답게 장식된 무대는 정말로 뛰어났어요. 그의 무대는 굉장히 활기가 넘쳤고 홀은 콘서트 내내 흥분으로 가득했어요. 공연의 마지막에는, 모두가 그에게 기립 박수를 보냈어요. Eva, 우리는 다신 잊지 못할 특별한 경험을 했어요. 당신도 다음에는 반드시 그의 공연에 가봐야 해요.

> 08   **You indicated in the survey that you enjoy cooking. Why do you like cooking? Who do you like to cook for? How did you become interested in cooking?** 당신은 설문 조사에서 요리하는 것을 즐긴다고 했습니다. 왜 요리하는 것을 좋아하나요? 누구를 위해 요리하는 것을 좋아하나요? 어떻게 요리하는 것에 흥미를 가지게 되었나요?

P3 U6 요리하기

Cooking is definitely my thing! I think of myself as a good cook and people say I'm good, too! I just love to see people enjoy my dishes so I invite my friends every Saturday and treat them. I'm especially good at making Italian dishes because I love garlic. I first became interested in cooking when I was in college. I lived alone at that time and got sick and tired of cafeteria food. One day, I watched a cooking show on TV and I was fascinated with cooking. I also learned many simple recipes from a local cooking academy. Eva, I'll make you awesome dishes next time. Just tell me when.

제가 요리 하나는 끝내주죠! 제 생각에 저는 괜찮은 요리사이고요, 사람들도 제가 잘한다고 해요! 저는 사람들이 제가 만든 음식을 맛있게 먹는걸 보는 게 좋아서 토요일마다 친구들을 초대해서 대접해요. 저는 마늘을 좋아하기 때문에 특히 이탈리아 요리를 잘 만들어요. 제가 처음 요리에 관심을 가지게 된 건 대학교를 다닐 때였어요. 그때는 혼자 살았고 구내식당 음식이 너무 지긋지긋했거든요. 하루는 TV에서 요리 쇼를 보고 요리에 매료되었죠. 그리고 저는 동네 요리 학원에서도 간단한 요리법들을 많이 배웠어요. Eva, 제가 다음에 진짜 맛있는 음식들을 만들어 줄게요. 언제든 말만 해요.

> 09   **Please tell me about the dish you like to cook. What ingredients do you use? How do you make the dish?** 당신이 만들기 좋아하는 요리에 대해 말해 주세요. 어떤 재료들을 사용하나요? 그 요리를 어떻게 만드나요?

P3 U6 요리하기

As I told you, I'm really good at making spaghetti. In order to make it, I first need to boil the pasta. In the meantime, I heat the olive oil in a saucepan. Next, I chop garlic and onions. And then, stir fry them until golden. When it's aromatic, I pour tomato sauce into the pan and boil it on high heat. After that, I prepare well drained pasta in a dish. Last, I pour the sauce and sprinkle some finely grated cheese. Beautiful! It's ready to be served now and it's finger-licking good!!

제가 말했듯이, 저는 스파게티를 진짜 잘 만들어요. 그걸 만들기 위해서는, 먼저 파스타면을 삶아야 하죠. 그러는 동안에, 프라이팬에 올리브유를 조금 넣고 가열해요. 그 다음에 마늘과 양파를 다져요. 그리고 나서 노릇노릇 해질 때까지 볶아요. 냄새가 솔솔 올라올 즈음에, 토마토 소스를 팬에 붓고 강한 불에서 끓여요. 그 다음엔 물이 충분히 빠진 파스타면을 접시에 준비해요. 마지막으로, 소스를 붓고 잘게 갈린 치즈를 약간 뿌려요. 감동이에요! 이제 음식을 내기만 하면 되는데 손가락을 핥을 만큼 맛있어요!!

10 Some things can go wrong when you cook. Have you ever had an unexpected experience while cooking? Tell me about the worst cooking experience you ever had. What went wrong and how did you resolve the situation? 요리를 하다 보면 무언가 잘못될 수도 있습니다. 당신은 요리를 하던 중 예상치 못한 경험을 한 적이 있나요? 당신이 겪은 최악의 요리 경험에 대해 말해 주세요. 어떤 것이 잘못 되었고, 어떻게 그 상황을 해결했나요?

P3 U6 요리하기

My worst experience I had while cooking was my very first time making pizza at home. I dreamed of kneading, spinning and tossing the dough. And also, cheese melting and stretching beautifully in my mind. But in reality, it was chaos. Flour got all over the walls in the kitchen when I tried to spin the dough. To make matters worse, I failed to control the heat and overcooked it. I had no choice but to order pizza from a pizza place. I learned a big lesson that day. That's why I always pre-research before cooking nowadays.

제 최악의 요리 경험은 집에서 처음 피자를 만들 때였어요. 저는 반죽을 치대고, 돌리고, 던지는 것을 꿈꿨지요. 그리고 치즈가 녹으면서 아름답게 늘어나는 것을 상상했어요. 하지만 실상은 혼란 그 자체였죠. 제가 반죽을 돌리려 하면 밀가루가 부엌 벽에 다 묻었어요. 엎친 데 덮친 격으로, 불 조절에 실패해 너무 많이 조리해 버렸어요. 피자 집에서 피자를 시켜 먹는 수밖에 없었어요. 저는 그날 아주 큰 교훈을 얻었죠. 그래서 요즘은 요리하기 전에 반드시 미리 조사를 해요.

11 I'm going to give you a situation and ask you to act out. You are in New York now and want to rent a car. Ask the car rental agent and ask 3 or 4 questions to get some information you need. 제가 당신에게 한 가지 상황을 드릴테니 연기해 주세요. 당신은 지금 뉴욕에 있고 자동차를 빌리고 싶어요. 당신이 원하는 정보를 얻기 위해 렌터카 대리점의 직원에게 서너 가지 질문을 해주세요.

P2 U2 직접 질문하기

Hello, I would like to rent a car for a week. It'll be great if you can show me a black SUV from Ford. I think that's a little bit too small for my team. Do you have anything bigger than that? Perfect, I like this one much better. Is the car insured? How much would the total cost be? That's quite nice for a Ford. I'll take it. By the way, what time should I bring the car back? Alright, thanks for the help.

안녕하세요, 일주일 동안 차를 빌리고 싶은데요. 포드사의 검은색 SUV를 보여 주시면 정말 좋겠어요. 제 생각에 그 차는 우리 팀이 타기에 좀 너무 작은 것 같아요. 그것보다 큰 차는 없나요? 완벽해요, 이 차가 훨씬 마음에 드네요. 차에 보험이 들어있나요? 총 비용은 얼마가 될까요? 포드 치고는 가격이 꽤 괜찮네요. 그걸로 할게요. 그런데, 제가 몇 시까지 차를 반납하면 되나요? 좋아요, 도와줘서 고마워요.

12 **I'm sorry, but there's a problem for you to resolve. The car rental agent says that your driver's license doesn't look valid in New York and he refuses to lend you a car. Persuade the agent and rent a car.** 유감스럽지만, 당신이 해결해야 할 문제가 있습니다. 그 렌터카 직원이 당신의 운전면허가 뉴욕에서 유효한 것 같지 않다고 자동차 대여를 거절합니다. 그 담당자를 설득하고 차를 대여하세요.

P2 U4 대안 제시하기

Excuse me? I don't understand what the problem is. Would you explain the matter more specifically? Wow, I didn't expect that would drag me down. Can't you understand the situation I'm involved in right now? I'm here on a business trip with a tight schedule and if I don't have a car, I'll mess up the meetings and contracts which were supposed to be signed. Also, I was able to rent a car in the other states with the license I own right now, which means it's perfectly valid. Why can't I use it here in New York? This is such a big issue for me. I'm begging you. Can you please reconsider it? Really? You'd do that for me? Thank you so much. You just saved my life.

뭐라고요? 저는 무엇이 문제인지 이해가 되지 않네요. 좀 더 명확하게 문제를 설명해 주시겠어요? 와, 이것이 제 발목을 잡을 줄은 몰랐네요. 제가 지금 처해있는 상황을 이해하지 못하시나요? 저는 여기에 꽉 찬 일정으로 출장을 왔는데 제가 차를 구하지 못하면, 회의와 서명을 받아야 하는 계약을 망치게 될 거예요. 그리고, 제가 지금 가지고 있는 면허증으로 다른 주에서는 차를 빌릴 수 있었는데, 이는 면허증이 완벽히 유효하다는 의미이죠. 왜 여기 뉴욕에서는 사용할 수가 없다는 겁니까? 이건 제게 아주 중요한 문제예요. 부탁 드려요. 제발 한 번 더 고려해 주실 수 없나요? 정말요? 그렇게 해주시겠어요? 정말 고마워요. 당신이 방금 저를 살렸네요.

13 **Now, let's talk about the biggest holiday in your country. How do people celebrate the holiday? Do people eat special food on that day? Please tell me in detail.** 이제, 당신의 나라에서 가장 큰 명절에 대해 이야기해 봅시다. 사람들은 어떻게 그 명절을 기념하나요? 그날 사람들은 특별한 음식을 먹나요? 자세히 이야기해 주세요.

돌발 – 명절

I'm so glad to tell you about our traditional holiday. There are a lot of holidays in Korea. And I believe that New Year's day is the biggest holiday among them. It is the first day of the lunar calendar. Koreans also celebrate Solar New Year on January 1st, but Lunar New Year is considered to be the main holiday in Korea. We visit our parents' or relatives' home and have a ritual for our ancestors. After the ritual, we bow to the elders, and they give us good-luck money wishing us good health and fortune. Then everyone has breakfast together. On New Year's Day, Koreans have rice-cake soup. We also enjoy Korean style pizzas, noodles with meat and vegetables called Jabchae and many more other dishes. Can you tell me about the biggest holiday in your country, too?

당신에게 우리 고유 명절에 대해 이야기하게 되어 기쁘네요. 한국에는 많은 명절이 있어요. 그리고 저는 구정이 그 중에 가장 큰 명절이라고 생각해요. 음력 달력의 첫 번째 날이지요. 한국사람들은 1월 1일인 신정 또한 지내지만, 한국에서는 구정이 주요 명절로 생각돼요. 우리는 부모님이나 친척 집을 방문해 조상들을 위한 제사를 지내요. 그 의식이 끝나면, 우리는 어른들에게 절을 하고, 어른들은 우리에게 좋은 건강과 행운을 빌면서 복돈(세뱃돈)을 주시죠. 그 다음에, 모두가 함께 아침식사를 해요. 설날에 한국사람들은 떡국을 먹어요. 우린 또한 한국식 전, 면에 고기와 야채가 들어간 잡채라고 불리는 음식과 다른 많은 음식들을 먹어요. 당신 나라의 가장 큰 명절에 대해서 이야기해 줄 수 있나요?

14 Tell me how you spent your last holiday. What did you do and who did you celebrate the holiday with? 당신은 지난 휴일을 어떻게 보냈는지 이야기해 주세요. 당신은 무엇을 했고, 누구와 함께 그 휴일을 보냈나요?

돌발 - 명절

So, you wanna know how I spent my last holiday? Well, my last holiday was Christmas. Since I live alone, I don't get to see my family very often. On that day, however, my family gathered at my place and spent quality time together. We gave each other presents, had great dishes and watched a movie after that. We were able to catch up on each other's lives over a meal and show affection towards the loved ones. It surely was the most memorable day of the year. How about you, Eva? Did you do anything special on Christmas?

그러니까, 당신은 제가 지난 휴일을 어떻게 보냈는지 궁금하군요? 음, 저의 마지막 휴일은 크리스마스였어요. 저는 혼자 살기 때문에 가족들을 그다지 자주 보지 못해요. 그렇지만 그날은 우리 가족이 저의 집에 모여서 소중한 시간을 보냈어요. 우리는 서로에게 선물을 주었고, 맛있는 음식들도 먹었고 그 후에는 영화를 보았어요. 식사를 하면서 그 동안 밀린 이야기도 할 수 있었고, 사랑하는 이들에게 애정 표현도 할 수 있었죠. 확실히 그날은 작년에 가장 기억에 남는 날이었어요. Eva, 당신은요? 당신은 크리스마스에 무언가 특별한 걸 했나요?

15 Please ask me 3 or 4 questions about the holidays in my country. 우리나라의 휴일에 대해서 서너 가지 질문을 해주세요.

P2 U1 Eva에게 질문하기

What is the biggest holiday in your country, Eva? How do people celebrate the holiday? That's interesting! Do you also eat any special food on that day? Wow, I really wanna try them all. Can you also tell me about your favorite holiday? Thank you for your answers. I really want to visit your country during the holidays.

Eva, 당신 나라의 최대 명절은 무엇인가요? 사람들은 그 날을 어떻게 기념하나요? 흥미롭네요! 그날 특별한 음식도 먹나요? 와, 저도 그것들을 전부 맛보고 싶네요. 그리고 당신이 가장 좋아하는 명절에 대해서도 말해줄 수 있나요? 대답해 줘서 고마워요. 저는 정말 그 명절 동안 당신 나라를 가보고 싶어요.

모의고사 4회

MP3 5_08

> **01** Let's start the interview now. Please tell me about yourself.
> 이제 인터뷰를 시작하죠. 당신에 대해 이야기해 주세요.

P1 U1 자기소개

Hi, Eva. Nice meeting you. I'll be more than happy to tell you about me. My name is So-Ra and I'm in my mid-20s. I'm a senior at KL University majoring in Biology. I only have one more semester left. I want to get a decent job after I graduate and I'm looking for a job which is related to my major. Job hunting takes a lot of effort, so I do my best to achieve my goal. I was born in Gwangju City and now I live in an apartment with my family in Seoul. There are 4 in my family: my parents, a younger sister and myself. My sister and I get along pretty well because we have a lot in common. We have the same musical taste and love the same movie genres. When it comes to my personality, I'm very self-confident and generous. People say I'm fun to be around, too! Now, could you tell me about yourself, too?

안녕하세요, Eva. 만나서 반가워요. 기꺼이 저에 대해 말할게요. 제 이름은 소라이고, 20대 중반이에요. 저는 KL 대학교에서 생물학을 전공하는 4학년생이에요. 저는 한 학기 만을 남겨두고 있어요. 졸업 후에는 괜찮은 직업을 갖고 싶어서 제 전공과 관련된 일을 찾고 있어요. 구직활동은 많은 노력을 필요로 해서, 제 목표를 성취하기 위해 최선을 다하고 있어요. 저는 광주시에서 태어났고 지금은 제 가족과 서울에 있는 아파트에서 살고 있어요. 우리 가족은 4명인데요: 부모님, 여동생과 제가 있어요. 여동생과 저는 공통점이 많아서 상당히 잘 지내요. 저희는 같은 음악 취향을 가지고 있고, 같은 영화 장르를 좋아해요. 제 성격에 대해서라면, 저는 굉장히 자신감 있고 관대해요. 사람들도 저와 함께하면 즐겁다고 해요! 이제, 당신에 대해서도 말해 줄래요?

> **02** Who do you usually talk to on the phone? When do you usually talk to that person? Tell me about your phone usage patterns in detail.
> 당신은 주로 누구와 통화를 하나요? 당신은 그 사람과 주로 언제 통화하나요? 당신의 전화 사용 패턴을 자세히 말해 주세요.

돌발 – 전화

Who do I talk to on the phone the most? I'd say it's my best friend, Jessie. I mostly use my smartphone instead of the home phone. She and I usually send instant messages to each other during the daytime since we are busy doing our own work. We text each other countless times everyday, but sometimes we do talk on the phone. Do you often talk on the phone with someone special?

제가 누구와 가장 많이 통화 하나고요? 저와 가장 친한 친구인 Jessie라고 말할 수 있겠네요. 저는 대부분 집 전화보다 제 스마트폰을 사용해요. 그녀와 저는 각자의 일로 바쁘기 때문에 낮 시간에는 주로 인스턴트 메시지를 주고받아요. 우린 매일 셀 수 없이 많이 문자를 주고받지만, 가끔은 전화로 이야기하기도 해요. 당신도 특별한 누군가와 자주 통화하나요?

03
Tell me about the recent phone call you had. Who did you talk to and what did you talk about? 당신이 최근에 건 통화에 대해 말해 주세요. 당신은 누구와 무엇에 대해서 통화했나요?

돌발 - 전화

Well, I talked with my best friend Jessie yesterday. The topic depends on the day, but mostly we talk about work, money and love. Jessie and I share so much together because we've been best friends for more than 15 years. Getting a good job and finding the right person were the main issues we talked about. Eva, do you have a great friend like Jessie, too?

음, 어제 저와 가장 친한 친구인 Jessie와 통화했어요. 대화 주제는 날마다 다르지만, 대부분 우리는 일, 돈 그리고 사랑에 대해 이야기해요. Jessie와 저는 15년 넘게 가장 친한 친구 사이였기 때문에 아주 많은 것들을 함께 공유하죠. 좋은 직장을 얻는 것과 좋은 배우자를 찾는 것이 우리의 주요 대화 주제였어요. Eva, 당신도 Jessie 같은 좋은 친구가 있나요?

04
Do you remember the very first time you talked on the phone? When was it and who did you talk to at that time? What was it that you talked about? Please tell me about your very first phone call experience in detail. 당신이 처음 전화 통화한 날을 기억하나요? 그때가 언제였고, 누구와 통화했나요? 무엇에 대해서 대화했나요? 당신의 첫 전화 통화 경험에 대해 자세히 말해 주세요.

돌발 - 전화

Oh my gosh! Eva, your question brought back a memory of my first talk on the phone in my childhood. I don't remember the exact time, but it was a Christmas day of my early childhood. I was waiting for Santa to come with lots of presents. In the Christmas morning, my mom told me that she would call Santa so I could tell him what I wanted for Christmas. My mom dialed a number and a man answered with a Santa-like voice. I told him what I wanted, full of expectation. On that night, I got what I asked for. Time passed and I grew up. One day, I came to realize that it wasn't real Santa, but my dad. But to a young child, it still was a one-of-a-kind experience that I can never forget. Eva, do you also have any special experience like this?

세상에! Eva, 당신의 질문이 제가 어렸을 적 처음으로 전화 통화했던 날을 기억나게 했어요. 정확한 시기는 기억나지 않지만, 제 유년기의 어느 크리스마스 날이었어요. 저는 많은 선물과 함께 올 산타를 기다리고 있었지요. 크리스마스 아침에 어머니가 제가 원하는 선물을 산타에게 말할 수 있도록 전화를 건다고 하셨어요. 어머니가 전화를 걸었고 산타 같은 목소리의 한 남자가 전화를 받았어요. 저는 기대를 잔뜩 안고 무엇을 원하는지 이야기했어요. 그리고 그날 밤, 저는 제가 요구했던 그 선물을 받았지요. 시간이 지나고 저는 다 컸죠. 어느 날, 저는 그가 진짜 산타가 아닌, 우리 아버지였다는 것을 깨달았어요. 하지만 어린 아이에게 여전히 그것은 평생 잊지 못할 특별한 경험이었어요. Eva, 당신도 이와 같은 특별한 경험을 했나요?

05 There can be some issues with your neighbors. What kind of problems do people face when dealing with neighbors?

당신의 이웃과 문제가 있을 수 있습니다. 사람들은 이웃과 어떠한 문제를 겪을까요?

돌발 – 이웃

A lot of people live in apartments in the cities and there can be so many problems, but I would have to say that noise between floors is becoming such a big social problem in Korea. People install rubber floor mats, rugs or carpets, but some apartments are still not well sound-proofed despite all their efforts to reduce noise. Also, people fall to communicate with each other so that misunderstandings can get worse. Eventually, they start having bad blood towards each other. This can lead to a serious crime, too. Eva, do people in your country have the same problem as Koreans do?

도시에서는 많은 사람들이 아파트에 살고 있어서 많은 문제들이 생길 수 있지만, 저는 층간 소음이 한국에서 큰 사회 문제가 되고 있다고 말해야 할 것 같아요. 사람들은 고무 매트와 러그나 카펫을 설치하지만, 소음을 줄이려는 그들의 노력에도 불구하고 몇몇 아파트들은 여전히 방음이 잘 되지 않아요. 그리고, 사람들은 서로 소통하는 데 실패하고 그렇기 때문에 오해가 더욱 깊어져요. 결국, 사람들은 서로를 증오하기 시작하죠. 이것은 심각한 범죄로까지 연결될 수 있어요. Eva, 당신 나라 사람들도 한국 사람들과 같은 문제를 겪고 있나요?

06 Have you ever had any problems with your neighbors? What caused the problem and how did you resolve the matter?

당신은 이웃과 문제가 있었던 적이 있나요? 무엇이 문제의 원인이었으며 어떻게 그 문제를 해결했나요?

돌발 – 이웃 **P4 U4 재활용**

Hmm... Give me a second to think. Oh, I had a problem with my landlord, Mrs. Loren lately. You see, she and I live in the same apartment so I see her around quite often. One day, I had a wild birthday party at my place and I didn't recycle properly after the party. It was way too late to recycle and I had no choice but to put the bottles in front of my house. There was no room for them in the bins and they were also not big enough. However, she was mad about it so I had to explain to her. I gave her my word that I would recycle well at all times. Well, this is the end of the story.

음... 잠시 생각할 시간을 주세요. 아, 저는 최근에 집주인인 Loren 부인과 문제가 있었어요. 있죠, 그녀와 저는 같은 아파트에 살아서 상당히 자주 봐요. 어느 날, 우리 집에서 광란의 생일 파티를 했는데 파티가 끝나고 분리수거를 제대로 못했어요. 분리수거를 하기엔 시간이 너무 늦어서 병을 우리 집 앞에 놓을 수밖에 없었죠. 쓰레기통에는 공간이 없었고 병들이 그다지 크지도 않았거든요. 어쨌든, 그녀는 분리수거를 안 한 것에 화가 났고 저는 그녀에게 해명해야 했어요. 저는 그녀에게 항상 분리수거를 잘 하겠다고 약속을 했어요. 음, 이게 그 이야기의 끝이에요.

07 I'm going to give you a situation and ask you to act out. You want to watch a movie. Call the movie theater and reserve tickets.

상황극을 드릴테니 연기해 주세요. 당신은 영화를 보려 합니다. 극장에 전화해서 영화표를 예매하세요.

P2 U3 전화로 질문하기

Hello, before I make a reservation, I want to know popular action movies that are now showing in your theater. Oh, the last one sounds like more fun. When is the earliest time of the movie? Perfect, I want to go ahead and reserve two tickets for that movie if there are seats available. Nah, I don't really care about the seats. Cool! How much would the total cost be and how do I make a payment? O.K., then I will pay with my credit card when I get there. By the way, do you have a parking place available? Awesome, thanks for the help.

안녕하세요, 제가 예매하기 전에, 그 극장에서 현재 상영중인 인기 있는 액션 영화가 뭔지 알고 싶어서요. 아, 마지막에 말씀하신 게 더 재미있을 것 같네요. 그 영화의 가장 빠른 상영 시간이 언제죠? 좋네요, 만약 예매 가능한 자리가 있다면 티켓 2장을 예매하고 싶어요. 아뇨, 좌석은 그다지 신경 쓰지 않아요. 좋아요! 총 비용이 얼마고 어떻게 지불하면 되나요? 알겠어요, 그렇다면 제가 그곳에 도착해서 신용카드로 결제할게요. 그건 그렇고, 혹시 주차 가능한 공간이 있을까요? 아주 좋네요, 도와줘서 고마워요.

> **08** I'm sorry, but there's a problem for you to resolve. There's something wrong with the tickets you reserved. Call the theater and explain. Come up with some suggestions as well.
>
> 유감스럽게도, 당신이 해결해야 할 문제가 있습니다. 당신이 예매한 표에 문제가 생겼습니다. 극장에 전화해서 설명하세요. 몇 가지 대안도 제시하세요.

P2 U5 불만 제기하기

Hey, I just printed out the tickets online, and I found something wrong. The title of the movie is different from what I've reserved. Will you explain what is going on? That's very disappointing. You made a mistake and you're telling me that there are no more seats available for that movie? How am I supposed to take this situation? We will watch the next movie, so change the tickets and I want you to offer me something in compensation. Free popcorn and drinks sound great. O.K. I hope it doesn't happen again. Bye.

저기요, 제가 방금 그 티켓들을 온라인으로 출력했는데, 뭔가 잘못된 걸 발견했어요. 영화의 제목이 제가 예매한 그 영화랑 다르네요. 어떻게 된 건지 설명해 주실래요? 정말 실망스럽네요. 당신이 실수를 했는데 그 영화에 더 이상 자리가 없다고 말하는 건가요? 제가 이 상황을 어떻게 받아들여야 하죠? 우린 그 다음 시간 영화를 볼 테니, 티켓을 바꿔주시고 당신이 제게 보상으로 무언가를 제공해 주었으면 해요. 무료 팝콘과 음료가 괜찮겠네요. 네, 이런 일이 다시 발생하지 않았으면 좋겠네요. 그럼 이만 끊을게요.

> **09** This is the end of the situation. Have you ever had any similar experiences when making a reservation before? 이제 상황극은 끝났습니다.
>
> 당신은 이전에 예약을 하면서 이와 비슷한 경험을 한 적이 있나요?

P1 U6 경험 이야기하기

Yes, I once had some problems with a restaurant reservation. Five days ago, I was gonna celebrate my birthday at a fine restaurant. I booked a table for 7 o'clock and asked for a table by the window. When I got there with my boyfriend, I was told that it has been double-booked. We were very upset and disappointed. However, the manager of the restaurant led us to another table and offered free meal service with a cake in compensation. Come to think of it, it wasn't such a bad experience, right?

네, 저는 식당 예약으로 문제를 겪은 적이 있어요. 5일 전에, 저는 근사한 식당에서 제 생일을 기념하려 했어요. 저는 7시에 창가 쪽 테이블로 예약을 했죠. 제 남자친구와 그 식당에 도착했을 때, 이중 예약이 되었다고 들었어요. 우리는 매우 언짢고 실망했죠. 어쨌든, 레스토랑의 지배인이 저희를 다른 테이블로 안내했고 보상으로 식사와 케이크를 무료로 제공해 주었어요. 지금 생각해 보니, 그리 안 좋은 경험은 아니었네요, 그렇죠?

10. Have any incidents happened in your neighborhood? Perhaps, a problem or an accident? If so, please tell me about it in detail.

당신 동네에서 어떤 사건이 일어난 적이 있나요? 아마도, 문제나 사고인가요? 그렇다면, 그것에 대해 자세히 말해 주세요.

돌발 - 동네

I guess I live in a fairly safe neighborhood. I don't get to witness that much of drama, but sometimes there are car accidents at the intersection. Most of them are minor, of course. But one day, there was a major car accident in front of my apartment complex. A huge dump-truck hit an electric pole around 9:30 in the evening. According to the police officers, it was drunk driving. As a result, the whole apartment complex had to face a blackout that night. The power was restored the next day, but it was just absurd. You should never drink and drive!

아마도 저는 꽤 안전한 동네에 살고 있나 봐요. 저는 그런 드라마 같은 일들을 많이 목격하지는 않지만, 가끔 교차로에서 차 사고가 나긴 해요. 그것들도 물론 대부분 작은 사고이죠. 하지만 어느 날, 우리 아파트 단지 앞에서 대형사고가 한 번 난 적이 있어요. 엄청난 크기의 덤프트럭 한대가 저녁 9시 반쯤에 전봇대를 들이받았어요. 경찰관들에 의하면, 음주 운전이었대요. 그 결과로, 그날 밤 아파트 단지 전체가 정전이 되었죠. 전기는 다음날 복구되었지만, 정말 어이가 없더라고요. 절대 음주 운전하면 안 돼요!

11. Have any festivals or community events occurred in your neighborhood? When was it and where was it held at?

당신의 동네에 어떤 축제나 지역 행사가 열린 적이 있나요? 언제, 어디에서 열렸나요?

돌발 - 동네

Yes, there is one. The annual community singing contest is held in the community center in March. This year, it was held on March 10th. The contest goes for about two days. Anybody can apply for this contest and the prizes are provided by the local shops. You can win a TV, a smartphone, a refrigerator and you name it. That's why a lot of people participate in this event every year and it has become so famous. What's more, the contest became a sensation so that it was aired on national TV last year. Eva, are there any fun events in your community?

네, 하나 있어요. 3월에 연례 노래 경연 대회가 주민센터에서 열려요. 올해에는, 3월 10일에 열렸지요. 대회는 이틀 동안 진행돼요. 누구나 지원할 수 있고 상품은 지역 상점에서 제공돼요. TV, 스마트폰, 냉장고 그리고 그 밖에 무엇이든지 받을 수 있어요. 그래서 매년 많은 사람들이 지원을 하고 대회는 아주 유명해 졌지요. 더구나, 이 대회는 화제가 되어서 작년에 전국 방송에도 나왔어요. Eva, 당신 동네에는 재미있는 행사가 있나요?

12   **Please tell me about your experience when you participated in one of those festivals or community events. What kind of event was it and how did you get to be a part of it?** 당신이 그런 축제나 지역 행사에 참여했던 경험에 대해 말해 주세요. 어떤 종류의 행사였고, 어떻게 참여하게 되었나요?

돌발 – 동네

I've never participated in any of the local events, but my sister has. She's been participating in the local service club for more than 6 years. She goes to an orphanage and takes care of the children there. The club holds annual charity bazaars at the community center. They sell items that are donated such as bakery goods, clothes and other handmade items to support the orphanage. She says it brings her so much energy. I think I'm gonna help out my sister in preparing for this year's bazaar. Would you wanna be a part of it?

저는 한번도 지역 행사에 참여해본 적이 없지만, 우리 언니는 해봤어요. 그녀는 지역 봉사 클럽에서 6년째 봉사를 해오고 있어요. 언니는 고아원에 가서 그곳의 아이들을 돌보죠. 그 클럽은 연례 자선 바자회를 주민센터에서 열어요. 그들은 제과, 옷 그리고 수공예품 같은 기부 받은 물건들을 판매해 고아원을 지원해요. 언니는 이 일이 많은 에너지를 가져다 준다고 말해요. 저는 올해 바자회 준비 때 언니를 도울 생각이에요. 당신도 함께 할래요?

13   **How do people in your country spend their vacations? How is it different than the past? How has it been changed over the few years?** 당신 나라의 사람들은 어떻게 휴가를 보내나요? 과거와 어떻게 다른가요? 몇 년 동안 어떻게 변했나요?

돌발 – 휴가

You know, people spend their vacations in all different ways. Some people just stay at home and take a rest relieving stress from their work. Others, on the other hand, spend time outside by traveling or revamping their relationships. There is something very interesting. As the world has become smaller through revolutions in technology, the way people spend their vacation has changed. In the past, people used to spend their vacations by domestic travels or having family time nearby their places. But now, overseas traveling is not a big deal, so they go on short trips to other countries during their vacations. Eva, isn't it interesting that lifestyle changes with the development of technology?

알다시피, 사람마다 휴가를 모두 다른 방법으로 보내요. 어떤 사람들은 그냥 집에 머물면서 일에서 받은 스트레스를 풀기 위해 휴식을 취하죠. 반대로, 또 다른 사람들은 여행을 하거나 사람들과의 관계를 더 좋게 하기 위해 밖에서 시간을 보내요. 굉장히 흥미로운 사실이 있어요. 기술의 혁명으로 인해, 세계가 좁아지면서 사람들의 휴가를 보내는 방법 또한 변했지요. 과거에는, 사람들이 그들의 휴가를 국내 여행을 하거나 그들의 집 근처에서 가족들과 시간을 보내며 보냈죠. 하지만 지금은, 사람들에게 해외 여행이 별 게 아닌 것이 되어 휴가 동안 다른 나라로 짧은 여행을 가요. Eva, 기술의 발전과 함께 우리 삶의 방식이 변화한다는 것이 흥미롭지 않나요?

> **14** How do vacations affect our lives? What are the benefits of taking a vacation and why is it important to take a vacation? Please tell me in detail. 휴가가 우리의 삶에 어떤 영향을 미치나요? 휴가의 장점은 무엇이고, 왜 휴가를 가는 것이 중요하나요? 자세히 말해 주세요.

돌발 – 휴가

As you know, Eva, everyone wants to go on a vacation because people want to do something special other than daily tasks. Vacations allow us to do something new that refreshes our minds so we could work with new energy. Our minds get easily tired from repetitive tasks, but we can improve our mental health by taking a vacation. It also helps us to find creative inspiration. When we get out of the city and see beautiful landscapes, we begin to see things in various ways with different perspectives. By taking a break, people become more productive when they are back to their work. Eva, do you take enough breaks along with your vacations?

Eva, 당신도 알겠지만, 모두가 일상의 업무에서 벗어난 다른 특별한 일을 하길 원해서 휴가를 가고 싶어해요. 휴가는 우리가 새로운 에너지로 일할 수 있도록 우리의 정신을 맑게 할 새로운 것을 할 수 있게 해주지요. 우리의 정신은 반복되는 일들 속에서 쉽게 지치지만, 휴가를 감으로써 우리의 정신 건강을 개선할 수 있어요. 그리고 우리가 창조적인 영감을 찾도록 도와주지요. 우리가 도시를 벗어나 아름다운 풍경을 볼 때, 우리는 다른 관점으로 다양한 방법으로 뭔가를 보기 시작하죠. 휴식을 취함으로써, 사람들은 그들이 다시 업무로 돌아갔을 때 더욱 생산적이게 돼요. Eva, 당신은 휴가 때 충분한 휴식을 취하고 있나요?

> **15** I'm planning to go on a vacation. Ask me 3 or 4 questions. 저는 휴가를 가려고 합니다. 저에게 서너 가지 질문을 해주세요.

P2 U1 Eva에게 질문하기

Eva, what do you plan to do during your vacation? Really? Which country are you going to travel? I really wanted to go there, too! In my case, I'm gonna visit my old friend in New York this summer. It's been a while and I really miss her. Oh! By the way, can you speak the language of the country? Wow, please tell me about it when you get back. Have a safe trip!

Eva, 당신은 휴가 동안에 무엇을 할 계획인가요? 정말요? 어느 나라를 여행할 건데요? 저도 거기 정말 가보고 싶었어요! 제 경우에는, 이번 여름에 뉴욕에 사는 오래된 친구를 보러 갈 예정이에요. 못 본지 한참 돼서 그녀가 많이 보고 싶네요. 아! 그건 그렇고, 그 나라 언어는 할 줄 아나요? 와, 돌아와서 어땠는지 이야기해 줘요. 조심해서 다녀와요!

모의고사 5회

MP3 5_10

> **01** Let's start the interview now. Please tell me about yourself.
> 이제 인터뷰를 시작하죠. 당신에 대해 이야기해 주세요.

P1 U1 자기소개

Hello, Eva. I finally met you. It was a long-awaited test for me. Cross your fingers for me. O.K. Here we go. I'm In-Han and 30 years old. I graduated from college 3 years ago and I'm currently working as a manager at UPA Company. This is my 3rd year. My co-workers call me 'Big Jack' because I'm someone who they can rely on anytime. I'm diligent and reliable, so being a manager fits my character. It is sometimes mentally challenging, but I find my job very rewarding. As for my marital status, I'm married with two kids. I think of myself as an outgoing and optimistic person. Thanks to my bright personality, I have many friends. I love hanging out with them and we often drink beer on weekends. Also, I'm really into CrossFit these days, so I try to go to the gym as much as time allows. Well, that's about it. Hope you liked my story. Shall we move on to the next question?

안녕하세요, Eva. 드디어 만났군요. 이것은 제가 오래 기다리던 시험이에요. 제게 행운을 빌어 주세요. 자, 시작할게요. 제 이름은 인한이고 30살이에요. 저는 3년 전에 대학을 졸업했고 현재 UPA 회사에서 매니저로 일하고 있어요. 입사 3년차예요. 제 동료들은 제가 언제든 기댈 수 있는 사람이라며 저를 'Big Jack'이라 불러요. 저는 성실하고 믿음직해서 매니저 일이 제 성격에 맞아요. 때때로 정신적으로 힘들지만, 제 일이 매우 보람차다고 생각해요. 제 혼인여부에 대해 말하자면, 저는 기혼이고 아이가 둘 있어요. 저는 제가 외향적이고 낙천적인 사람이라 생각해요. 제 밝은 성격 덕분에 저는 친구가 많아요. 저는 그들과 노는 것을 좋아하고 우리는 주말에 자주 맥주를 마셔요. 그리고, 저는 요즘 크로스핏에 매우 빠져 있어서, 시간이 허락하는 한 헬스장에 가려고 해요. 음, 이상이에요. 제 이야기가 즐거웠길 바라요. 다음 질문으로 넘어갈까요?

> **02** Please tell me about the bank you usually go to. Where is it and what does it look like? 당신이 평소에 가는 은행에 대해 말해 주세요. 어디에 있고, 어떻게 생겼나요?

돌발 – 은행 | **P1 U3 장소 묘사**

Sure. I'll describe the bank I usually go to. It's located in a quiet residential area and the bank is on the 2nd floor of a 5-story building. When you walk into the main entrance of the bank, you'll see a row of bank windows on the left. In the center, there are many chairs for visitors waiting for their turns. Also, a water cooler and a coffee machine are placed on the right side. At the corner, a big plant is standing. I like this bank because it's not that crowded. Eva, tell me about the bank you often visit.

물론이죠. 제가 주로 가는 은행을 묘사해 볼게요. 이곳은 조용한 주택가에 위치해 있고 5층 건물의 2층에 있어요. 은행의 입구에 들어서면, 왼편에 한 줄로 있는 은행 창구들이 보여요. 중앙에는, 자신의 차례를 기다리는 방문자를 위한 많은 의자들이 있어요. 그리고, 정수기와 커피 기계가 오른편에 놓여져 있어요. 구석에는, 큰 화분 하나가 서 있어요. 저는 사람들로 그다지 붐비지 않아서 이 은행을 좋아해요. Eva, 당신이 자주 방문하는 은행에 대해 말해 주세요.

03   Tell me about the last experience you had at a bank. When was it and who were you with? What happened that day? 당신이 은행에서 최근에 겪었던 일을 말해 주세요. 언제였고, 누구와 함께였나요? 그날 무슨 일이 있었나요?

돌발 – 은행 | P1 U6 경험 이야기하기

You wanna know what I experienced at a bank? Alright. I'll tell you. Four days ago, I went to a bank near my office alone to withdraw some cash. But not long after I got out of the bank, I noticed that my wallet was gone. I looked everywhere, but it was nowhere to be found. I was so devastated. When I was about to give up, my phone rang. A man called and he said he found my business card in the wallet. He sounded very kind so I felt somewhat relieved. But something weird happened. When we met, he wanted something in return. I thought he was joking but he asked for $100. I couldn't do anything but pay him. It was such a terrible experience. Well, that's my story.

제가 은행에서 무슨 일을 겪었는지 알고 싶다고요? 좋아요. 말해 줄게요. 4일 전에, 저는 혼자서 사무실 근처의 은행에 현금을 인출하러 갔어요. 그러나 은행에서 나온 지 얼마 되지 않아 제 지갑이 없어진 것을 깨달았죠. 모든 곳을 찾아봤지만 어디에서도 찾을 수 없었어요. 저는 정말 망연자실했지요. 제가 포기하려 할 때쯤, 제 휴대전화가 울렸어요. 한 남자가 전화했고 제 지갑 안에 있는 명함을 봤다고 했어요. 그가 정말 친절한 것 같아서 저는 다소 안심을 했어요. 그러나 뭔가 이상한 일이 일어났어요. 우리가 만났을 때, 그는 뭔가 보답을 원했어요. 저는 그가 농담을 한다고 생각했는데 그는 100달러를 요구했어요. 저는 그에게 돈을 줄 수밖에 없었죠. 정말 끔찍한 경험이었어요. 음, 이게 제 이야기에요.

04   How are banks nowadays different from the banks in the past? How have they been changed over the last few years? 오늘날의 은행은 과거와 어떻게 다른가요? 지난 몇 년 동안 은행은 어떻게 변화했나요?

돌발 – 은행

I can't say there has been much change in the banks over the last few years, but one thing is definitely different from the past. I remember my mom paying the utility bills in person through a bank window when I was a kid. But since online banking was invented, people nowadays don't have to go to the bank because you can easily do all the banking using the Internet 24/7. I guess this is all I can think of.

지난 몇 년 동안 은행에 많은 변화가 있었다고 말할 수는 없지만, 한 가지는 확실하게 과거와 달라졌어요. 제가 아이였을 때 어머니가 직접 공과금을 은행 창구에 내셨던 게 기억나요. 하지만 온라인 뱅킹이 발명된 후로, 인터넷을 이용해 언제나 쉽게 모든 은행 업무를 볼 수 있기 때문에 사람들은 요즘 은행에 가지 않아도 돼요. 이게 제가 생각할 수 있는 전부인 것 같네요.

05   Now, let's talk about the weather. What kind of weather does your country have? 이제 날씨에 대해 말해 봅시다. 당신 나라의 날씨는 어떤가요?

돌발 – 날씨

Sure. Let me tell you how my country's weather is. There are 4 distinct seasons in Korea: spring, summer, fall, and winter. The mid-spring and fall seasons are the ideal time for outdoor activities because it's neither cold nor hot. It's just nicely breezy, but sometimes the yellow dust from China hangs in the air for days. Summers are usually hot, humid and rainy. Korean rainy season lasts for about a month on average. Winters are long, dry and very cold, with regular snowfall. It is the best season to enjoy winter sports such as skiing and snowboarding. I guess this is all I can say. What is your country's weather like, Eva?

물론이죠. 우리나라의 날씨가 어떤지 말해 볼게요. 한국에는 뚜렷한 4계절이 있어요: 봄, 여름, 가을 그리고 겨울이죠. 봄의 중반과 가을은 춥지도 덥지도 않기에 야외 활동에 적합해요. 기분 좋은 산들바람이 불지만, 때때로 중국에서 온 황사가 며칠 동안 대기 중에 날리기도 하죠. 여름은 보통 덥고 습하며 비가 많이 와요. 한국의 장마는 평균적으로 한 달 정도 지속돼요. 겨울은 정기적인 강설과 함께 길고 건조하며 매우 추워요. 스키와 스노보드 같은 겨울 스포츠를 즐기기에는 최고의 계절이죠. 제 생각에는 이게 다인 것 같네요. 당신 나라의 날씨는 어떤가요, Eva?

06   How is the current weather different than the weather when you were young? What kind of changes are there and what are the reasons? 당신이 어렸을 적 날씨와 현재의 날씨는 어떻게 다른가요? 어떤 변화가 있고, 그 이유는 무엇인가요?

돌발 – 날씨

The distinctive pattern of Korean weather has been changing somewhat over the past years. Korea is experiencing changes in climate parameters, including annual temperature, rainfall amounts, and precipitation. Recent weather conditions indicate that Korea is already under the influence of global warming just like other countries. Summers are getting longer and fall is getting a lot shorter. Weeks of downpours, sizzling summer heat and record snowfall are all associated with the phenomenon. The damage is shown in economy and industry as well and I think people should be aware of the importance of reducing greenhouse gas emissions. Eva, what do you think of global warming?

한국의 뚜렷한 계절 패턴이 지난 몇 년 동안 다소 변하고 있어요. 한국은 연간 온도, 강우량 그리고 강수량을 포함해서 기후의 척도의 변화를 경험하고 있어요. 최근의 기후 상태는 한국이 다른 나라들처럼 이미 지구 온난화의 영향 하에 있다는 것을 알려주지요. 여름은 길어지고 가을은 굉장히 짧아지고 있어요. 몇 주 간의 폭우, 타는 듯한 여름 더위 그리고 기록적인 폭설은 모두 그 현상과 연관되어 있어요. 악영향은 경제와 산업에도 나타나기에 저는 사람들이 온실가스 배출 감소의 중요성을 알아야 한다고 생각해요. Eva, 당신은 지구 온난화에 대해 어떻게 생각하나요?

07

Have you ever experienced any unforgettable memory due to severe weather? When was it and what happened? 당신은 심한 날씨 때문에 잊지 못할 경험을 한 적이 있나요? 언제였고, 무슨 일이 있었나요?

돌발 – 날씨

I had an unforgettable experience because of the weather. I went camping with my college friends last summer. It was a long-awaited vacation for us and we were just so psyched even before leaving. We pictured a perfect getaway from the city and thought we planned everything out. What we didn't consider when planning was the weather. It was kind of gloomy by the time we got to the valley, but we couldn't care less. Anyway, a night came and we pitched the tent not knowing what was about to happen. When we woke up in the middle of the night, we realized that we were trapped in the valley due to heavy rain. Eventually, we were rescued by the emergency crew and it was on the news. It was such an embarrassing moment. After that incident, I make sure to check the weather forecast every time I plan something. Eva, do you have any similar experience like I did?

저는 날씨 때문에 잊지 못할 경험을 했어요. 저는 제 대학 친구들과 지난 여름에 캠핑을 갔어요. 우리가 오랫동안 고대하던 휴가였고 우리는 떠나기 전부터 매우 들떴었죠. 우리는 도시로부터의 완벽한 탈출을 꿈꿨고 모든 것을 계획했다고 생각했어요. 우리가 고려하지 않은 것은 날씨였죠. 우리가 계곡에 도착했을 때 날씨가 조금 흐렸지만, 개의치 않았어요. 어쨌든, 밤이 되었고 우리는 무슨 일이 일어날지도 모르고 텐트를 쳤어요. 우리가 한밤중에 깨었을 때, 호우로 인해 계곡에 갇힌 것을 알아챘어요. 결국, 우리는 구급대원에게 구출되었고 뉴스에 사건이 보도되었죠. 정말 창피한 순간이었어요. 그 사건 이후로 저는 무언가를 계획할 때마다 반드시 날씨를 확인해요. Eva, 당신도 저와 비슷한 경험을 한 적이 있나요?

08

In the survey, you stated that you enjoy doing home improvement projects. What kind of home improvement projects have you done? 당신은 설문 조사에서 주거 개선 프로젝트를 즐겨 한다고 했습니다. 어떤 종류의 주거 개선 프로젝트를 한 적이 있나요?

P3 U8 주거 개선 프로젝트

I upgraded the vertical blinds in my apartment a few months ago. I replaced vertical blinds with curtains that go with my apartment. However, I wanted to keep the blinds in the kitchen because they're really useful to block out the sun in the afternoon. So, I hung a curtain panel in front of the blinds to hide them when they're not being used. It wasn't such a major home improvement, but it completely changed the look of my apartment. Doing home improvement projects by myself is not only less costly, but also very rewarding. You should start off with redecorating your place. It's much easier than you think it is.

몇 달 전에 제 아파트에 있는 블라인드를 업그레이드 했어요. 저는 블라인드를 제 아파트에 잘 어울리는 커튼으로 교체했어요. 하지만 주방에 있는 블라인드는 오후에 햇빛을 차단하는 데 매우 유용해서 그냥 두고 싶었죠. 그래서 저는 블라인드 앞에 커튼 패널을 달아서 사용하지 않을 때에는 숨길 수 있도록 했어요. 그렇게 거창한 주거 개선 프로젝트는 아니었지만, 제 아파트의 모습을 확 바꿔 놓았어요. 직접 하는 주거 개선 프로젝트는 비용이 덜 들뿐만 아니라, 상당히 보람 있기도 해요. 당신의 집을 다시 꾸미는 것부터 시작해 보세요. 당신이 생각하는 것보다 훨씬 쉬워요.

09
When you did the home improvement project, what steps did you take? Please tell me about the procedure from the beginning to the end. 당신은 주거 개선 프로젝트를 할 때 어떤 단계를 거쳤나요? 그 절차에 대해 처음부터 끝까지 말해 주세요.

P3 U8 주거 개선 프로젝트

Umm... I'm not sure if I can put it in words, but let me try. First of all, I had to remove the plastic slats from the existing clips. Then, I pinned the drapery hooks to the top of the curtains and slipped them into the existing clips. It was really easy and inexpensive. The curtains stay on and you can open and close them just like the blinds but they look so much nicer than those plastic slats. The one that I did in my bedroom was a little more advanced. I wanted to let more light in, so that I replaced the blinds with a white curtain. I also made a light gray cornice with cardboard to replace the uninspiring plastic cover at the top. Eva, do you enjoy home improvement projects as much as I do?

음... 제가 말로 표현할 수 있을지 모르겠지만 한번 해 볼게요. 우선, 원래 있던 핀에서 플라스틱 판을 떼어 냈어요. 그리고 나서, 커튼 위의 커튼용 후크를 꽂고 원래 있던 핀에 밀어 넣었어요. 진짜 쉽고 저렴하더라고요. 커튼은 계속 달려 있고, 블라인드처럼 열고 닫을 수 있지만 플라스틱 판보다 훨씬 더 근사해요. 제 침실에 했던 것은 좀 더 어려웠어요. 저는 방에 빛이 더 들어오길 원했기 때문에 블라인드를 하얀 커튼으로 교체했어요. 저는 또 판지로 연한 회색의 장식용 테두리를 만들어 맨 위에 있는 밋밋한 플라스틱 커버를 교체했어요. Eva, 당신도 저만큼 주거 개선 프로젝트를 즐기나요?

10
You can sometimes face something frustrating or shocking when doing home improvement projects. Has this kind of experience ever happened to you before? If so, tell me everything in detail. 주거 개선 프로젝트를 하다 보면 때때로 좌절감을 주거나 충격적인 일이 일어날 수 있습니다. 전에 당신에게 이런 일이 일어난 적이 있나요? 그렇다면, 모든 것을 자세히 말해 주세요.

P3 U8 주거 개선 프로젝트

Oh, yes. I remember one incident. About three months ago, I had to get my broken door fixed because it was constantly making squeaky noise. I thought it was going to be super easy because I had done it with my buddy before. What I was forgetting at that moment was that I was doing it alone. The minute I removed the door, it was leaning heavily and I was too weak to hold it still. As you can imagine, it fell hard on the ground and cracked. I had no choice but to call the repair person and fix it. Eva, never do any home improvement projects when you're alone.

아, 네. 사건 하나가 기억나네요. 3달 전쯤에, 저는 끊임없이 삐걱거리는 고장 난 문을 고쳐야 했어요. 저는 전에 친구와 같이 고쳐본 적이 있어서 엄청 쉬울 거라고 생각했어요. 그 순간 제가 깜박한 것은 제가 혼자 일을 하고 있었다는 것이죠. 제가 문을 제거하자마자, 그게 무겁게 기울었고 저는 그걸 받치기엔 너무 힘이 약했어요. 당신이 상상할 수 있듯이, 문은 땅에 세게 떨어졌고 금이 갔어요. 저는 수리공을 불러 고칠 수 밖에 없었어요. Eva, 절대 혼자서는 어떤 주거 개선 프로젝트라도 하지 마세요.

11 **I'm going to give you a situation and ask you to act out. You want to borrow an MP3 player from your friend. Call him/her and ask for a favor.** 상황극을 드릴테니 연기해 주세요. 당신은 친구에게 MP3 플레이어를 빌리려 합니다. 그/그녀에게 전화해서 부탁해 보세요.

P3 U1 음악 듣기　**P2 U3 전화로 질문하기**

Hey! You busy? Can you do me a favor? Can I borrow your MP3 player for a week? I need to use it for my English studies. I really need it! Mine is broken at the moment. I'll give it back to you right on time. Really? Thanks a lot!! You saved me Jack! As a token of my appreciation, I'll treat you at a nice restaurant!

저기! 바쁘니? 부탁 하나만 들어줄래? 일주일만 네 MP3 플레이어를 빌려도 될까? 영어 공부하는 데 필요해서 그래. 나 정말 필요하거든! 내 것은 지금 고장 났어. 제때에 돌려 줄게. 진짜? 정말 고마워!! Jack, 넌 내 구세주야! 고마움의 표시로, 내가 근사한 식당에서 한턱 낼게!

12 **I'm sorry, but there's a problem you need to resolve. The MP3 player you borrowed is broken. Call your friend and suggest some alternatives.** 유감스럽게도, 당신이 해결해야 할 문제가 있습니다. 당신이 빌린 MP3 플레이어가 고장 났습니다. 친구에게 전화해서 몇 가지의 대안을 제시하세요.

P3 U1 음악 듣기　**P2 U3 전화로 질문하기**

Hi, Jack. Can you spare a moment? Umm… I don't know where to begin. As you know, I borrowed your MP3 player last week. I'm afraid I have to give you bad news. I stepped on your MP3 player and I don't think it's fixable. I know. I'm sorry. Here's what I'm gonna do to make up for it. I'll go to Blue Tech and get you the latest MP3 player. I know it won't be able to replace your old MP3 player, but that's the least I can do for now. Also, I know that you have a thing for Amy, I'll get you her number. What do you say?

안녕 Jack. 잠깐 시간 있니? 음... 어디서부터 시작해야 할지 모르겠네. 너도 알다시피, 내가 지난주에 네 MP3 플레이어를 빌렸잖아. 유감스럽게도 안 좋은 소식이 있어. 내가 네 MP3 플레이어를 밟았는데 고칠 수 있을 것 같지 않아. 알아. 미안해. 이걸 보상하기 위해 내가 뭘 할지 말해줄게. 내가 Blue Tech에 가서 최신식 MP3 플레이어를 사줄게. 이게 너의 예전 MP3 플레이어를 대체할 수 없는 건 알지만, 지금 내가 할 수 있는 건 이게 다야. 그리고 네가 Amy한테 관심 있는 걸 아니까, 그녀의 전화번호를 알아다 줄게. 어때?

13 **What kind of housing do you live in? Do you live in an apartment or a house? Please tell me in detail.** 당신은 어떤 집에서 살고 있나요? 당신은 아파트에서 사나요, 아니면 주택인가요? 자세히 말해 주세요.

돌발 – 주거

I'm currently living in a house. There are so many benefits of living in a house. First, I can park my car easily because my house has its own space for parking. You know how limited parking space is in an apartment complex. Plus, I can do gardening which is one of my favorite household chores. In addition, I don't need to worry about noise that much. When I was young, I lived in an apartment. At that time, I couldn't play the piano because it was too noisy and bothered my neighbors. But I am now able to play the piano whenever I want to. Eva, what kind of housing do you live in?

저는 현재 주택에 살고 있어요. 주택에 사는 것엔 많은 장점들이 있죠. 우선, 집에 전용 주차 공간이 있어서 주차를 쉽게 할 수 있어요. 아파트 단지는 얼마나 주차 공간이 제한적인지 알잖아요. 게다가, 제가 제일 좋아하는 집안일 중 하나인 정원 가꾸기도 할 수 있고요. 추가적으로, 소음에 대해 그다지 걱정하지 않아도 돼요. 제가 어렸을 땐, 아파트에 살았어요. 그땐 피아노를 치는 게 너무 시끄럽고 이웃들을 신경 쓰이게 해서 피아노를 칠 수 없었어요. 하지만 지금은 제가 원할 때 언제라도 피아노를 칠 수 있죠. Eva, 당신은 어떤 집에서 살고 있나요?

14 How has housing changed compared to the past? What kind of housing do people prefer nowadays? 집은 과거와 비교해 어떻게 변화했나요? 오늘날 사람들은 어떤 집을 선호하나요?

돌발 - 주거

Well, that's an interesting question. Let me think. It seems like mini apartments are now big in Korea and there are many reasons for it. Land is finite, cities have reached saturation point and rents have risen. Basically, there's no more space for big buildings. Also, many young couples refuse to have babies due to economic crisis and some people choose not to get married and enjoy their single lives. Due to growing demands, small apartments are really popular nowadays.

음, 흥미로운 질문이네요. 생각 좀 해 볼게요. 한국에서는 여러 이유로 소형 아파트들이 지금 굉장히 인기를 얻고 있는 것 같은데 거기에는 여러 이유가 있어요. 땅은 한정되어 있고, 도시들은 이미 포화 단계에 도달했고, 집세도 올랐어요. 기본적으로, 큰 건물을 위한 공간이 없는거죠. 그리고, 많은 젊은 부부들은 경제적인 위기로 인해 아이들을 낳는 것을 거부하고, 어떤 이들은 결혼을 하지 않고 독신 생활을 즐기는 쪽을 택하지요. 증가하는 수요 때문에, 작은 아파트들이 요즘 아주 인기예요.

15 Has there been any housing issues on TV lately? Perhaps, shortage of housing or maybe there are too many houses available? 최근에 TV에서 집과 관련된 이슈가 있었나요? 아마도, 주택 부족이나 주택 공급 과잉인가요?

돌발 - 주거

As I mentioned, rents are soaring as the population booms in our city. There has been news about the housing shortage on TV not long ago. The chronic shortage of properties continues to drive house prices up in Korea. I'm sure the government is trying hard to solve this problem, but it doesn't seem to be helping. It's because there is a severe housing shortage in the urban areas, but the gap between supply and demand increases day-by-day. It sure is becoming a serious social problem. What about in your country? Do people suffer from housing shortage as well?

제가 언급했듯이, 저희 도시에 인구가 늘어남에 따라 집세가 급상승하고 있어요. 얼마 전에 주택난에 관한 뉴스가 TV에 나왔었죠. 만성적인 부동산 부족은 한국의 주택 가격을 높이고 있어요. 물론 정부가 이러한 문제를 해결하기 위해 많은 노력을 하고 있겠지만, 별 도움이 되는 것 같지 않아요. 도시에는 심각한 주택난이 있는데, 수급 격차가 날마다 커지기 때문이에요. 확실히 이것은 심각한 사회 문제로 대두되고 있어요. 당신의 나라는 어떤가요? 당신 나라의 사람들도 주택난에 시달리고 있나요?

탄탄한 템플릿과 패턴으로
완성하는 지니어스 오픽

지니 강

선생님 약력

The Juilliard School 학사, 석사
비즈니스 영어 Market Leader

오픽 AL만점 강사
영단기 오픽 대표강사
<영단기 OPIc> 저자

前 P 학원 회화 전타임 마감강사
前 P 학원 토익 LC 강사

*오픽 1위 2017년 6월 영단기 오픽 온라인 매출기준 1위
*만족도 1위 2017년 4월 영단기 어학원 기준 - 오픽 강의 만족도 1위

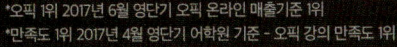

영단기 오픽 1위 강사 지니 강 체험팩

체험팩 쿠폰 등록하기
- 교재 앞 쪽에 포함된 쿠폰 번호를 영단기 홈페이지(eng.conects.com) 에서 등록해주세요.
- 로그인하여 회원정보 > 쿠폰등록 > 쿠폰번호 등록 후 사용 가능합니다.
- 강의 수강 기간은 쿠폰 등록일로부터 1개월이며, 쿠폰은 1인 1회만 사용 가능합니다.

체험팩 강의 수강하기
위 쿠폰 등록을 마친 후, 내 강의실에서 강의를 수강하실 수 있습니다.

2019 소비자가 뽑은
가장 기대되는 브랜드 대상
2년 연속 수상

영단기의 진심에
뜨겁게 보답해주셔서 감사합니다.

'국민어학원'이라는 이름을 사용할 수 있는 자격, 여러분이 직접 주셨습니다.
앞으로도 1위의 책임감을 가지고 진정성 있는 교육 컨텐츠로 보답하겠습니다.

| 랭키닷컴순위선정 외국어분야 1위 | 소비자가 선정한 2014 품질만족 대상 | 출간 7일만에 영단기기본서 베스트셀러 1위 | 소비자가 선정한 2014 교육기업 대상 | 14,15,16 3년 연속 대한민국 올해의 브랜드 대상 | 15,16,17 3년 연속 소비자가 뽑은 가장 신뢰하는 브랜드 대상 | 2015 대한민국 교육브랜드 대상 | 2015 취준생이 뽑은 가장 선호하는 토익인강사이트1위 | 14,15 2년 연속 가장 빠른 토익 고득점이 가능한 어학원 1위 | 대한민국대표브랜드 영어교육부문 대상 | 15,16 2년 연속 고객감동 브랜드지수 1위 |

2018-2019
소비자가 뽑은
가장 기대되는
브랜드 대상

앞으로도 고객들이 진정으로 원하는 것이 무엇인지를 잘 살피고,
실질적으로 도움이 되는 혁신적인 서비스를 제공하기 위해 노력하겠습니다.

*2019 대한민국 퍼스트 브랜드 대상 온라인 외국어 교육 부문

네이버 검색 1위

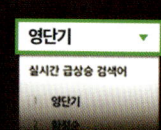

영어공부를 시작하는 사람들이 가장 먼저하는 것은 '검색'입니다.
이미 영어공부를 준비하는 학생들에게는 영어=영단기라는 공식이 존재합니다.
조회수 1위, 압도적 조회수 차이로 대세를 입증했습니다.

영단기
4,553,318

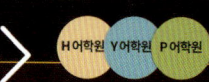

H어학원, Y어학원, P어학원 합계
3,994,251

여러분이 만들어 주신 1위,
반드시 '단기 고득점'으로 보답하겠습니다.